看见未来

改变互联网世界的人们

易宝支付联合创始人

余晨◎著

INTO

THE

FUTURE

INTERNET MAKERS AND THEIR WORLD

ZHEJIANG UNIVERSITY PRESS
浙江大学出版社

Apple Computer International

hereby recognizes

Yu Chen

for achievement in computer proficiency

presented in Cupertino, California on February 27, 1986

Michael H. Spindler
President
Apple Computer International

1985年，余晨参加了由苹果赞助的全国青少年计算机竞赛，并成为了全国五名优胜奖的获得者之一，左图为苹果颁发给余晨的获奖证书。

1986年，余晨在苹果总部与时任苹果国际总裁的迈克尔·斯平德勒（Michael Spindler）合影（左一为余晨，左三为迈克尔·斯平德勒）。

2014年，得益于拍摄《互联网时代》的机缘，余晨终于见到自己年轻时的偶像——苹果联合创始人斯蒂夫·沃兹尼亚克（Stephen Wozniak）。

《失控》作者凯文·凯利（Kevin Kelly）的居所位于旧金山南部海滨小镇帕西菲卡（Pacifica），是一座青松翠柏掩映的木屋，常年缭绕在雾气里。

在自己家中，凯文·凯利用乐高组成了一个"相对复杂的、具有类生命特征的系统"。此外，在他的桌上，还摆放着大脑的模型，象征着"全球脑"。

凯文·凯利的书房堆满了书籍和玩具，比如用泡沫塑料搭的机器人。这可被视作凯文·凯利思考主线的象征——人和机器，或者说生物和机器的冲突。

余晨和凯文·凯利。

IEEE MILESTONE IN ELECTRICAL ENGINEERING
AND COMPUTING

Birthplace of the Internet, 1969

At 10:30 p.m, 29 October 1969, the first ARPANET
message was sent from this UCLA site to the Stanford
Research Institute. Based on packet switching and dynamic
resource allocation, the sharing of information digitally
from this first node of ARPANET launched the Internet
revolution.

October 2009

IEEE

1969年10月29日晚10点30分，美国电气和电子工程师协会（IEEE）的这块铭牌永远凝固了互联网诞生历史性的一刻。

在加州大学洛杉矶分校，余晨与伦纳德·克兰罗克（Leonard Kleinrock）深入交流。1969年10月29日晚10点30分，正是在伦纳德·克兰罗克教授的主持下，互联网终于在这里诞生。

余晨与互联网之父、TCP/IP协议发明人温顿·瑟夫（Vinton Cerf）在硅谷计算机历史博物馆。

温顿·瑟夫与罗伯特·卡恩（Robert Kahn）构建了TCP/IP协议，而第一次基于TCP/IP协议的互联网际网通讯，就是在这辆破卡车里通过无线完成的。

长尾理论提出者克里斯·安德森（Chris Anderson）利用3D打印技术制造的无人机。

克里斯·安德森利用3D打印技术制造新奇的硬件产品。

余晨与克里斯·安德森在后者的工作间里惬意地交流。

进入暴雪娱乐公司总部就仿佛进入了一个奇幻世界，院内伫立着"魔兽"系列游戏的重要角色萨尔（Thrall）的雕像。

"星际争霸"系列游戏的重要角色吉姆·雷诺（James Raynor）的实体模型。

余晨在暴雪娱乐公司总部与暴雪娱乐公司联合创始人兼首席执行官迈克·莫汉（Mike Morhaime）合影。

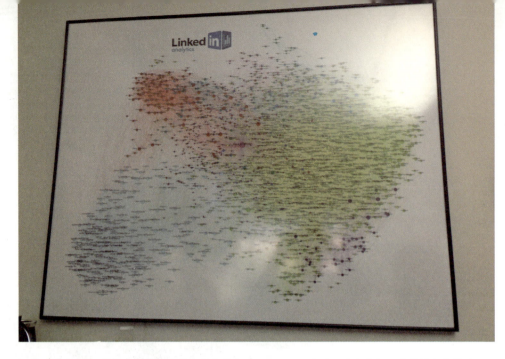

职业社交网站LinkedIn创始人里德·霍夫曼（Reid Hoffman）在一张图上标示出他的人脉关系，那些让人眼花缭乱的网络足以向你证明，里德·霍夫曼恐怕是硅谷，甚至是世界上最有商业人脉的人了。

加州硅谷，Facebook总部大楼前的黑客广场。

Facebook的涂鸦墙。

余晨终于让马克·扎克伯格（Mark Zuckerberg）明白了，脸谱就是Facebook的中文意思。

余晨和德丰杰投资基金的创办合伙人蒂姆·德雷珀（Tim Draper）在后者的特斯拉前合影。德丰杰投资基金是特斯拉的投资方之一，也是易宝支付早期投资方。

蒂姆·德雷珀在办公室里收藏的火箭发动机。

在德雷珀英雄学院创业者孵化器的大堂里，前台由一辆被肢解的特斯拉做成。

在德雷珀英雄学院会议桌的底座，是一台波音747的发动机。

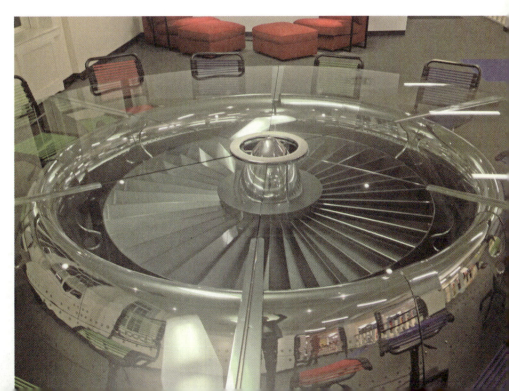

余晨与Lending Club（贷款俱乐部）首席执行官雷诺·拉普兰赫（Renaud Laplanche）合影。Lending Club为全球第一个上市的P2P公司，它的上市也为中国本已火热的互联网金融刮来一阵春风。

伊桑·祖克曼（Ethan Zuckerman）是麻省理工学院公民媒体中心主任。麻省理工学院媒体实验室尽是琳琅满目的创新项目，有如科幻小说中的世界。这里不仅是实验品的孵化器，更是思想的聚集地。

"世界头号黑客"凯文·米特尼克（Kevin Mitnick）如今已改邪归正当起了网络安全咨询师，尽管如此，他的名片依旧是一个金属片做的溜门撬锁的工具。

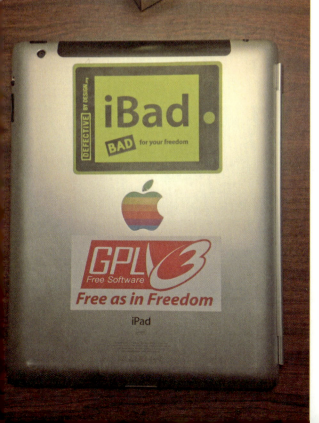

在自由软件运动的精神领袖理查德·斯托曼（Richard Stallman）看来，专有商业软件大大侵害了我们的自由，威胁着我们的隐私和其他权利。也正因为如此，他才将iPad叫做iBad。

那个看起来不起眼的小黑盒子正是大名鼎鼎的NeXT，它是乔布斯离开苹果后，哈特穆特·艾斯林格（Hartmut Esslinger）追随他设计的作品。互联网之父蒂姆·伯纳斯—李（Tim Berners-Lee）也是在NeXT上发明了万维网。

在哈特穆特·艾斯林格的青蛙设计里，处处都有各种青蛙造型的Logo。

特斯拉创始人埃隆·马斯克（Elon Musk）与余晨。

特斯拉成为继福特、通用、克莱斯特三大巨头之后的新秀，让汽车这个很传统的行业也成功地实现了互联网化。特斯拉的成功以无可辩驳的事实证明，"互联网+"时代来临了。

图为埃隆·马斯克的太空探索技术公司SpaceX的火箭模型。这是人类继登月以后迈向深远太空的又一大雄心计划，顺带可说的是，第一次登月和互联网诞生正好在同一年。

丹尼尔·希利斯（Daniel Hillis）设计了一座宏伟的万年钟。这座钟在竣工之后，将被埋入内华达的山脉中，它将以10000年为尺度，记载时间的流逝。

网络不仅是互联网

凯文·凯利：广义进化论思想。
①信息是万物根本；
②互联网延伸人的大脑；
③一切联网让信息的排列组合有无穷多的可能性；
④失控：去中心化，创新在边缘发生。

曼纽尔·卡斯特尔：沟通是人类生活的核心。
①社会、经济、技术变革促成网络社会；
②网络社会中经济组成单位，组织形式发生变化；
③网络创造协同效应，整体大于部分之和；
④互联网的使用和幸福程度呈正相关。

奠基者

鲍勃·泰勒：阿帕网建设的有力推动者，互联网之父。
①软硬兼施将拉里·罗伯茨请到阿帕网主持大局；
②力主去中心化的阿帕网布局；
③在施乐公司、DEC推动人机交互的发展。

伦纳德·克兰罗克：信息论之父克劳德·香农的学生。
①温顿·瑟夫的老师；
②对包交换等作出卓越贡献；
③互联网诞生：传输了两个字母——"L"和"O"。

拉里·罗伯茨：被鲍勃·泰勒请到阿帕网主持技术大局。
①接替鲍勃·泰勒，成为信息处理技术处处长；
②曾主张阿帕网采用中央控制方式。

温顿·瑟夫：和罗伯特·卡恩联合创造了TCP/IP。
①1977年，TCP/IP首次被用在三个独立网络间发送信号；
②"深空网"协议推动星空互联。

罗伯特·梅特卡夫：以太网之父。
①创办3Com；
②互联网三大定律之一：梅特卡夫定律；
③预言生物革命终将到来。

商业时代

杨致远：毕业于斯坦福大学。
①和大卫·费罗创立雅虎；
②成为投资人；
③反哺斯坦福大学，反哺社会。

蒂姆·奥莱利：1978年创立反映互联网前沿技术的奥莱利媒体。
①在互联网泡沫时期引热Web 2.0；
②下一个革命为人机合一的创新方法。

丹·吉尔默：互联网行业的守望者。
①鼓吹自媒体、草根媒体；
②新媒体根本上仍然是对人性的回归。

克里斯·安德森：《连线》杂志前主编，3D Robotics联合创始人。
①提出长尾理论，倡导免费商业模式；
②创客：长尾理论深入原子世界。

陈士骏：同时拥有聪明和运气。
①创立YouTube，并使YouTube成功被谷歌收购；
②再次创业，成立AVOS。

迈克·莫汉：暴雪娱乐公司掌门人。
①从电气工程师成长为游戏公司创业者；
②创造史诗般的游戏体验。

马克·格兰诺维特： 社会学最热论文——《弱连接的力量》作者。
①镶嵌理论：开创新经济社会学；
②弱连接理论在社交网络时代获得新生。

里德·霍夫曼： LinkedIn联合创始人，"PayPal黑帮"重要成员。
①学习哲学，但投身商业；
②瞄准职场社交，成为硅谷人脉王。

马克·扎克伯格： 如斯多葛主义代表人物——马可·奥勒留一样的领导人物。
①全球第一大社交网站Facebook掌门人；
②创立internet.org，让全球50亿人上网。

金融支持

蒂姆·德雷珀： 成功投资过Hotmail、Skype、钢铁侠、特斯拉、SpaceX、百度、易宝支付等企业。
①创造性应用病毒营销，让Hotmail等大获成功；
②创建德雷珀英雄学院，致力于培养企业家。

迈克尔·莫瑞茨： 红杉资本主席，早期曾为《时代》记者。
①对成长中的企业怀有浓厚的兴趣；
②成功投资了还在襁褓中的雅虎、谷歌等企业。

罗伯特·希勒： 诺贝尔经济学奖获得者。
①成功预见2000年的股市泡沫破灭和之后次贷危机的经济学家之一；
②金融是现代文明的核心，每个人都应该了解金融。

雷诺·拉普兰赫： 最大的网络P2P借贷平台。
①P2P精神的金融践行；
②应用互联网解决互联网产生的问题。

互联网反思录

保罗·莱文森： 秉承马歇尔·麦克卢汉，研究媒体演进。
①媒体发展就是人性化朝向的；
②媒介演进反映并且也推进了社会变革。

伊桑·祖克曼： 世界不是平的，原子比比特更容易传播。
①互联网会让我们更加自以为是；
②冲破限制：翻译、搭桥和奇缘。

埃里克·布莱恩约弗森：技术变革可能造成更大的不平等。
①下一个10年，技术变革带来的影响更加让人不安；
②一切终将取决于我们。

霍米·巴巴：哈佛大学教授，生于印度的波斯家庭。
①网络就是一种语言；
②反柏拉图主义视野中的杂化效应与第三空间。

埃德蒙·菲尔普斯：诺贝尔经济学奖获得者。
①大繁荣：创新是千百万普通人参与的结果；
②中国有创新，但仍然需要进一步发展创新。

多元化

凯文·米特尼克：世界头号黑客，在获释后改做网络安全咨询师。
①把黑客视作魔术，认为黑客常为互联网做出巨大贡献；
②面对攻击，最薄弱的环节是人自己。

哈特穆特·艾斯林格：青蛙设计掌门，为苹果系列产品的成功立下汗马功劳。
①形式追随情感的设计哲学；
②设计天然就关乎人、关乎创新。

理查德·斯托曼：自由软件之父。
①用道德的视角去看软件；
②《GNU通用公共许可协议》成为被广泛采用的自由软件许可证。

未来

约翰·奈斯比特：未来学家，《大趋势》作者。
①网络化就是世界的现状；
②打造创新型经济的要点在于教育。

萨尔曼·可汗：可汗学院创始人。
①从YouTube开始的在线课程；
②翻转课堂：以学生为中心。

本·内尔森：密涅瓦学校创始人。
①打造互联网时代最好的大学；
②从以记忆为主的学习模式转向更高阶的学习模式。

吴恩达： 从"谷歌大脑之父"到百度首席科学家。
①深度学习：电脑学会识别猫；
②Coursera："有教无类，因材施教"的在线教育。

史蒂夫·布朗： 英特尔未来学家。
①未来围绕人类而非科技；
②第五维度：所有物体都数据化。

扎克·林奇： 第四次革命——神经革命。
①神经技术将发生跨界影响；
②人机共生，协同进化。

埃隆·马斯克： "PayPal黑帮"核心领袖之一。
①连续创业成功者：互联网、新能源（特斯拉）和太空探索（SpaceX）；
②第一原理推理方式：把问题还原归约到其本质。

丹尼尔·希利斯： "长今基金"董事会成员。
①万年钟：推动长程视野，眺望未来万年；
②互联网就像大脑，能够产生单个计算机不具备的智能。

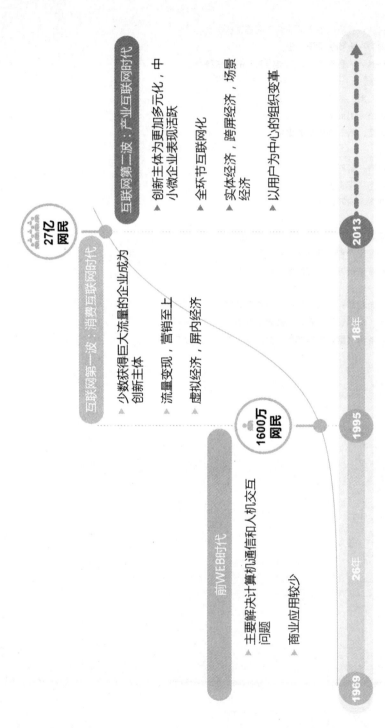

互联网第二波：产业互联网时代

- 创新主体为更加多元化，中小微企业表现活跃
- 全环节互联网化
- 实体经济，跨屏经济，场景经济
- 以用户为中心的组织变革

27亿网民

互联网第一波：消费互联网时代

- 少数获得巨大流量的企业成为创新主体
- 流量变现，营销至上
- 虚拟经济，屏内经济

1600万网民

前WEB时代

- 主要解决计算机通信和人机交互问题
- 商业应用较少

1969　　26年　　1995　　18年　　2013

| 互联网发展简史

有一种历史叫做未来

中央电视台大型纪录片《互联网时代》总导演 | 石强

在某种意义上，纪录片《互联网时代》既是一个浩大的创作工程，也是一次漫长的研究历程。从2011年启动到2014年播出，我们的拍摄足迹遍及全球14个国家和地区，采访了互联网各个领域的精英近200人。本片也是全球首部系统反映互联网发展、影响的大型纪录片。

互联网是个非常大的故事，它跨越将近半个世纪，影响覆盖全球近一半的人口，要把这个大故事的骨架和要点梳理出来已属不易，再选择最典型的故事、独特的视角加以呈现就更具挑战。系统、全面反映互联网对人类社会深远而广泛的影响，需要更加宏大的视野，需要巨大的投入和各方的跨界合作。所以，《互联网时代》从一开始就注定是媒体和互联网业跨界合作的产物，需要来自各行各业的人通力合作，无论他们是身处互联网行业、熟悉互联网的来龙去脉、深谙互联网精神，还是处在传统行业中、行走在推动传统产业改造变革的道路上。开放与分享，不只在互联网领域发生，而是一个时代的必然。

我和余晨先生的缘分就源于此。他曾在硅谷工作多年，熟悉互联网起源和腾飞的这片沃土，同时深谙中国文化，并拥有在国内成功进行互联网创业的经验——由余晨和唐彬联合创立的易宝支付到2014年已经走过了11个年头。而他对互联网的深刻理解也绝不止于支付这一互联网化程度较深的行业，更不止于产业，我们的交流常常从技术到文化，在一场场讨论甚至争吵中，去芜存真，挖掘要点。

事实上，早从2010年开始，余晨就开始为我及我电视圈的朋友陆续做有关互联网的培训，帮助我们超越技术和商业，从更为广泛的人文视角去理解互联网。在《互联网时代》启动的2012年夏天，在北京三里屯路边的酒吧，我们共同讨论互联网与蒸汽机带来的变革的异同；在随剧组赴美国采访拍摄前，余晨同我们一遍遍分析采访提纲；拍摄过程中，我们不断通过微信、邮件商讨拍摄内容，期间，余晨曾因高强度、过于密集的采访工作一度出现幻听……他视自己为剧组的一员，不仅出于友谊，更出于身为互联网人对这样一个题目的喜爱和期望。在《互联网时代》创作的三年时间里，这种无私帮助、支持不胜枚举，互联网共同参与、开放而无边界合作的精神就如余晨为我们推荐的埃里克·惠特克（Eric Whitacre）的网络虚拟大合唱一样让人动容。

英国剑桥大学国王学院的人类学家艾伦·麦克法兰（Alan Macfarlane）在《互联网时代》播出后曾表示，"这是未来研究人类社会发展进程时一部重要的作品"。确实，我们并不是在制作一部简单的纪录片，而是在书写人类历史上最宏大的史诗之一。这部史诗虽然只有不到半个世纪的历史，但其影响已经远远超过人类历史过往众多辉煌的篇章。身在其中的我们，非常荣幸能够成为记录者，也非常荣幸能以开放组织的形式，与诸如麦天枢、段永朝、余晨等来自各行业各领域关注互联网、推动互联网发展进程的精英合作，最终呈现出新兴的技术力量和它塑造的时代，让这个节目的影响遍及几亿人口，推动越来越多的人意识到，我们正身处前所未见的时代变革之中，这是我们自己的故事和未来。

很高兴余晨能将参与《互联网时代》的记忆和心得凝结成这本《看见未来》。在纪录片《互联网时代》最终亮相的近140位嘉宾中，有80位来自美国，而其中40位互联网历史上的标杆人物都是余晨采访的。从推动互联网诞生的几位互联网之父到继乔布斯之后硅谷的新精神领袖埃隆·马斯克；从Web 1.0时代的杨致远到Web 2.0时代的马克·扎克伯格、里德·霍夫曼；从互联网教父凯文·凯利到世界头号黑客凯文·米特尼克……这些互联网历史缔造者对互联网的亲身阐述是非常珍贵的一手资料。全书的叙事有如中国水墨画，寥寥几笔就点到传神之处，勾勒出了互联网发展的洪流趋势和精神要旨。

在热议互联网的今天，正需要这样一部纪录片和更多这样的著作。互联网，有着如凯文·凯利描述的"类生物"的进化，时刻发生着各种可能性，我们未知的远远大于已知。回首历史，只为更远地看见我们的未来！

未来从来不会自动地发生

著名财经作家、蓝狮子出版人 | 吴晓波

凯文·凯利的家位于旧金山南部的一个海滨小镇，那里风景优雅，时间停滞，在青松翠柏的掩映下，长年被雾气缠绕。在这所小木屋的书房里，堆满了各种玩具和模型，有一个泡沫塑料的机器人特别醒目。大胡子主人甚至养了几只巨型蜘蛛，这些毛茸茸的家伙对所有的外来客张牙舞爪，令人感到几分寒意。在不远处的电脑桌上，一本名为《酷工具》（Cool Tools）的奇妙新书正在创作中……

这样的场景描写，集合了约翰·托尔金式的魔幻笔调及硅谷气质，充满了改变世界的科幻感，而这似乎正是观察者想要在这本书里向读者传递的讯息：世界正在重新"造物"，它既是虚拟意义上的，又同时是实物意义上的，宙斯在假眠，而诸神则各逞其能。

2003年，相貌英俊的甲骨文（Oracle）产品市场经理余晨与唐彬一起，从硅谷回到北京创办易宝支付——那时，"非典"的恐怖阴霾刚刚散去，马云的淘宝网与易趣网正在为争夺用户无所不用其极，支付宝也在这一年应运而生。作为"支付革命"的拓荒者之一，余晨的身上一直有一股挥之不去的硅谷反叛青年的气质。就在创业十周年之际，余晨重新回到硅谷地带，先后拜访了40余位改变世界的互联网人，其中包括像鲍勃·泰勒这样年逾八旬的第一代互联网人，克里斯·安德森、凯文·凯利这样的趋势预言家，杨致远这样的天才早聪者，也包括如今炙手可热的"PayPal黑帮"、马克·扎克伯格等新贵人物。

对于这些互联网史上的殿堂级人物，中国读者并不完全熟悉。譬如鲍勃·泰勒，他在1966年出任美国国防部高级研究计划署信息处理技术处处长时，倡议资助阿帕网（Appanet），因而被公认为"互联网之父"之一。不过在百度百科上，迄今没有他的专门网页——你搜到的鲍勃·泰勒，是一位名声一般、从来没有在国际大赛中进过球的英格兰足球队中锋。

与普通的猎奇拜访者全然不同，拥有20年互联网经验的余晨显然是带着自己的"定见"走进那一间间神秘的办公室或居家的。在他的眼中，扎克伯格不是一个自负、靠背叛亲友来获取金钱和权力的"坏孩子"，而更像一位信奉斯多葛主义的"苦行者"——2009年他坚持每天戴领带，2010年苦学中文，2011年只吃自己宰杀的动物，2012年坚持每天写代码，2013年则坚持每天认识一个不同的人。如今因特斯拉汽车而广为中国媒体热捧的埃隆·马斯克是一位互联网连续创业的明星，但更是一位狂热的太空开发者，他的终极梦想是："让人类有朝一日能够移居火星，我自己可以在火星上退休，甚至死在火星上。"

《时代》曾经刊登过的一篇文章认为：今天的个人计算机革命和互联网之所以成为这样，乃是继承了20世纪60年代嬉皮士精神的原因。在1968年前后，"二战"之后出生的一代美国青年占领了所有的大学，对富足而平庸的市民社会的厌倦让他们起而反抗，于是从西海岸开始，爆发了一场以性解放、摇滚乐为主题的嬉皮士运动。"不要告诉我世界是怎样的，告诉我如何创造世界"，康奈尔大学的这句反抗口号风靡一时。

这场嬉皮士运动随着石油危机的到来，很快划上了句号。然而，嬉皮士的精神却如幽灵一般难以散去，它长久地在音乐、电影及装置艺术领域徘徊，而那些吸食过大麻的工程师们则将它带进了信息革命的世界，他们渴望用新的、更自由的技术打碎亨利·福特们所铸造的机器王国。正如乔布斯所说："我认为电脑是人类所创造的最非同凡响的工具，它就好比是我们思想的自行车。"自行车是流浪和叛逆的工具，它让人自由地抵达没有轨道的目的地。

在余晨的拜访名单中，蒂姆·奥莱利和凯文·米特尼克是两个非常著名的异端。前者是自由软件和开源运动的骨灰级鼓吹者，并在2004年引爆了Web 2.0这个概念；后者是曾被FBI通缉然而又长期逍遥法外的"世界头号黑客"——他递给余晨的名片是一个用金属片做的溜门撬锁的工具，然后又在酒店里演示怎样用伪装的Wi-Fi偷盗别人的银行密码。正是在奥莱利及米特尼克这些人身体内流淌的反叛血液，滋养了美国互联网的迭代创新。

与美国完全不同的是，当互联网作为一种新的技术被引入中国的时候，这个国家正在变成一个世俗的商业社会。在20世纪80年代，理想主义曾经如野火般蔓延，可是它很快就熄灭了。到20世纪90年代，几乎所有的精英都投身于经商事业，金钱成为衡量成功和社会价值的重要标准。在这样的社会背景下，如精灵般到来的互联网被纯粹地看成是财富创造的兑付工具和商业发展的手段。在第一代互联网创业者的手中，被当成"圣经"的著作是阿尔文·托夫勒的《第三次浪潮》和尼古拉斯·尼葛洛庞帝的《数字化生存》，它们所内涵的商业乐观主义与中国社会盛行的达尔文思潮交相呼应，为中国互联网烙下了难以磨灭的金钱气质。由嬉皮士精神催生出来的互联网，在中国可谓"魂不附体"。

所以，阅读这本即将面世的《看见未来》一书，是一次非常奇妙而陌生的互联网精神之旅，余晨饶有兴致地与40余位个性迥异的美国互联网人物对话，这既是一次观念的碰撞与激发，同时又宛如一次美国互联网思想演进史的长卷式呈现。

未来从来不会自动地发生，它诞生在一片被击碎的旧世界的废墟上，这个地球上，总会莫名其妙地冒出一群偏执狂，他们破坏旧秩序，创造新物种，然后自己又在历史中变得不合时宜。

互联网是"一群人的浪漫"

易宝支付首席执行官、互联网金融千人会轮值主席 | 唐彬

互联网为所有人而生

在2012年伦敦夏季奥林匹克运动会开幕式上,当"This is for everyone"的文字被万维网发明者蒂姆·伯纳斯—李在一台NeXT计算机上敲出,并投映在体育场中的时候,我感受到了比特中涌动的温暖人性和一种深深的震撼。

蒂姆·伯纳斯—李是公认的"互联网之父"。为了让所有人不受限制地使用互联网,他宣布放弃为"WWW"申请专利。从1969年诞生,到20世纪90年代初随着蒂姆·伯纳斯—李的发明被网景在浏览器中应用而走向大众,再到现今移动互联网的快速崛起,先驱者的发明和慷慨,创业者的勇气和汗水,还有无数网民的热情参与,这些力量,哪怕再微小,也能通过网络汇聚起来,从而开辟信息文明时代,深刻改变人类的生活方式。

互联网与中华文明

我们可以借用老子"道生一,一生二,二生三,三生万物"的思想框架来解读互联网。互联网之道就是自由,我认为这是所有生命体永恒的追求。但我们不可能靠一己之力就实现自给自足,实现自由。对自由的追求催生了自我与他人自由相连的渴望,这就是互联网的"一"。每个人都希望自己独一无二,不可或缺，这是人性。在与世界相连的过程中，我们不愿像一滴水珠融入大海一样，失去自我，即使这样可以避免自己被蒸发。互联网去中心化的结构在连接每个人的时候保证了宝贵的独立性。因为去中心，每一个人都成了中心，人人为我；同时，每个人又以他人为中心，我为人人。这个对立统一的"人人为我，我为人人"构成了互联网太极结构的"二"，在保持独立性的前提下实现了个体和集体的和谐，并完美融合了东西方文化。二元互动催生了互联网的"三"要素：人、信息和交易。三要素的动态组合催生了千姿百态的互联网奇迹，相信在未来，也将创造更多的精彩，给人类带来惊喜。

其实互联网就是人性。她通过去中心化的开放结构组建了一个"人人为我，我为人人"的和谐平台，让每一个独一无二的生命尽可能活出各自的精彩和意义。无独有偶，中华文明之根也是和谐：人与自然之间推崇天人合一；人与人之间讲究和而不同的君子之道，国与国之间主张内圣外王之王道。互联网和中华文明之根是相通的，这就是我们的文化自信，我想这也是互联网能在中国如此蓬勃发展的深层次原因。"互联网＋"已经成为国家战略，我深信，结合互联网时代先进的思想和技术，中华文明之根上一定能结出互联网的硕果，实现中国梦！

互联网是"一群人的浪漫"

21年前，我来到硅谷，见证了互联网开始走向大众的过程。这是互联网掀起的令人激动的第一波浪潮，这一波浪潮改变了我们获取信息、娱乐以及购物的方式。

今天，随着智能终端的普及、云计算和大数据等新技术不断走向成熟，互联网亦步入深水区，掀起了波澜壮阔的第二波。在这一波里，互联网从比特回归原子，开始深入改造传统商业和社会，全面改变着我们的生活。

比如在中国，互联网正在打破多年的垄断，释放思想、经济和金融等方面的活力，比如庞大、封闭、低效和长期被垄断的金融领域开始被以第三方支付为先锋的互联网金融打破，互联网金融让我们更加深刻地认识到金融行业所存在的问题和潜力到底有多大！

　　我对互联网有一种信仰，我认为她真正做到了以人为本，并以去中心化的结构和新技术融合东西方文化，把人类带进一个新时代，实现了"人人为我，我为人人"的自由人的大联合，让每一个人在和世界紧密连接的过程中更加独立、自由和强大，让整个世界因为连接、创造和分享而更加丰富多彩。此即为我所谓的"一群人的浪漫"！

我的互联网梦

对我来说，互联网是一种信仰！

1984年，我还在上初中时，作为计算机教学试点单位，我所在的学校就拥有了一台苹果的Apple Ⅱe电脑。在电脑并不普及的年代，这可是个稀罕的宝贝，学校把它当做稀世珍宝一样护养起来——专门为这台电脑设了一个机房，里面有专用的空调，所有人进出机房都要换拖鞋，有时教学老师还会穿上白大褂，摆出一尘不染的架势——生怕这台娇贵的电脑会有丝毫闪失。

我们每次进出机房，表面上像是去朝圣，大气都不敢出，其实暗地里都很调皮，捏着鼻子躲过机房门口的臭鞋味，钻进机房，避开老师的目光后就开始悄悄玩游戏，甚至还自己编写出了诸如乒乓球、蛇吃豆之类的小游戏来自娱自乐。那时候的电脑甚至没有磁盘，外存用的是录音机和磁带。

那台Apple Ⅱe电脑的内存只有64KB。一晃30多年过去，今天我用来写这本《看见未来》的苹果笔记本内存已经达到16GB，是前者的25万倍，这也见证了摩尔定律的威力和时代的变迁。

1985年，我参加了由苹果赞助的全国青少年计算机竞赛，一旦得奖，就可能去美国硅谷的苹果总部见苹果的创始人乔布斯和沃兹尼亚克。不得不说，这对于幼小的心灵实在是太有诱惑力了。

就在那一年，埃弗雷特·罗杰斯（E.M. Rogers）所著的《硅谷热》在国内翻译出版，这本书花了相当多的笔墨讲述苹果的故事，也由此展开硅谷波澜壮阔的画卷。即使只是通过铅印的文字，它也深深地影响了一代人，当然也深深地影响了我。自此，我将乔布斯视作心目中的英雄，并向往到硅谷朝圣。

最后我有幸赢得了这个比赛，成为全国五名优胜奖的获得者之一。我于是满心欢喜地随团奔赴硅谷苹果总部参观访问，激动万分地憧憬着与我的偶像乔布斯和沃兹尼亚克见面，我甚至在脑海里反复琢磨了千百遍，究竟该怎么称呼乔布斯会让他对我印象深刻一些。

然而，当1986年我们来到苹果总部时，既没有见到乔布斯，也没有见到沃兹尼亚克。前来和我们合影的苹果国际总裁叫做迈克尔·斯平德勒，他在1993—1996年接替约翰·斯卡利（John Sculley）出任苹果首席执行官，这是苹果最平庸的年代。我们被着实"忽悠"了一番。后来我才知道，就在几个月前，乔布斯在内部争斗中被扫地出门，而沃兹尼亚克也辞职了。我与我的英雄失之交臂，之后我也没有见过乔布斯，这成为我永久的遗憾。而在近30年之后，因为拍摄《互联网时代》的机缘，我才终于与沃兹尼亚克相逢谋面。

大学毕业后我到美国留学并工作。最早在AT&T贝尔实验室实习，参与了蜂窝数据网络系统的项目，也和互联网沾边。那时的AT&T贝尔实验室还是计算机技术的圣殿：信息论、晶体管、激光、CCD图像感应（数码相机的核心技术）、UNIX操作系统（苹果、安卓等操作系统的前身）、C/C++编程语言……都是在AT&T贝尔实验室被发明的。漫步在园区里，就有可能与改变历史的风云人物擦肩而过。记得在实习期间，正好赶上了网景（Netscape）上市，那一天办公室里没人安心上班，大家都围在电脑前看这激动人心的历史一刻，感觉简直酷毙了。

之后我所从事的工作一直都与互联网相关。加入甲骨文后，我参与的第一个项目就是推广轻客户端的"网络计算机"，后来又开始向战略合作伙伴推广甲骨文的网络应用服务器，我们开始把自己称为"互联网布道者（Internet Evangelist）"。我亲历了互联网发展的起起落落，从雅虎到谷歌到亚马逊到"PayPal黑帮"，互联网让我着了魔似的入迷。

尤其激动人心的是，我越来越发现互联网绝非只是一个技术话题，它展开的视域如此之广阔，我们可以从人文和技术等多维度对其进行思考和尝试。互联网的影响也绝非仅限于IT行业，而是可以颠覆所有的行业和领域。我开始更加沉浸其中，最后我终于决定，要亲身投入到互联网的创业大潮中去，于是我和唐彬回国创立了易宝支付。

和唐彬回国创立易宝支付后，我们和硅谷还保持着紧密联系。我和唐彬曾经去硅谷风投云集的沙丘路（Sandhill Road）一家一家地敲门融资。曾经成功投资过Hotmail、百度、Skype、特斯拉和SpaceX（太空探索科技公司）的德丰杰投资基金成为易宝的早期投资人之一，我们也和提出了"病毒式营销"这一术语、德丰杰的掌门人蒂姆·德雷珀有幸结缘。

我和唐彬都亲历过20世纪末21世纪初互联网大潮的泡沫，那时不仅目睹了泡沫破灭时许多公司一夜之间的破败，而且自己买的互联网股票不少也都几乎输个精光，但尽管如此，我们仍然坚定地信仰互联网，并且隐约地感到：互联网要和传统行业深度融合才会有最大的生命力。

所以易宝支付并不是纯粹的互联网支付公司，而是行业支付的开拓者。我们把自己看作是互联网和传统行业之间的桥梁，我们的使命是帮助传统行业实现资金流电子化和互联网转型升级。从创立起，我们就不停地去银行、电信运营商、航空公司、传统媒体等各个行业游说，做互联网的培训和分享，传播互联网的理念，推动传统行业赶上互联网的潮流。这种努力一直持续到今天，我们和芬尼克兹集团共同发起的、旨在推动传统产业互联网化的"互联网大篷车"便是实例。

中央电视台开始制作《互联网时代》时，邀请我担任顾问并采访众多的互联网领军人物。这是自互联网诞生近半个世纪以来，全球首部系统反映互联网全貌的大型纪录片。易宝支付当时正处在高速发展期，我作为联合创始人要拿出大段的时间去参与一个纪录片的制作，不得不说是一种比较奢侈的行为。

然而我们一致认为，这部纪录片的价值不仅仅在于它是迄今为止关于互联网题材的最宏大的制作，更重要的是，它记录了那些创造互联网历史的巨人们的亲口证言。不少重要人物年事已高，也许再过10年，便不可能再有机会拍摄这样有如此多当事人亲证的作品——被誉为计算机界的爱迪生的，图形界面、超文本、鼠标的发明者道格拉斯·恩格尔巴特（Douglas Engelbart）便是在我们开机前一个月去世的。因此，易宝支付必须现在就参与，责无旁贷。

互联网的史诗，不是一两个天才的杰作，而是一群人共同碰撞、融合、协作的结果；历史的脉络，不是一条按时序展开的因果链，而是一张交错复杂的网络。之后的一段时间里，我和中央电视台《互联网时代》剧组不停奔走于美国和中国之间，把那些曾经塑造了互联网历史的风云人物的故事重新梳理连接起来，力求还原这场伟大革命的原貌和精神内涵。这与其说是人物采访，倒不如说是和历史的对话——从初始起源娓娓道来，历经曲折起伏，无数多的可能性在历史中展开，又在历史中湮没。对话如此激动人心，因为我们在其中感受到的并非只是历史，而更是未来，关乎我们每个人的未来。

互联网让未来呈现越来越多样的可能性，今天不会是昨天的重复，明天也会有别于今天。每个人的未来都不一样。多种多样的可能性，才让未来难以揣测，也更加值得期待！

在采访中，站在丹尼尔·希利斯设计的万年钟前，我由衷感叹，它气势恢宏地指向漫长一万年后的未来，这会激发起对多少可能性的畅想和追寻！人类文明，也将在这样的追寻中被再次翻新改写。

这本《看见未来》非同寻常的意义也就在于此。关于互联网历史的书籍汗牛充栋，但自互联网起源到今天，由如此多互联网历史缔造者亲口讲述的书凤毛麟角。巨人们亲口的讲诉，更加真实地还原了互联网历史和互联网精神。精髓之处更在于，它并非只是帮助我们了解历史，而更要我们看见未来，看见诸多与我们切身相关的可能性。看见我们身处其中，正在发生的未来！

互联网文明与新轴心时代

轴心时代

"人类敬畏时间，而时间敬畏金字塔。"

四千六百多年以来，埃及大金字塔一直屹立在吉萨平原上。从修建金字塔到秦始皇执政之间的时间，比从秦始皇到现在的时间还要长。尼罗河流域孕育的古埃及前后经历了31个王朝，最终在公元前30年沦为了罗马的一个行省。曾经辉煌的历史，如今只留下残存的记忆碎片。

历史中布满了如同古埃及一般已经死去的古老文明的化石，在"文明的摇篮"美索不达米亚，曾出现过苏美尔、阿卡德、古巴比伦、亚述、新巴比伦等文明；在美洲新大陆，则有玛雅、阿兹特克、印加文明，它们都曾经取得过灿烂的成就，但最终都失落在历史的长河中。

然而，在中国、古印度、古代迦南地区、古希腊产生的古老文明，却形成了不朽的影响力，几经兴衰沉浮，一直绵延到了今天。

历史学家卡尔·雅斯贝尔斯把公元前800年到前200年的这段时间称为"轴心时代"，在这一时期，人类历史上集中出现了思想和创造性上的大爆发，世界不同角落的几大文明几乎同时独立产生了伟大的精神导师：中国春秋时期的孔子、老子；古印度奥义书的圣人们和佛祖释迦摩尼；希伯来文明中犹太教的众先知；古希腊的苏格拉底、柏拉图和亚里士多德等。

人类的精神视野，似乎在一夜之间实现了"终极关怀的觉醒"，人们开始用与古文明完全不同的方式来审视和思考这个世界，实现了对原始文化的超越突破，产生了全新的宗教和哲学。直到今天，我们所有的现代社会，都在传承着轴心文明的精神内核。

轴心时代改写了人类的思维模式和价值基础：人们开始用系统性的理论体系来解释世界，而不只是在神话和传说中继承文化；个体开始从社会中"脱嵌"出来，开始独立思考生命的意义；人们追求的价值不再是"此地此刻"的当下繁荣，而是真理、正义、救赎、解脱等超越性的终极关怀。经历了轴心时代超越突破的文明都得以在历史的动荡中生存、延续，而未经超越突破的原始文明则最终消失在时间中。

轴心时代产生的大变革及转型决定了人类文明后来两千年的走向，形成了波澜壮阔的历史画卷。从希伯来传统中衍生出了犹太教、基督教和伊斯兰教三大宗教，而古希腊文明则孕育了科学和民主的种子，西方文明的历史便是希腊和希伯来两种传统相互冲突和交融的历史。从印度传统中衍生出的佛教，在汉代开始传入中国，在宋明理学中被融入儒道，成为中华文明的有机组成部分……轴心时代奠定了人类精神视野的基础，建立了文明演化的模板。可以说，现代人的"思维操作系统"，无论表面如何多样纷呈，其内核"源代码"都是在轴心时代写成的。

历史的篇章匆匆就翻过去了两千多年！

1969年，人类跨出了历史性的一步——登上月球，这实现了人类在漫长文明历程中的无数次憧憬与梦想，也成为轴心文明精髓——"超越性"的一次具象体现。

巧的是，互联网也在这一年诞生。刚开始，它的萌芽是那样无声无息，远不如登月般辉煌且为全球所瞩目。但很快它就如水般蔓延遍布整个星球，浸入每一个角落，让无数多可能性有如生命与水的相遇一般，得到滋润，茁壮生长。

当未来的历史学家审视今天的科技进步时，他们或许会意识到：互联网并非是第三次工业革命的延伸，其影响远远大于蒸汽机或电气。互联网不只是一次技术革命，更是一次世界观革命。它触及了人类更深层的精神本质，包括我们的信仰和价值系统，甚至撼动了文明的基石。互联网正在重新格式化和升级人类的"思维操作系统"，为我们开启一个新的轴心时代。

网络文明

单项技术革命影响的往往是某一垂直领域，如抗生素的发明彻底改变了医疗和健康。而互联网产生的影响，是横向水平性的：互联网不是一个孤立的技术或行业，而是一个可以改变所有行业和领域的新兴力量。

互联网的核心精神元素是：开放性、去中心化、去权威化、民主化、自下而上、长尾原则和多元价值等。互联网的核心精神不只是在技术和市场的层面体现出来，而是渗透到了文明的各个方面，我们看到的是一个网络社会的崛起。

产品开发在变得越来越网络化，工业时代的产品是设计制造出来的，而互联网时代的产品却更像是生长演化出来的。产品开发周期不再只是自上而下的目标分解和实施，而是自下而上地在用户和市场的反馈中不断快速迭代，从而不断更新和完善产品。

企业管理在变得越来越网络化，工业时代的管理更多是自上而下、中心化、等级化、控制性的，而网络时代的管理则更倾向于自下而上、扁平化、激励性的（谷歌早期甚至允许员工利用自己20%的上班时间，来做自己本职工作之外任何感兴趣的项目）。现在甚至有人激进地认为，"公司"作为一种机构都将过时，未来的无边界组织将实现自由人的自由联合。

产业的去中心化也在成为趋势。互联网金融的兴起带来了金融行业的去中心化、脱媒化浪潮，实现了门槛更低、长尾化的普惠金融（20世纪50年代，只有9%的美国人持有股票；2000年，超过50%的美国家庭持有股票）。分布式的再生能源则带来了能源生产的去中心化，家庭可以通过光伏太阳能电池板自主发电，由消费者变成生产者。甚至在以往被政府垄断的太空产业中，我们也看到了商业化的趋势。

而市场经济的逻辑本身就是网络化。计划经济依赖的是自上而下的中央调控；市场经济则相信自下而上的市场自发秩序。"看不见的手"在越来越多的领域发生作用。

世界格局在变得越来越网络化。冷战前后是美苏两个超级大国争霸和美国一方称雄的时代，而当今，则有其他力量和影响力中心崛起，世界格局由单极走向多极。

我们的世界观也在变得越来越网络化。哥白尼的学说取代了地球中心论，地球不再是宇宙的中心；而达尔文的学说消除了人类的物种中心论，人类也不是物种的中心。

整个世界在变得越来越网络化。20世纪80年代的流行书《大趋势》（约翰·奈斯比特著）总结了现代社会的十大趋势；而21世纪初的流行书《微趋势》（马克·潘、金妮·扎莱纳著）则认为，世界发展的方向不再是被几个大趋势所垄断，而是裂变成无数微小的趋势，越来越碎片化。现代主义强调客观性、理性、真理和秩序，而后现代主义则强调主观性、非理性、多元价值和非确定性。人们不再追求大一统的"元叙事"，而强调个体异质性、无中心意识和多元价值取向。在市场、进化论背后有一个共同的逻辑：世界变得越来越去中心化、去等级化和网络化。这便是网络文明的兴起。

12000年前发生了农业革命，250年前发生了工业革命，40年前发生了互联网革命。农业社会的关键性资源是土地，工业社会的关键性资源是能源，网络社会的关键性资源是信息。

物质性的游戏往往都是零和游戏，不是你输就是我赢，我分给你一块蛋糕，自己就会少一块蛋糕。而非物质性的游戏可以是非零和游戏，我分享一份快乐，自己会变得更快乐。当更多的价值转移到虚拟世界中时，非零和游戏就会越来越多。历史上为争夺土地和能源的战争频频发生，是因为土地和能源均是零和资源；而信息原则上是非零和资源，在网络时代，信息的复制几乎不需要成本，传播也几乎不需要时间，更不会因为拷贝而有所衰减。

纽约大学宗教历史系教授詹姆斯·卡斯（James Carse）把世界上所有的事物都归结为两种类型：有限游戏和无限游戏。有限游戏的目的在于赢得胜利；而无限游戏却旨在让游戏永远进行下去。有限游戏在边界内玩，无限游戏玩的是边界。不难看出，有限游戏是零和游戏，而无限游戏是非零和游戏。互联网和信息革命的意义在于，冲击了传统的价值基础和游戏规则，创造了可无限延展的价值空间。

文化基因

技术是人性的延伸。农业革命通过耕种延伸了我们的胃，解决的是温饱问题；工业革命通过机械和电气延伸了我们的肌肉，解决的是生产效率的问题——但它们都是对人类肢体的延伸。互联网和信息革命则延伸了人类的大脑，人有别于动物，恰恰在于人类拥有大脑而非肢体（拉丁文把人叫作Homo Sapiens，即"智人"）。

英国生物学家理查德·道金斯（Richard Dawkins）在《自私的基因》（*The Selfish Gene*）一书中首次提出了"文化基因（meme）"的概念。文化基因与生物基因（gene）对应，也是一种复制因子，它可以像生物基因一样被遗传、变异、选择。任何可以在人群中传播复制的语言、观念、行为方式、时尚、技术、理论、信仰等，都可以被看作是文化基因。因此文化基因也是一种可被复制的因子，正如生物基因可以被遗传、变异、选择一样。人类的历史可以被看作是一部文化基因的进化史，所有的文明现象都不过是文化基因的传承、变异、交融和选择结果。

任何生命体的第一性需求都是传播、复制自己的基因，个体生命终将死亡，把基因复制到下一代，这在某种意义上可以延续生命、超越死亡。人类也不例外，传宗接代是我们作为生物体的基本需求。然而，人还有"第二生命"，即存在于文化基因中的精神和意义的世界。无论是主动还是被动，人类都在不断地传播和复制文化基因，这是我们作为符号动物的第二需求。

有性繁殖使得生物基因在遗传中每代都会减半（子女的基因一半来自父方、一半来自母方）。孔子的生物基因传到今天，已经有80代了，孔子的后代虽然还以自己的祖先为豪，但他们身上带有的孔子的生物基因其实已经稀释得和水一样（2的80次方分之一）；而孔子的文化基因——儒家思想，则到今天还可以生生不息地产生持续性的影响，保留了更完整的痕迹。从这个意义上来讲，人传播自己的文化基因比传播生物基因更有意义。

凯文·凯利提出了一个类似于文化基因的概念，他称之为"技术元素

（Technium）"。这里的技术并不只是指具象的科学技术，而是涵盖了人类所有可传播、传承的创造物，包括科技、艺术、法律、伦理、宗教等"虚拟物"。

人类历史上出现过的种种重大的技术变革，本身就是文化基因和技术元素演变的结果，这些技术变革的里程碑也反过来改变了文化基因的传播机制。

第一个重要的里程碑是语言。文化基因所涵盖的范围要大于语言、音乐、舞蹈，可复制的行为表情也可以是文化基因。在语言出现之前，人类之间文化基因的传播停留在"模仿"阶段，只能靠面对面手舞足蹈地比划。有了语言之后，文化基因的复制、传播从"模拟态"变成了"数字态"，语言为文化基因提供了一个符号化的载体，正如DNA是生物基因的载体一样。

第二个里程碑是文字。文字的出现使得文化基因可以不只存在于大脑之中，还可以存在于文字载体中，人类由此出现了"外化"的文化记忆，文字有如人类集体意识的一个外存和硬盘。通过文字，一个人的情感和思想便可以超越时空的限制，在千年之后的遥远国度点燃另一个人心灵中的精神火花。设想一下，即使有一天人类文明灭迹，但外星人发现了地球上刻有文字的石碑并进行了破解，还可以在某种程度上让我们的文化基因起死回生。

第三个里程碑是印刷术。早期的文字只能手抄书写，传播的效率非常低下。印刷术的发明，解决了文化基因传播的规模和效率问题。

第四个里程碑是大众媒体。报刊书籍、广播影视的出现，都使得文化基因的传播变得更为有效和规模化，从而带来了知识和信息的民主化。但大众媒体亦有其局限性：文化基因只能自上而下做单向传播，具有规模性，但缺乏互动性。

第五个里程碑便是今天出现的互联网，互联网使文化基因的传播得到了质的飞越。在互联网上，文化基因的拷贝和复制几乎没有成本，而且可以实时传播、双向互动。文化基因第一次从底层的物理介质中"脱嵌"了出来，可以无阻地进行传播。互联网是文化基因的超导体，是一个让文化基因自由创生、变异、碰撞、组合、传播的新媒介。人之所以成为人，是因为我们不只是生物基因的载体，更是文化和思想基因的载体，互联网最终带来了充分实现人性的可能。

人类有表达和传播自己文化基因的冲动,这在某种意义上同构于动物本能地想传播自己生物基因的性冲动。作为智能的符号动物,人需要通过创造文化基因来进行自我表达和自我实现;作为社会动物,人需要与他人连接来传播交换文化基因。而个体的文化基因也只有通过社会网络的复制和传播才能实现其价值。互联网同时满足了个体自我实现和社会依赖这两种最基本的需求,使人性得到了最大的满足。

虚拟世界不是在有了计算机和互联网之后才出现的,人类自从产生了文化基因,就从来都存在于双重现实之中。互联网的出现,使得这个虚拟的意义世界得到了彻底的表达和释放。

互联网带来了新的连接。宇宙的演化,便是不断以新的连接方式涌现出更高秩序连接的历史。138亿年前,宇宙在大爆炸中创生,这是时间、空间、物质、能量的开始,也是物理学所描述的纪元的开端。

宇宙起初是一个混沌和无序的世界,随着宇宙暴涨的冷却,在1/1000000秒之后,夸克通过胶子连接在了一起,便形成了质子和中子。38万年之后,当质子和中子组成的原子核开始和电子结合在一起,便形成了稳定的原子。1亿年之后,第一批恒星开始形成并发光,核聚变反应产生了各种重元素,当不同数目的质子和中子连接成的原子核和电子结合在一起,便有了形形色色的物质元素。当不同元素的原子以一定的排列方式连接成分子时,便开始了化学的纪元。46亿年前,包括地球在内的太阳系开始形成。38亿年前,当高分子连接成复杂精细的结构并产生了自我复制的机制,便开始了生物的纪元。20亿年前,多细胞生命出现,当细胞通过组织连接起来,便形成了丰富的生命形态。12亿年前,开始了有性繁殖,当基因通过性组合起来,便增加了多样性。20万年前,进化出了解剖学意义上的现代人类。大约7万年前,人类经历了旧石器时代晚期的认知革命,语言出现了。当符号连接起来,便产生了意义的世界,人类开始进入了文化的纪元。进化的主旋律由物理化学反应到生物基因的复制,最终演变为了文化基因的传播。

今天,当互联网将全人类连接成为一个如神经网络般的超级有机体——"全球脑"时，我们面临的机会和挑战又是什么呢？连接带来了新的可能性，当低级的单元连接成网络时，便涌现出更高级秩序的系统，产生了"元系统跃迁"或"重大进化转变"。在物理、化学、生命、智慧之后的下一个纪元又会是什么呢？

新技术，新人类

在19世纪英国的工业革命中，机器替代了人力，造成了大量拥有传统技艺的工人失业，他们组织起来进行抗议，甚至打砸工厂和机器，这就是著名的勒德运动。在远古，当文字和书写刚刚被发明时，同样会有人认为人们会因不再需要背诵而在未来丧失记忆力。在历史上，每当重大的技术变革出现时，都会带来同样的问题：技术到底是解放了人类，还是异化了人类？技术到底是善还是恶？

其实技术本身是中性的，无所谓善恶。但是，没有技术的进步，人类连选择更多善恶的可能性都没有。技术的意义在于，它为我们带来了更多选择的自由，不断延展了可能性的空间，这本身就是技术的至善。

技术的变革必然会带来人类认知、思想、信仰和价值体系的变迁。采集和狩猎时代的人类只关注当下，有一天过一天；而农耕时代的人类需要审慎和规划，未来便变得更有意义。部落社会里的人类只会接触到自己认识的人，而城市兴起使得人们遇到大量的陌生人，航海和贸易会带来各种文化的碰撞交融。文字的出现使得人类开始有了持久而外化的文化记忆，可以形成比吟游诗人口传神话更庞大复杂的理论体系。所有这些，都为产生轴心时代的超越视野奠定了基础。

今天，新技术的兴起又将如何改变人性？有五大科技领域被普遍认为是最有可能影响人类文明未来的：互联网、新能源、太空探索、人工智能、基因工程。这五大领域，无不触及人类存在的根本条件。

互联网正在逐渐改变我们对距离和时间的感知、人与人之间的社会关系、人群的组织方式、自我的认知和边界，甚至人的自由意志。

乐观的看法认为，信息的无障碍流通使得个人得到了真正意义上的自由和解放，每个人都有机会超越传统的物理限制而充分地表达和实现自我，互联网才最终使人真正成为了人。而悲观的看法认为，隐私正在被侵蚀，个人的边界正在慢慢消失。

全球最大的在线影片网站Netflix可以根据大数据分析精准地预测每个用户喜欢看哪部影片，而用户也更喜欢Netflix推荐给他们的影片，甚至超过他们自己挑选的影片。不难想象，在不远的未来，我们的电脑和手机可能比我们自己更知道我们每顿饭都想吃什么、下一次旅游想去哪儿。机器会帮我们做出选择，人的自由意志将被慢慢腐蚀。无孔不入的多介质媒体将我们完全包围，使每个人都变成肤浅的信息复制器和传话筒，所有人都活在永恒的当下，只关注转瞬即逝的时尚和此地此刻（Here and Now）。人类会面临存在的碎片化以及应然世界和终极信仰的坍塌。

能源问题则是人类生存的底线。备受争议的石油峰值理论（Peak Oil）曾预测：由于石油的不可再生性和总储量的有限性，人类的常规石油产量将在2020年左右达到峰值（美国的常规石油产量在20世纪70年代曾达到峰值），之后将开始进入减产期。如果不能找到可持续的替代性能源，人类文明将不可避免地衰退，所有基于能源的上层建筑都将崩溃（大规模机械化的农业生产、工业制造、市场经济等）。人类将根本无法养活几十亿人口，而不得不面对文明灭亡和世界末日的挑战。

当然，乐观的一派认为峰值理论早已过时，人类可以找到未被探明的非常规石油储量（页岩油等），并可以在足够的经济利益刺激和危机感压力下开出发其他新能源（可控热核反应、太阳能等）。一旦找到可持续的新能源，市场和经济体便可以继续无限扩张。

但即使解决了可再生能源的问题，由于地球资源的终极有限性，人类的发展将不可避免地碰到天花板，变成一个最终会崩塌的"庞氏骗局"。只有突破地球生态系统的限制，才能将零和游戏变为非零和游戏，继续无限的扩张，太空探索便成为保证人类未来可持续生存发展的唯一途径。人类终将迈出地球的摇篮移居其他星球，我们在宇宙中的足迹将由单点变成网络的存在。

当未来有一天，人类真正移居火星建立新的殖民地时，人们会制定一部什么样的宪法？民族国家是否还会存在？人们会有什么样的信仰？火星上有限的资源和土地是否应该私有化？是否会有统一的货币（比如比特币或其他）？卡梅隆·史密斯（Cameron M. Smith）在与人合著的《超越地球》（*Emigrating Beyond Earth*）一书中，探讨了未来当人类离开地球开始星际旅行和殖民，并经历了数代人的生存繁衍之后，我们的物种和文明将可能面临的种种变化，从我们的生理特征、生活习惯，到文化价值。例如，人们对时间和空间的感知将发生变化：星际旅行的人或许不会再用"天"这样一个概念，这个地球上的时间单位对他们来说毫无特殊意义；因为引力的微妙变化，我们的肢体语言和舞蹈艺术或许也会发生改变……太空探索不只是一项技术实验，更是一场社会和人性的实验。

在古希腊的《荷马史诗》中，人与神最根本的区别在于，神是不朽的，而人终有一死，死亡是人性的终极条件，也是所有轴心文明超越视野的基准线。医学和基因工程的发展或许不能让我们获得永生，但是可以大大延长人类的寿命，使我们远远活过被生物进化选择的生育期。人口的老龄化也将不可避免，这或许会影响我们对于死亡的态度。未来学家雷·库兹韦尔（Ray Kurzweil）甚至激进地预言，当2045年"奇点临近"时，生命科学和人工智能的高度发展可以使人类实现永生和不朽。基因工程带来的新机会将使我们面临种种的伦理困境和价值选择。而悲观者则认为，人工智能和基因工程的发展将使人类被异化或奴役，甚至最终导致人类的毁灭。

"生存还是毁灭，这是个问题？"莎士比亚笔下的这个难题，困扰的并非只有哈姆雷特。生命与死亡，个体和社会，人与自然……这些问题源起久远，让多少聪慧哲人困扰，殚精竭虑穷思之处，缺乏的并非是智慧，而是远超我们可设计世界之外的宏大视野。

40余亿年前，我们栖居的这个星球上出现了水，于是有了之后波澜壮阔的生命演进：从单细胞到多细胞，从低等生物到高等生物，在一个繁芜庞杂的大生态网络中，历经岁月耐心的雕琢，终于在原子世界出现了智慧的人类，继而才有了今天辉煌的文明。

　　互联网的崛起，不仅将我们身外的世界，更将我们的思想连接起来，以迅雷不及掩耳之势将整个人类推进比特世界。它所改变的绝非只是我们身外的世界，而更关乎我们自身。互联网正在把我们塑造成一个新的物种——"网络人"（Homo Interneticus，有如古典经济学中的"经济人"，即Homo Economicus），这就意味着，如水的出现能够滋润生命的萌芽一样，在此之后，这半个世纪里随互联网崛起而兴起的比特世界，将与原子世界比肩相依，连接共生，滋养无数多的可能性，由此掀开这个星球又一个全新的篇章。未来将更加扑朔迷离，却也更加让人期待！

　　人类今天所经历的这些深刻变革，或许会改变未来数千年的文明走向。互联网文明与新轴心时代，正在开启。我们无比幸运，因为我们正在其中！

网络不仅是互联网

奠基者

商业时代

 金融支持

⑤ 互联网反思录

⑥ 多元化

⑦ 未 来

1 网络不仅是互联网

网络并不简单等同于互联网，如生态网、人际网、贸易网等，自古就存在。以多样的视角去理解网络，理解互联网，会看到令人意想不到的精彩风景！

凯文·凯利：
互联网时代的"达尔文"

凯文·凯利（Kevin Kelly）的家在旧金山南部海滨小镇帕西菲卡。他的木屋掩映在一片苍松翠柏之中。这里常年云雾缭绕，是坐禅静修的好地方。老顽童凯文·凯利的书房堆满了书籍和玩具，有用泡沫塑料搭的机器人，还有他养的巨型蜘蛛。

凯文·凯利20年前的著作《失控》曾是《黑客帝国》剧组的必读书，其影响到今天依然经久不衰。凯文·凯利的魅力在于：他不只是个思想家，更有诗人的情怀；他关注技术，却不被技术异化；尊重科学，却不陷入还原主义。

1999年，已是《失控》问世的第五个年头。在这一年，好莱坞大片《黑客帝国》风靡全球，而《失控》正是《黑客帝国》导演安迪·沃卓斯基要求主演基努·里维斯去读的三本书之一[①]。也正是在这一年，凯文·凯利应导演史蒂文·斯皮尔伯格之邀，和其他未来学家聚到了一起，头脑风暴，畅想2054年的世界会是什么样，以提供足够多的细节来拍摄电影。

好莱坞总是喜欢大场面——关乎全人类，关乎遥远未来，关乎我们对自身重

---

① 另两本是法国哲学家让·鲍德里亚（Jean Baudrillard）的《模仿和拟像》以及迪伦·伊文斯（Dylan Evans）的《演化心理学浅介》。

新定义的大场面，并富有想象力地揭示各种超乎想象的可能性，而这类影片也格外卖座，仅《黑客帝国》的全球票房就超过16亿美元，尚且不论随后在互联网上广泛流传所形成的更大影响。这也意味着，这些主题为越来越多的人所关心。

全球数以亿计的人能通过现代电影摄制、拷贝、播映等技术，尤其是互联网传播技术去观看这些影片，并同时聚在网络上分享、评介、讨论。这也正是凯文·凯利"全球脑"的一个生动实例。用凯文·凯利的观点来看，全球70亿人，都将有可能随时随地实时接入互联网，这非常强大，也是人类历史上从未有过的非同寻常之事。他用"全球脑"来称呼这一激动人心之事，并将互联网视为人类有史以来的最伟大发明。

如此就不难理解，为什么1994年出版的《失控》，在20多年之后，仍然会有如此大的影响。**《失控》出版后，被译为中文、德文、意大利文、日文等多种文字，直到今天仍然名列美国亚马逊畅销书名单，并出现在其他全球诸多的推荐或者畅销排行榜里。**

这与其说是凯文·凯利作为一个作者的成功，他得心应手地在技术和生命的主题之间穿梭，赋予冰冷的机械、技术以生命感的温暖，倒不如说是《失控》书中所展开的波澜壮阔的画卷正在这个时代的舞台上演，世界活生生地印证了凯文·凯利的许多洞见，也反过来推动更多人开始关注《失控》。

要知道，《失控》出版的那一年，全球互联网渗透率还不到0.4%，杨致远和大卫·费罗（David Filo）才刚刚创立雅虎，亚马逊1995年才上线，谷歌和Facebook还要更晚才亮相历史舞台。今天被奉为互联网经典巨著的《失控》，其实是诞生在一个互联网面向全球普及刚刚起步的蛮荒时代。

凯文·凯利的家

在《失控》出版快20年后，我访问了凯文·凯利。对话就在他的居所里展开。

硅谷典型的办公环境是101高速旁那些窗明几净的办公楼，但凯文·凯利的居所并不像典型硅谷风格。凯文·凯利的居所位于旧金山南部海滨小镇帕西菲卡，青松翠柏掩映的木屋，常年缭绕在雾气里，一种强烈的生命感油然袭来。在中国文化的语境里，这很容易让人想起远隔尘世、修身养性的隐士，但在美国，你完全可以想象在这屋子里藏着多少千奇百怪的创意或创新。

凯文·凯利在家办公，他居所的侧翼有一个和生活区隔离开的办公区。走进凯文·凯利的办公区，"全球脑"会立刻在你的眼前具象起来。这里排满了书，各类知识和智慧躲进纸张里，平静地躺在书架上，随时光荏苒而不改面貌，但一旦被凯文·凯利取出，再消化进他的大脑，就立刻与他既有的知识和智慧"连接"，生命力顷刻被激活，张扬着通过更大的网络连接去改变世界。

房间里堆满了各种玩具和模型。有一个泡沫塑料做的机器人比较显眼，这可被视作凯文·凯利思考主线的象征——人和机器，或者说生物和机器的冲突。

这里还有乐高，我敢肯定凯文·凯利一定创造了很多新奇的搭建方法，人的想象力通过技术得到一次物质的具化。而乐高的各个小模块看似不起眼，但当它们被连接起来，形成一个"相对复杂的系统"时，立刻会呈现出"相对类生命"的特征。不是吗？我们在很小的时候，就常常为那些由小模块最后"连接"成的"大英雄"而拍手欢呼。不过，在凯文·凯利看来，更宏伟的呈现应该是"全球脑"，在他的桌上，就摆放着大脑的模型。

凯文·凯利甚至养了几只巨型蜘蛛，这些毛茸茸的家伙对我这位"不速之客"张牙舞爪，让我不禁感到几分寒意。老实讲，多数人对蜘蛛比较反感，道理很简单，蜘蛛的外形实在不太讨人喜欢。但也有不少互联网极客对蜘蛛偏爱有加，道理也很简单，因为蜘蛛长于织网。今天，当我们津津乐道搜索引擎工作的原理时，还会形象地把网络爬虫称为"网络蜘蛛"。

凯文·凯利就坐在这些知识、智慧、创意和想象之中，或者，用更确切的凯文·凯利自己的风格来描述，他正坐在生物和人造物之中。此时，他正在创作新书《酷工具》（*Cool Tools*）。

凯文·凯利理论

和《失控》及《科技要什么》（*What Technology Wants*）不太一样，《酷工具》更像一本有关实用工具的百科全书，书里提及的工具能够富有想象地解决你面临的实际问题，阅读对象可以从园丁到家庭主妇。的确，这本书包罗万象，正如其作者凯文·凯利的博学多识，它能够更直观地激发人们对改变和突破现实各种可能性的想象。也正因为如此，凯文·凯利将本书的副标题命名为"各种可能性的目录"。**把互联网视为一种工具，释放人性，解放人性，最终让人更完美，带给我们更大的自由，这是凯文·凯利的一贯思想，并始终贯穿他所有的著作。**

凯文·凯利谦和、热情，甚至有几分俏皮，他对亚洲和中国丝毫不陌生。在20岁时，他就辍学跑到亚洲游历，此后的七八年间，他远足中国台湾、日本、韩国、菲律宾、印度等地，他的太太就是一位来自台湾的生物化学家。在凯文·凯利的官方主页上，列举了《失控》各类译本，第一本就是中文译本。（有意思的是，乔布斯早年也有过亚洲游历经历，并且始终坚持了禅修之路。也许亚洲文化中注重直观、注重想象的要素激发了这些西方来客对世界的重新认识。）

在拜访凯文·凯利之前，我又认真地通读了《失控》和《科技要什么》，还好我之前系统学过"进化论"（这可是理解凯文·凯利的重要切入点），因此对把握这两本书的要旨也算得上得心应手。于是，我们俩的交谈非常惬意。

互联网发展宛如生命的进化

贯穿凯文·凯利思想的，从《失控》到《科技要什么》，都是一种广义的进化论思想。

进化论讨论的是生命的演进，这与互联网有什么关系呢？

要理解这点，得先理解工业时代的造物特点。工业时代造物都是自上而下、等级化的，整个过程有目的、有预设、有中心，讲求的是因果关系。比如一个汽车工厂要造汽车，需要设计师先把汽车的原型设计出来，然后经过一道道层级管理的生产线，最终按照工厂经营管理者的意志和设想把汽车生产出来。

进化论则不然，没有预设的目的、没有神（当然更不可能有人）曾经拿着图纸把今天多样化的生命设计出来。生命的演化是自下而上的，从简单的单细胞生物到多细胞生物，从无性繁殖到有性繁殖。整个生命的进程看似有些盲目，任何可能性都可能出现，不在任何中心的控制之下。**互联网的发展，更加契合生命进化的特点，呈现出去中心化的特征，没有中央控制，创新总在边缘发生。**

信息是万物的根本

我和凯文·凯利的讨论始于对信息的定义。**在凯文·凯利看来，信息乃是万物的根本。**这个观点其实最早可以追溯到古希腊的哲学家毕达哥拉斯，他曾认为数是万物的本源。之后的柏拉图更是集大成者，在柏拉图看来，理念才是真实的，我们所认为的现实世界不过是理念的摹本。

在整个世界越来越高度数字化的今天，理解这个看似违背常识的观点其实并不费劲。比如，每天我身上的细胞都在更换，但组成我的信息结构是不变的。也许历经多年，我全身的细胞，或者更基本一些，我全身的原子都换了个遍，但细胞组合的信息规则却从来没有发生改变。我还是我，不会因为岁月流逝而发生改变。再比如音乐，我们辨识一首乐曲显然是因为该首乐曲音符组合的信息规则，而不是某一个具体乐器产生的声音。**因此，信息要比原子更加真实和根本。**

互联网的出现是必然

人是符号的动物，这个观点最早来自德国哲学家恩斯特·卡西尔（Ernst Cassirer）。既然信息是万物的根本，那么人是符号的动物也就不难理解。凯文·凯利肯定了我这个提法，并进一步回答了我关于语言、书写和印刷在人类社会发展过程中所扮演角色的问题。

如果审视人类进化的主要部分，它总是组织和信息的重构，这也包括生命的历史。**对人类而言，第一个最主要的重构就是发明了符号化的语言。**语言的出现，让我们能够彼此交谈，并因此能审视自我的思想。因为有了语言，我们才发明了农业，建立了城市，创造了文明。

人类的第二个主要的重构就是学会了书写。即把语言转变为符号，以便被记录于纸张之上，从而形成记忆，正所谓"好记性不如烂笔头"，我们也因此拥有了集体记忆。此外，书写还让我们完成此前难以做到的复杂工作，比如数学——如果不凭借书写，我们将很难完成复杂的数学运算。这是个巨大的革命。在凯文·凯利看来，书写，以及随之而来的书本和印刷术，都是人类信息史上了不起的进步。

凯文·凯利认为，技术的发展存在一种不可避免的序列关系。他甚至大胆假设，如果真有地外文明的话，他们也会发明电，然后是电灯，以及汽车，最终也会发明互联网。**围绕互联网出现的必然性，凯文·凯利谈到了三种进化的动力：自我的选择、遗传因素和周围的世界。**无论是生物的进化，还是人类的思想史，抑或互联网的发展，都是受这三种动力的驱动。比如说，我们个人的发展，就取决于我们的自由意志，取决于我们的创造力；也取决于我们对前人的继承；还取决于整个大环境。

人类有史以来的伟大发明

做了这么多的铺垫，我们终于要谈到互联网出现的意义。

先从生物进化上来看。生物与网络有什么联系呢？凯文·凯利认为，生命演化的阶段中，从单细胞演化为许多细胞组成的有机体这个阶段至关重要，这是一个质的飞跃。因为不同的细胞组合到一起后，才出现了各种各样的生命。多细胞有机体其实本质上就是网络，由许多单细胞组成的网络。从空间的维度来看，正由于各种细胞有了不同的排列组合，互相连接而产生了新的价值，才推动了多样化生命形态的出现，于是才有了天上飞的鸟、地上跑的兽和水里游的鱼。从时间的维度来审视，从单细胞到多细胞的进化，变异是随意的，并没有预设的目的，也没有自上而下的设计，因此进化并不是按因果链条的方式推进的，而是呈现相互影响的网络。这也和我们前面谈到的信息是万物的根本相呼应，从单细胞到多细胞，其实就是信息排列组合的可能数量呈现爆炸式的增长。

在凯文·凯利看来，人本来就是越来越社会化的，而正因为有了互联网，我们才逐渐成为"多细胞体"。互联网连接世间万物。人类正成为一种新的有机体，全球有机体。所以凯文·凯利认为，我们有理由会看到发明的爆发、创意的爆发，因为互联网让我们成为一种多细胞的有机体。

恰如没有预设目的、没有自上而下的设计、没有中央控制的生物进化一样，互联网的本质就是去中心化的，在互联网里没有一个中央控制的存在，创新都发生在边缘，这就是"失控"的要义所在。

在我看来，凯文·凯利这个洞见非常深刻。人类历史上有诸如文艺复兴、工业革命等具有历史意义的伟大进步，但互联网的崛起更为伟大。即便是最近的工业革命，也不过是在用机械延伸人的肢体，而**互联网延伸的则是人的大脑，是符号、是信息，当这一切通过互联网连接起来时，让信息的排列组合具有无穷多的多样性组合的可能性。这也就是凯文·凯利所宣称的"全球脑"。**

技术的生命特征

理解了以上观点，就可以揭晓凯文·凯利为什么说技术也具有生命的特征了。就像人的身体，人的嘴和耳朵本身都没有生命，但各个身体器官加在一起就构成了一个生命系统。

互联网时代，所有的人造物，无论是常规意义上的技术，还是法律、文化、制度等，都被统称为"技术元素"。这些人造物连接起来呈现网络，也表现出生命般的进化形态，它可以自发生、向前演进、呈现多样性，也会变得越来越复杂且游离于我们的控制之外，这即是所谓的"失控"。这和工业时代讲求有预设目的、自上而下的设计，讲求中央控制的形式，是大异其趣的。

在访谈快要结束时，凯文·凯利倒反过来问了我好几个问题，并坦诚地表示，很感谢我真正读过他的书才来跟他访谈！真遗憾没有带上纸质版的《失控》，我拿着一本电子版的《失控》和凯文·凯利合影，并请他在我早年从旧书摊上花费3.5元买的《科技要什么》上签名留念。

我眼中的凯文·凯利

在美国之行的访谈中，凯文·凯利是跟我非常有默契的受访者之一，他博学、谦和，又有几分俏皮（这点倒跟沃兹尼亚克有几分相似）。在我访谈他时，他正忙着给新书《酷工具》收尾。

凯文·凯利绝非一个书斋型学者，他喜欢经历各种可能性，也喜欢讨论各种可能性。早年他游历亚洲各地，也曾骑自行车穿越美国，这些经历让他对生命、机械以及文化的多样性和可能性都有了切身的体验。这也难怪凯文·凯利会亲近进化论，其实，达尔文本人也是在考察了世界各地之后才提出进化论思想的。

不过这些经历还只是对过去的可能性的体验，凯文·凯利的视野更瞄准了未来的可能性（进化论没有预设目的，呈现的本就是面向未来的各种可能）。他是长今基金（Long Now Foundation）（见本书丹尼尔·希利斯篇）的董事之一，长今基金成立于01996年（注意这个特别的纪年方式），致力于培养长远的责任感，克服当代组织的短视行为。

无论是《失控》还是《科技要什么》，凯文·凯利的思想正是"全球脑"的印证——源起于生物领域里的进化论思想和技术的发展相结合，形成对互联网崛起的全新诠释。这种得益于"连接"而促成信息排列可能性的爆发增长，从而诞生更多创意、发明和创新的情况在未来还会更多。

我们平时读到的有关互联网的著作，常常围绕互联网企业的兴衰故事展开，但凯文·凯利的著作并非如此。首先，他的着眼点并非狭义的互联网，《失控》开篇就阐明全书的重点是讨论生物（the born）和人造物（the made）这两个更为宏大的主题。其次，尤其对《失控》来说，该书写作于互联网刚刚开始普及的20世纪90年代中期，也压根没有太多的互联网的兴衰史可写。也正因为凯文·凯利的视角更为宏观，所关注的问题更为根本，他所揭示的趋势和洞见才绕开了狭义互联网自身发展中的诸多偶然可能，在此后互联网发展波澜壮阔的历史画卷中被屡屡印证，也才让凯文·凯利的著作更有生命力。

顺带可以提及的是，凯文·凯利在中国非常受欢迎，《失控》也非常流行。

这当然与中国哲学及中国文化骨子里贯穿的生命感不无关系。中国的本体是一个儒家社会，儒家思想具有典型的自上而下、中心化的特征；而道家讲求无为而治、去中心化，这是对儒家思想的反叛，也是在追求个体能量的释放。在这个意义上，《失控》在中文的语境里更容易赢得共鸣。

曼纽尔·卡斯特尔：
网络社会的崛起

美国南加州大学社会学教授曼纽尔·卡斯特尔（Manuel Castells）生于西班牙巴塞罗那的一个贵族家庭，年轻时踌躇满志，因参加反抗独裁者弗朗西斯科·佛朗哥政权的活动以及参加1968年的巴黎"五月风暴"学生革命被数度政治放逐。但颠沛流离的生活并未影响他的学术成就。作为最具影响力的马克思主义城市学家之一，卡斯特尔的巨著"信息时代三部曲"（《网络社会的兴起》、《认同的力量》、《千年的终结》），以知识分子的良知反思了全球化和信息化对人类的影响。

约到南加州大学社会学教授曼纽尔·卡斯特尔不是件容易的事，这位杰出的西班牙裔社会学家的日程表总是排得满满的，他穿梭于西班牙巴塞罗那和美国加州之间，还要到世界各地到处讲课。

曼纽尔·卡斯特尔好不容易挤出时间见我们，因此显得有些匆忙。起初，他并不热衷于采访，不过当我们把精心准备的问题和盘托出时，他渐入佳境，妙语连珠。在会谈结束后，他还专门跑回办公室给我拿了一张名片。

曼纽尔·卡斯特尔的魅力在于，他并非一位书斋里的学者，而是一位社会阅历很丰富的社会学家。曼纽尔·卡斯特尔出身贵族，但又曾与家庭断绝关系，投身反抗佛朗哥的社会运动。他参加过1968年的巴黎"五月风暴"学生革命，并因此不得不远走加拿大，既曾在美国、西班牙、法国和加拿大等多个国家的高校任教，又是多个国家政府的高级顾问。**卡斯特尔的人生非常富有传奇色彩，他有理论深度，又有行动实践，此外，他的理论往往是经过大量实证研究，从诸多数据和事实中提炼总结出来的，这让他的观点有非常雄厚的现实基础。**

沟通是人类生活的核心

曼纽尔·卡斯特尔认为，沟通是人类最重要的活动，是个人生活、商业、教育、娱乐和一切的基础，也是人类生活的核心，正是沟通成就了人类。在我们的交谈达到某种深度时，就会冒出最开始你我都不会有的想法，因为我们在彼此激励，而不是简单地讲述。

关于沟通的重要性，曼纽尔·卡斯特尔举了有关中国的史实来说明。在14世纪之前，中国社会曾是公认的全球最先进的知识社会。然而，当时的明王朝认为人们太聪明、知道得太多会酿成危险，因此禁止制造能驶出中国海岸线50公里以上的船只，同时奉行锁国政策，封闭信息，以致没有任何新信息能进入明朝。中国把自己从当时世界的信息网络、交通网络、贸易网络等中割裂出来，到了19世纪时，中国已经到了沦为西方殖民地的地步。

网络社会的多样化成因

"网络社会"是曼纽尔·卡斯特尔通过实证研究在1996年提出的。他认为，**网络社会是一个由基础的网络组成的社会，基础网络包括个人网络、社会网络、商业网络、科学网络、人口流动网络、文化网络、互联网络、媒体网络等。**

审视现实，我们很容易理解卡斯特尔谈到的这些基础网络的重要性。例如，历史上的地理大发现推进了全球贸易网络的建立和发展，并进一步推动了历史的大跨越发展。再如20世纪八九十年代，中国农村流行的口号"要想富，先修路"，这其实折射出偏僻的乡村期望通过接入交通网络，进一步接入商业贸易网络来改变自己命运的意识。

互联网的崛起让我们充分意识到了网络的重要性。截至2013年，全球已经有约27亿人迁徙到互联网的比特世界里，因此我们也很容易单纯地以互联网为视角来理解网络社会，但在卡斯特尔看来，这并不全面。单单依靠科技改变不了世界，也没有人能保证新的技术会改变社会，例如，中国最早发明了印刷术，但中国社会并没有因此而提高阅读识字能力。所以，如果只是单有互联网技术，也不能改变世界。

现在我们感受到的网络社会的崛起，不单纯因为互联网的发展，而是因为世界的政治、经济、文化都发生了改变，朝向更大的灵活度和自治权迈进。而与此同时，信息和通信科技革新也恰巧发生了。**社会的变革、经济的变革、技术变化的趋势等融合在一起，形成了一种新的社会结构，也即网络社会。**中国有自己特有的网络社会，其他国家也是如此，但最重要的网络社会是全球的。尽管文化不同、制度不同，但整个世界因此而连接起来。

从等级结构到网络结构的组织形式

网络灵活度高、适应性强，而且很开放，它贯穿人类历史始终。不过在历史上，网络曾经难以胜任大量人群或信息的管理。因此，对过去的军队、教会、帝国来说，垂直组织或者等级结构组织等形式更为高效。

只要稍加回顾历史，就可以理解卡斯特尔的观点。受制于当时的通信技术水平，主帅把自己的指令传递给千万个士兵是极其困难的事情，更谈不上指挥千军万马冲锋陷阵。那时网络形式的组织，主要存在于小范围的私人生活和家庭生活中。

但现在就不同了，对整个社会而言，科技使得网络能够成为一种高效的社会组织形式。在过去20年中，社会首次实现了全球化和本土化的并存。网络全然没有界限，它的触角伸向全球，覆盖了个人生活，还建立了军队网络和真正统帅全球经济的金融网络。

网络社会与此前的工业化社会截然不同。通过对硅谷中的成功企业进行观察，**曼纽尔·卡斯特尔发现：当今经济的组成单位是网络，而非企业，企业只是法律上的组织形式**；企业的实际运作和商业交易的达成也非整个企业的行为，而是基于企业不同部分构成的网络，以及与这些部分相联系的中小企业。例如，好莱坞的每部电影都是一个项目，参与者有导演、有明星、有制片、有财务，所有人一起完成这个项目，最后得到成果。工作室、作家和演员之间的联系并不像汽车行业工作者之间那样固定长久，所有的工作都围绕项目进行，项目则由网络来支持。所以这也是企业的网络，是新的企业模式，这样的企业与工业时代从事大规模生产的企业完全不同。

在网络社会中，不但经济的组成单位发生了变化，人才的组织方式也同时变化。网络型企业的人才和知识通过创新转化为生产力，此外还有灵活的工作者，这一切构成了劳动力的网络。你雇用你所需要的人员，但这些人可能彼此之间一辈子都不需要交流。**整个社会组织从一个庞大的劳动者企业转变为一大群独立劳动者，每个人都在与其他人对话交流。**

互联网的多面性

网络不是简单的连接，它创造出我们所谓的协同效用，即通过结合不同的元素，得到更大的价值。比如枪只有和子弹组合起来的时候，才具有非同一般的杀伤力。就网络而言，个体的贡献不仅限于其所能提供的价值，还包括人与人之间互动所产生的创造力（关于此相关的阐述，可参看本书凯文·凯利篇）。这种创造力就是生产力的源泉，而生产力则是财富的源泉。

在新的组织形式中，生产力大幅提高。生产力就是财富的源泉，它依赖于使用在网络互动中处理生成的知识和信息。因此，创造财富的可能性被完全改变了。从20世纪90年代互联网和移动技术广泛传播开始，生产力就实现了巨大的增长。

互联网的巨大发展带来的改变不仅是推动生产力的增长，还带来很多深刻的社会变革——比如削弱了传统知识分子的作用，这是一种去中心化、去中介化的体现。

在曼纽尔·卡斯特尔看来，传统知识分子告诉人们要怎么思考、思考什么，他们的深刻思考都是在大量复杂的学术研究中进行的。而互联网则颠覆了知识分子这种信息中枢的角色，由于所有信息都在互联网中了，所以现在的知识分子被社会边缘化了。在曼纽尔·卡斯特尔看来，互联网就是一个知识性的集体。我们可以在网上进行最不可思议的、最为复杂的讨论，这些讨论不需要那些伟大的学者来参与——现在的文化精英是集体，而非个人。

当然，互联网同样也造成了新的问题。在工业社会中，我们解放了科技，结果战火不断、人祸频繁……但这就是人的天性。**网络社会从定义上看并不比工业社会更好。现在我们拥有非比寻常的技术力量以及沟通和信息交流的能力，同时也更为愚昧，所有这些能力，所有网络的力量，也可以被用来干极度恶劣的事。**比如侵犯隐私，比如盗取财富。

互联网的使用和幸福程度正相关

有意思的是，**曼纽尔·卡斯特尔认为，互联网的使用和幸福程度之间有很强的正相关关系**，英国计算机协会的研究结果支持了教授的这一结论。互联网为何能增加人们的幸福感？这源于两个重要因素：提高社交水平和赋予自主能力。实证研究已经显示，互联网可以增加人们的社交，增强人们的自主性，并通过这两个机制提高人们的幸福感。

互联网能提高社交水平，因为人们在生活中所看重的，就是得到朋友、家人的陪伴，与他们互动，提升自我，走出自我。互联网恰恰实现了这一点。我们在对互联网进行了许多实证研究后发现，上网越多，朋友越多，拥有的人际关系越多，包括弱关系和强关系。强关系通过互联网得以巩固，弱关系在互联网中得以建立。所以互联网是增加，而非减少了人们的社交。因此，在互联网上，人们更为团结，相互间联系得更为紧密。

其次，互联网赋予人们自主权。一个人感觉自己对生活掌握得越多——可以自主投入，而非仅仅遵循他人，就越感到幸福。互联网就是实现自主的最佳途径，是与朋友相连、创造自己的信息、接受并筛选信息的最佳途径。当你想为公共事业做一些事，你可以在网上提出建议，进行某些形式的表达和集体表达。你还可以创作音乐、文章来记录自己的生活。

网络营销的本质是人的连接

卡斯特尔拓宽了我们审视网络的视野，使我们不仅仅局限于互联网，这也促使我们对网络营销的理解进一步加深。在2014年易宝支付的年中会议上，我们的市场部就作了主题为《走向真正的网络营销》的分享。

这个分享更进一步告诉我们，**网络营销的核心不是建立微信群、不是做好SEO（Search Engine Optimization，搜索优化）——这些都只是手段；网络营销的核心是：要让整个公司内外的人建立好的人际关系网，相互协作、相互分享，促进个人的知识、创造的价值能在这个网络中实现碰撞，实现多样化组合，进而大幅度提升知识的丰富程度，激发创新，创造更大、更新的价值。这才是网络营销的精髓所在。**

最终，各类价值链、业务链、信息链等都是"镶嵌"到这种人际网上的（见本书马克·格兰诺维特篇），而微信也好，微博也罢，只是推动这个人际网更加便于建立和维护的工具。如果这个人际网里本身就充满懒惰、不思进取、钩心斗角等，你怎么能指望使用某种网络神器就可以改变这样的现状呢？

小米就是这种思维的实践者，小米在开发MIUI（米柚）的过程中，就让用户参与进来。和用户互动的不仅仅是客服，而几乎是小米整个公司的核心力量，比如工程师，甚至连设计师都泡在网络上，和用户"连脑"。这不仅使小米更了解用户，而且也激发了小米更多创新的产生。

一些公司想效仿小米的做法却没有成功，原因就在于，这些公司只是研究了小米是怎么使用网络工具的，却忽略了在这背后小米让员工、用户和更多利益相关者参与的精神和方式，忽略了互联网之后真正人际网的因素。这些公司看到了现象，却没有看到现象真正的根基。

在这里，我也要特别推荐大家把卡斯特尔、凯文·凯利和马克·格兰诺维特对照着研究，这会让我们从另一个角度去审视互联网，也因此能更加了解互联网精神的本质。理解卡斯特尔对网络社会的表述，再对照马克·格兰诺维特的"镶嵌"理论，我们会看到在互联网背后的真正力量仍然是现实中的人和他们的关系网。这样的梳理也会更好地帮助我们明白，如何才能使抽象的互联网精神在现实里真正落地。

一切皆网，网是人性的一部分，技术反映并放大、延伸了人性！

2 奠基者

互联网并非某一个人的具体发明，它从起点开始就具有去中心化的特征，并呈现出网络结构，可以说，互联网的诞生就深具互联网精神。

鲍勃·泰勒，伦纳德·克兰罗克，拉里·罗伯茨：
互联网的诞生

1969年10月29日晚10点30分，美国加州大学洛杉矶分校，由伦纳德·克兰罗克（Leonard Kleinrock）教授主持的试验第一次完成了分组交换网络的远程通信。当时只传输了两个字母，系统就崩溃了，但对人类来讲，这却是一大步，互联网由此诞生。

互联网从起点上就是去中心化且呈现网络结构的，被誉为"互联网之父"的人有好多位，在互联网发展史上，闪耀着J.C.R.立克里德（J.C.R. Licklider）、鲍勃·泰勒（Bob Taylor）、伦纳德·克兰罗克、拉里·罗伯茨（Larry Roberts）等耀眼的名字。

1969年，20世纪已经过去一半了！

20世纪60年代本就是一个大变革的时代。这10年里，许多颠覆人们观念的事件、运动或者思潮在全球各地此起彼伏地发生——毒品、性自由、民权运动、摇滚乐、嬉皮士、政治运动、越南战争等，都成为这个躁动而深刻变革时代的注脚。

1969年，是波澜壮阔的20世纪60年代的最后一年，也是更加不平凡的一年。仅仅有两件事就足以让这一年在人类历史长河中闪耀——人类登上了月球以及互

联网的诞生。这两个大事件不仅恰巧在同一年发生，而且具有相似而非凡的意义。登月意味着人类第一次迈出地球，实现了地球和月球两个点的连接，迈出了星际网探索的第一步；而互联网则实现了不同计算机之间的连接，两者都意味着从单点的存在向多点的存在进行网络拓展，也都意味深长地延伸了人类自身。

1969年10月29日晚10点30分，美国电气和电子工程师协会这块铭牌永远凝固了互联网诞生历史性的一刻。

在这个改写历史的时刻，就在加州大学洛杉矶分校，由伦纳德·克兰罗克教授主持的试验第一次完成了分组交换网络的远程通信，但该远程通信系统只向斯坦福国际咨询研究所（Stanford Research Institute）传输了两个字母"L"和"O"就崩溃了。对两台主机来讲，这只是跨越了一小步，但借用宇航员阿姆斯特朗登月时那句名言来说，这对整个人类来讲却是一大步——互联网就此诞生。

但即便只是为了这两个简单字母的传输，也有许许多多英雄付出了无数的心血。近半个世纪过去，今天，当我试图走近他们，追寻历史脚步时，一些人已经永远凝固在历史记忆里。如启动了美国国防部高级研究计划署（简称ARPA）计算机研究的J.C.R.立克里德在20世纪90年代初期就去世了。鼠标的发明者、在超文本及图形用户交互界面等方面做出过卓越贡献的道格拉斯·恩格尔巴特——很遗憾，他在我们采访启动前的一个月永远地离开了我们。在我们找到当年和恩格尔巴特一起发明鼠标的威廉·英戈利奇时，耄耋之年的英戈利奇已经说不出话来。

有一些人还在参与历史，见证历史。我最终有幸分别见到了鲍勃·泰勒，他一直以一个领导者、管理者的身份推动着互联网的诞生以及人机交互的进步；见到了伦纳德·克兰罗克，他是杰出的计算机科学家，在排队理论上做出了决定性贡献，并最终催生了互联网最基础的技术之一——分组交换；还见到了拉里·罗伯茨，阿帕网之父。

这些开创者和缔造者共同推动了互联网时代的到来，也重塑了文明的气质。工业时代曾为人类的发展加足马力，推动文明大跨越的进步，这个时代的文明气质很有阳刚之气，犹如钢铁机械一样，棱角分明；而互联网正和20世纪60年代那些反主流文化气质相近，那个时代正逢口服避孕药发明、女权主义兴起，而互联网就更具有女性的阴柔特征，它有如水一般，没有边界，没有定型，悄然无息地渗入各个领域，滋润新事物萌芽成长。

历史怎样改写创造历史的人？

毫无疑问，鲍勃·泰勒、伦纳德·克兰罗克和拉里·罗伯茨都曾创造或者说改写了历史，但不可违抗的规律是，无论多么强悍的历史创造者，最终都要被历史改写。近半个世纪过去，这三位互联网的奠基人会在时光的洗礼中发生什么改变呢？

鲍勃·泰勒

鲍勃·泰勒于1965年离开美国国家航空和太空管理局（简称NASA），进入ARPA。1966年，他正式担任信息处理技术处的处长。也正是在那一年，泰勒说服了ARPA的总监查尔斯·赫兹菲尔德（Charles Herzfeld）资助网络项目。1966年2月，阿帕网正式启动。

1970年，离开阿帕网的鲍勃·泰勒到了加州的帕罗奥图市（Palo Alto），此后相继在施乐公司（Xerox，施乐公司是一家领先的数字与信息技术产品生产商，个人电脑、复印技术等都是施乐公司发明的。今天，xerox在英语中已经成为一个动词，用以指"复印"）、DEC（Digital Equipment Corporation，美国数字设备公司）担任过管理者，他有力推动了人机交互的发展。鲍勃·泰勒以其热血和才干，在互联网发展史上竖起过多个里程碑，也推动了包括拉里·罗伯茨等一批英雄登上历史舞台。

通过计算机历史博物馆，我们没费多少周折就联系到了鲍勃·泰勒，并上门拜访。他的家在旧金山湾区朝向太平洋的一座山上，视野非常开阔，可以远眺斯坦福大学和许多硅谷公司，住在这里真有生活在世外桃源般的感受。

鲍勃·泰勒就隐居在这座山上，说是隐居，其实是因为他腿脚已经不太灵便，不太喜欢外出。鲍勃·泰勒曾获得"国家创新奖章"，这个奖由克林顿总统在白宫举行的庆典上亲自颁发，但他只是请在华盛顿的老上级帮他代领了这个奖。美国国家工程院（NAE）给鲍勃·泰勒颁发了德雷珀奖，颁奖典礼也在华盛顿，可最后去领奖的是他的大儿子。颁奖地点最近的一次就在他家门口，这次是计算机历史博物馆颁给他的院士奖，但最后他还是没去。后来，国际互联网协会（ISOC）吸收鲍勃·泰勒为"名人堂"的一员，并在德国柏林安排了颁奖礼。他连在家门口举办的颁奖礼都不去，更何况这次在距离遥远的柏林，所以这次甚至连替他领奖的人都没有。

用鲍勃·泰勒的话说，他始终是站在巨人肩膀上的，在他曾管理的实验室里有一群非常聪明的人，是他们成就了一切。所以说，很高兴能获奖，但很多在他身后默默无闻的人更应该得到表彰。

我于是问他，如何看待自己被誉为"互联网之父"、有什么感受。鲍勃·泰勒觉得这样的称呼实在有些可笑，他认为，有些人自称为"互联网之父"，其实他们并不是，他就从不把自己称作"互联网之父"。鲍勃·泰勒风趣地说，当他听说"互联网之父"这个称呼时，首先想到的就是互联网之母该颜面何存，互联网之母的品味真的很差。

虽然不想为了荣誉劳苦奔波，但退休后富有闲情逸致的鲍勃·泰勒不但养起了狗，还在自己的院子里种起了西红柿，不过他确实身手不够灵活，一般都坐在椅子上或者拄着拐杖。看到计算机历史博物馆的老朋友带着中国客人来访，鲍勃·泰勒显然心情不错，他还和计算机历史博物馆的老朋友打上了台球。

鲍勃·泰勒很关心国家大事，在我们交谈的过程中，正好电视里播放奥巴马的国情咨文，他立刻停下来很认真地看完才继续我们的话题。有意思的是，在交谈中他靠喝日本清酒来提神，并善意地劝我也来上一杯。

伦纳德·克兰罗克

伦纳德·克兰罗克早期在排队理论方面的研究被应用在很多领域，尤其被应用于互联网最基础的技术之一——分组交换，他直接主持了人类首次计算机联机。

在三个人中，伦纳德·克兰罗克的身体状况是最好的。

对伦纳德·克兰罗克的采访毫无悬念地在加州大学洛杉矶分校进行，在这里，互联网的诞生地被原汁原味地保存了下来，当时用的机器桌椅都保留了当初的陈设格局，甚至连当时使用机器的记事本都被原样复制放在那里。

不要以为这只是学校的精心安排，伦纳德·克兰罗克本身就是一个很重视历史的人。他翻出了不少旧得发黄的照片，如果真要出本他的生平影像记，直接把影册交付出版社就能出版。

翻看这些老照片，近八十高龄的伦纳德·克兰罗克仍然能将当初的故事清晰地娓娓道来。他确实记得很多细节，比如温顿·瑟夫曾在他的团队里工作，等等。至于各类荣誉奖牌，他更会很精心地陈列好。在谈到他六岁时就能造出晶体管收音机时，我甚至怀疑他会不会立刻从抽屉里变戏法似的把这台收音机拿出来。虽然最后他不无遗憾地表示，他并没有保留这台收音机。

只要多加留心就可以注意到，多少年来，只要伦纳德·克兰罗克在媒体上露面，他都穿着同一风格的黄衬衫。

伦纳德·克兰罗克还向我们提及，他在练习跆拳道。但由于第一次采访时他身体有些不便，不好给我们演示，所以我们在几个月后又专门到伦纳德·克兰罗克家里补拍了一次。确实，你很难想象他是一个已经八十高龄的互联网先驱。他住在比弗利山庄（Beverly Hills），和好莱坞明星们是邻居。

拉里·罗伯茨

为找到拉里·罗伯茨，我们大费一番周折，差点都不抱希望了，但所幸最终还是找到并采访了他。他当初被鲍勃·泰勒"强行"邀请加入ARPA，主导了阿帕网的建设，被誉为"阿帕网之父"。

拉里·罗伯茨住在不怎么起眼的街区，家里很朴素，也有些凌乱，即便奖牌也是随处堆放。看得出老人家的心情不是特别好，谈到鲍勃·泰勒时多少有些激动。他认为鲍勃·泰勒并不是什么很懂技术的人，当初只是因为自己名气很大，才循着线索找过来的。

无论今天这三个人有什么样的人生，有一点是肯定的，他们确实在近半个世纪前互联网的诞生中扮演了举足轻重的角色。

互联网诞生的时代背景

1957年，苏联发射了人类的第一颗人造地球卫星"史普尼克号（Sputnik）"，这一了不起的成就给了美国极大的震动，时任美国总统艾森豪威尔要美国国防部设立一个研究机构，为有前途的新式、高风险研究提供资金支持。随后，在国防部的支持下，ARPA诞生。

互联网是不是为实现军事目的而出现的？这是一个后来者争论不休的问题。

鲍勃·泰勒谈到，史普尼克号本来就和计算机领域毫无联系。关键还不在这里，最关键的是，ARPA当初所接受的使命是："未必一定要是航空领域，只要是有前途的研究领域都可以去做，钱要用来资助那些有好想法的人。"

伦纳德·克兰罗克也回忆起当初ARPA里的工作氛围。ARPA在资助工作人员时，只是告诉他们所提供的资金可以维持很长的时间，让他们放手去做，由研究人员自己来把握灵活度，开放即可，自由即可。

"钱要用来资助那些有好想法的人"，正是在此宽松的环境下，许多大学和研究机构，以及来自世界的顶级人才才能够汇聚到一起，他们的想法和创意并不受军方的约束，最终催生了包括互联网、电脑图形、计算机模拟飞行等成果。

1962年，J.C.R.立克里德加入ARPA，他启动了互联网的研究。不过，在真正实现计算机的互联之前，还有不少基础性问题需要突破。

互联网诞生的技术背景

今天我们提到网络，自然而然就想到了互联网。其实网络自古就有，例如人际关系网络，自打人类诞生起就存在（请参阅本书凯文·凯利篇和曼纽尔·卡斯特尔篇）。

1946年，第一台电子计算机埃尼阿克（ENIAC）在美国宾夕法尼亚大学诞生。这是人类在继文字、书写和印刷术出现后又一里程碑式的突破。

诚然，文字、书写和印刷术也曾将人类从繁重的记忆任务中解脱出来，它们能从事单靠脑力难以胜任的复杂任务，比如复杂的数学演算，也扩大了人与人之间沟通交往的方式，比如书信，但是，没有一个发现如计算机这样更加极致地延伸了人类大脑的功能，并更进一步解放了人的大脑（请参阅本书凯文·凯利篇）。

正如J.C.R.立克里德在1960年发表的《人机共生关系》里写道："在期望的共生关系中，人类设立目标，提出假设，规定标准，履行评估。计算机则为技术和科学思考中的洞见和决策做好铺平道路的程序性工作。"

这就意味着，一旦计算机胜任很多人类脑力工作中程序性的部分，甚至在这方面超越了人类，比如计算机的计算能力就比人类强大太多，那么人类就可以更加专注于脑力思考中最有价值的部分，比如创新。

人机交互

不过，在计算机诞生之初，就像人类的婴儿一样，我们不得不先迁就它。

鲍勃·泰勒回忆早年使用计算机是何等麻烦时说，那时使用计算机，需要用打孔的卡，带着这种卡并不方便，要提防着不要把卡弄散，如果真的不幸打散了这些卡片，还得重新把它们梳理一遍，使它们排成正确的顺序。再把这些打孔的卡片交给操作计算机的人，他会把卡片放进计算机中运行，这就是一批。每个人都要把自己的卡片成批放好，然后计算机会轮批运行，这就叫作批处理。排队本来就是一件耗费时间的事情，但这还不算，当时要看到程序运行的结果往往需要花费几个小时甚至好几天的时间。

伦纳德·克兰罗克的记忆更甚，"几天后，你再回来将运行结果打印，满怀希望能获得你想要的结果，但是麻烦的是，你经常会犯错，回来后发现根本就没有打好，而是有一页注明语法错误的提示。诸如：你犯错了，44行你遗漏一个分号。所以你要加以修改，再次提交。两天后，又发现另一个错误。一项工作常常要花上一个月才能完成"。

所以，**提高人机交互体验其实是互联网发展进程中非常关键的一条主线**。作为心理学家的J.C.R.立克里德很早就注意到了这个问题，他在《人机共生关系》的开篇写道："人机共生关系正是在人和电子计算机之间的合作性互动方面让人期待的发展。"

这种浓厚的人文主义情怀直接影响了鲍勃·泰勒。鲍勃·泰勒后来离开ARPA在施乐公司主政时有一句名言——**"设计的中心不是CPU，而是显示器"**，而这又影响到了后面苹果和微软的图形界面。乔布斯就是在参观施乐公司的阿尔托计算机（Alto）后备受启发而开发了苹果的图形界面。

不过，乔布斯只是汲取了阿尔托计算机人机交互的精华，却漏掉了阿尔托另一个更重要的精髓，如果他能记得这一点，那么他会更加伟大。鲍勃·泰勒回忆说，"乔布斯漏掉了网络的部分。他看到一台阿尔托计算机，但他完全漏掉了网络部分，于是他们设计的Mac Touch就是不联网的。其实，阿尔托计算机的设计是联网的"。

计算机联网

计算机能联网，作为通信工具而不仅仅是作为计算的工具，这更是一个历史性的跨越。**作为计算工具时，计算机还只是延伸了个人的大脑，但当计算机成为通信工具，把"延伸了的大脑"再连接起来时，就给这个世界带来了爆炸性的改变**。例如，拥有共同兴趣爱好的人可以通过网络组建社区，分布在各地的人可以通过网络协作，不同知识的组合排列的可能性呈几何级数增长（请参阅本书凯文·凯利篇）。

1968年，立克里德和鲍勃·泰勒一起合写了《计算机作为一种通信工具》（*The Computer as a Communication Device*）的论文。在论文的开篇，他们就写道，"要不了几年，人们就可以通过机器实现比面对面更加有效的沟通。这听起来确实有些惊世骇俗，但这是我们的结论"。他们展望了未来的愿景，"我们相信进入了一个技术时代，在这个时代里，我们能够用大量活跃的信息进行交互——不仅仅是我们习以为常的使用图书和图书馆的被动方式，而更作为一个身处持续进程中的积极参与者，通过和它的交互为它有所创造，而不只是通过和它的连接简单地接收"。

J.C.R.立克里德和鲍勃·泰勒的结论确实惊世骇俗，但互联网时代真的很快就来了！

分时系统

早期的计算机在同一时间只能处理一项任务，如此一来，用户只能排队等候前一个用户完成任务，才能处理自己的任务，如果前一个用户的任务比较耗时间，那就更要多一些耐心了。

致力推动人机交互的立克里德启动了"分时"研究计划，以求摆脱和取代批处理。

所谓分时，是指将电脑资源的时间划分为若干个小片段，这样电脑就可以把这些小片段分给不同的用户，并通过交互方式在终端上向用户显示结果。每个用户不用再等上一个用户把任务全部完成才开始自己的工作，由此多个用户可以共享一台计算机，分享硬件和软件资源。

其实分时系统的道理并不难理解。正如我们平时去餐厅吃饭，厨师不会说把整个一桌的菜全部做完才开始做下一桌客人的菜，如果那样会有很多人等得不耐烦掀桌子的。厨师会每桌菜轮着做，还会把那些需要时间更短的菜提前做，这样每桌客人点菜后都很快会有上菜，或者说得到及时响应，用户体验就好很多了。

得益于分时系统的成功实现，交互式计算才成为可能。鲍勃·泰勒回忆道："使用计算机时，正是因为有了分时系统，我们才设立了终端，键盘，在那个年代就像配了纸的打字机一样。你敲打键盘输入计算机，计算机立刻就会响应，就像打字机直接敲打在纸上一样立等可见。这就是所谓的交互计算。"

鲍勃·泰勒认为，如果没有交互式计算，计算机也无法联网。构建网络一定是以交互计算为前提的。如果没有交互式计算，即便有网络也互动不起来，因为接入网络的用户不占据主动性。

鲍勃·泰勒清晰地剖析了早期互联网发展的技术逻辑。正是因为交互计算的出现，计算机发展的态势跟着就明朗起来。因为交互计算依赖于分时技术，分时技术依赖于拥有许多终端的大型中央计算机，当大量的终端都与这台中央计算机连接在一起时，就形成了终端网络。对终端网络稍加思考，你能想到的下一步就显而易见了："如果我们有了一个终端网络，为什么我们不能拥有计算机网络呢？"

分组交换网络

分组交换，或称包交换（Packet-Switching），它和分时系统有异曲同工之妙。在伦纳德·克兰罗克看来，共享资源是很关键的理念。不仅仅是计算机资源，通信线路也应该被共享。而分组交换网络就实现了通信线路的共享。

伦纳德·克兰罗克首先是位杰出的数学家，他于20世纪50年代末60年代初在麻省理工学院做博士论文，当时他是克劳德·香农（Claude Shannon）的学生，后来成了温顿·瑟夫的老师。

强将手下无弱兵，正是在麻省理工学院，伦纳德·克兰罗克完成了他的博士论文，这部论文于1964年以《通信网》（Communication Nets）为名正式出版。在这部博士论文和其他相关论著中，伦纳德·克兰罗克关于排队理论的数学研究成果，为包交换这一互联网的基础技术提供了坚实的数学理论基础。

现实中我们经常会看到排队的情况，比如排队买票、排队上车等。当排队者过多，就容易出现混乱的情况，排错了队的、占用服务窗口大量时间的、一些服务窗口忙得不可开交而另一些则无所事事等现象比比皆是。以此类比，一旦计算机实现联网，大量信息要在通信线路上跑起来，如果不能解决信息"排队"的问题，就会造成整个网络系统的低效。

以排队理论为数学模型基础的包交换技术就是要解决这个问题。所谓包交换，是将信息割开，这些被割裂成很多小片段的信息，可以在通信线路上独立地跑，到了目的地再重新组合起来，这无疑极大地提高了网络通信的效率。

对包交换有贡献的并非只有伦纳德·克兰罗克一个人，例如"包"

（Packet）这个概念的提出者就是英国的计算机科学家唐纳德·戴维斯（Donald Davis），鲍尔·巴伦（Paul Barron）对于包交换也非常有贡献。但伦纳德·克兰罗克是与众不同的，他切切实实用自己的理论推动了互联网的诞生。

"绑架"拉里·罗伯茨

要使互联网诞生，固然需要解决很多基础技术问题，但人才才是关键的一环。拉里·罗伯茨就是被鲍勃·泰勒软硬兼施请到ARPA主持技术大局的。

早在受聘于麻省理工学院的林肯实验室时，拉里·罗伯茨和伦纳德·克兰罗克就是同事。在伦纳德·克兰罗克的描述中，他们是非常要好的朋友，彼此经常交流，彼此之间也非常熟悉。最重要的是，拉里·罗伯茨真正了解并信任伦纳德·克兰罗克所设计的网络，他认为那是真正有效的——不会掉包，响应时间非常好，产出也非常好，而且还可以优化。

鲍勃·泰勒也回忆了当年启动阿帕网时的情景，他当时管理着大约15个ARPA的项目，其中阿帕网的项目投入要比任何项目都要多得多，而且必须得专门雇人来管理。最后，他相中了当时还在林肯实验室工作的拉里·罗伯茨，因为一方面，拉里·罗伯茨同时了解硬件和软件两个领域，另一方面，当时林肯实验室也在接受鲍勃·泰勒的资助，在鲍勃·泰勒看来，林肯实验室是舍得割爱的。

但拉里·罗伯茨可不这么想，他更想待在麻省理工学院，他觉得在林肯实验室已经很快乐了。

鲍勃·泰勒可是个很执着的人。他开始不停地游说拉里·罗伯茨，屡不见效后他使出了一个绝招。鲍勃·泰勒发现，包括他的资助在内，ARPA共为林肯实验室提供了51%的资助。于是鲍勃·泰勒找到他在ARPA的领导，请他出面向林肯实验室直接要人。鲍勃·泰勒坐在他老板的办公室里听着他打了这个电话，两周后，拉里·罗伯茨就出现在ARPA了。

伦纳德·克兰罗克回忆说，在拉里·罗伯茨接受这个职位前，他和拉里·罗伯茨坐在他的大众汽车里，这时马萨诸塞州的列克星敦下起了雪。然后拉里·罗伯茨对他说："克兰罗克，我真要去干这个吗？我想待在林肯实验室。"

但拉里·罗伯茨后来在ARPA一直待到了1973年，他还接替鲍勃·泰勒成为信息处理技术处处长，而鲍勃·泰勒在1969年被派到越南，随即就离开了ARPA。

去中心化

在启用阿帕网时，要不要进行中央控制，在这个问题上鲍勃·泰勒和拉里·罗伯茨产生了分歧。鲍勃·泰勒不想施行任何的中央控制，但拉里·罗伯茨在考虑要不要在美国中部设置一台中央电脑，以对阿帕网实现控制。

鲍勃·泰勒实在不认为这是什么高明的主意，但也没有想到更好的办法。当时鲍勃·泰勒跟他的朋友谈起了自己的苦恼，也提到了拉里·罗伯茨的想法。

几个月后，当鲍勃·泰勒和这位朋友再次聚到一起，和其他一些朋友一起驾车去机场时，这位朋友突然提了个建议："对于怎么控制阿帕网，我有了个主意。你在每个主机旁放一个小型计算机，一台主机连接到一个小计算机，这台小计算机再和另一台同样有主机的小计算机通信。这样就没有主机对主机的通信，一切通过小计算机进行。"

这个建议让鲍勃·泰勒灵光一闪，这不就是去中心化的思想吗，真是完美！于是，这个理念被植入阿帕网，也影响到了之后鲍勃·泰勒在施乐公司帕洛阿尔托中心的建设。

伦纳德·克兰罗克也支持了同样的思想，他很早就在著作中表述了大型网络中，没有一个节点可以控制整个网络的观点，所以有了共享、分布式控制和委托权限的思想。虽然他不肯定这跟社会变革有什么关系，但他觉得自己在潜意识里很怀疑分享、公开开放、合作的结构就是他们要追寻的方向。

互联网的诞生

J.C.R.立克里德和鲍勃·泰勒在《计算机作为一种通信工具》里畅想了计算机联网时代的到来，而伦纳德·克兰罗克的畅想更实际一些。他看到犹他大学拥有优秀的图形处理能力，加州大学洛杉矶分校有很高的仿真水平，伊利诺伊大学有高性能的计算能力，于是就想能不能把这些优势整合起来。如果计算机真能联网，当然可以实现这个梦想。

1969年10月29日晚，在加州大学洛杉矶分校一个没有照相机也没有录像机的实验室里，伦纳德·克兰罗克和两个同事查理·克莱恩（Charley Kline）、比尔·杜瓦尔（Bill Duvall）在不停忙碌。他们在试着登陆另一台计算机。富有讽刺意味的是，他们居然还打着电话，以防备网络失效。

伦纳德·克兰罗克输入了LOGIN（登陆）的第一个字母L，然后问比尔："L有了吗？"比尔回答说："有了。"之后，伦纳德·克兰罗克再输入O，又问："O有了吗？"比尔回答说："是的，O有了。"可等到伦纳德·克兰罗克输入了G，就再也没有得到肯定的回答，因为死机了。结果互联网上首次出现了两个字母——L和O，伦纳德·克兰罗克解释，这就是"Lo and behold（瞧瞧啊）"中的"Lo"，瞧瞧啊，一个新时代来临了。

人类历史上第一次两台计算机主机之间的通信，仅仅传输了两个字母就崩溃了，但这一刻却标志了一个全新时代的来临。

为何会有如此多的"互联网之父"？

"互联网之父"这个称号，在某种意义上也折射了互联网的精神。

被称为"互联网之父"的人有很多位，例如温顿·瑟夫，蒂姆·伯纳斯—李等，当然也包括鲍勃·泰勒本人。

这首先说明，互联网的起源本来就是网络结构的、去中心化的，互联网绝非某个人的发明专利，它得益于很多人所做的贡献。除了本书中我们专门有篇幅提到的先驱，还有诸如鲍勃·比默尔（Bob Bemer）——他对ASCII（美国信息交换标准代码）做出了卓越贡献，保罗·巴兰（Paul Barn）、唐纳德·戴维斯——他们对分布式网络做出了贡献，等等。此类英雄在互联网发展史上举不胜举。

另一方面，互联网之父这个称号也多来源于网络。荣誉为什么必须是权威机构授予的呢？在互联网时代，成绩和荣誉只要能通过网络公示出来，得到相当数量人的认可，自然就成为经得起推敲的荣誉。

再从互联网的起源本身来看，倘若当初美国国防部把自己的意志强加给ARPA，规定ARPA资金的使用方向或者研究目标，也许就不会诞生互联网。当时在ARPA工作的科学家和工程师来自世界各地，他们也知道ARPA在接受美国国防部的资金支持，但他们积极投身ARPA包括互联网在内的各个项目中，其中的缘由就在于国防部给了ARPA自由，而ARPA又给了科学家和工程师们极大的自由，创新自下而上诞生。当各个创新得以融合，恰当搭配组合时，互联网就应运而生。

互联网自身就起源于互联网精神。互联网不是因果链，而是关系网，它不是一个人创造的，而是一群人创造的，是一群人的网络促成了互联网的诞生。

温顿·瑟夫:
TCP/IP联合发明者

> 温顿·瑟夫（Vinton Cerf）与罗伯特·卡恩（Robert Kahn）构建了TCP/IP协议，从此让不同的网络能够直接对话，因而他们也被誉为"互联网之父"。而第一次基于TCP/IP协议的互联网际网通信，竟在一辆卡车里通过无线完成，所以互联网一开始就是移动的！如今，TCP/IP协议不仅把地球连成一家，它延伸的"深空网"协议（Deep Space Network）把空间站和火星探测车与地球连在了一起，实现了真正意义上的星际网。

上网的时候，我们难免不时就要去设置下TCP/IP，TCP/IP常常是我们计算机能否接入互联网的关键。这个设置是如此之常见，打从我们开始上网直到今天都是如此，但它又显得如此之陌生，很多时候，我们只知道设置好TCP/IP才能上网，可压根不会想这是为什么，更不会去想这背后是否隐藏着什么传奇故事。

无独有偶，Internet是我们常挂在嘴边的一个词，但同样很少有人去想这个词的确切含义。**Internet其实可以看作是inter（表示相互，之间）和net（网）的组合，所以更加确切的译法是"网际网"。**

现在的互联网，就是由数以百万计的政府、商业、学术、公共和个人网络等连接而成的，所以我们才常说互联网没有绝对的所有者，也没有绝对的控制者。因此，我们的信息传递和沟通交流才能在全世界通行无阻。也正因为如此，你才能轻易在LinkedIn上搜到温顿·瑟夫的个人页面。

他的背景介绍极其简单："专长：我是互联网的联合发明者，我们发明了作为互联网的架构和核心的TCP/IP协议。我真不太想通过LinkedIn接收邮件。如果你想联系我，请往vint@google.com发邮件。"

于是你可以给他发邮件，如果运气好还能收到回复。这一切沟通有如你在自己家给家人留便条一样方便，这全都得益于互联网，得益于TCP/IP协议。

TCP/IP的革命意义

在关于人类语言起源的古老传说中，全世界的人通力合作，想要造一座通天高塔。上帝很不高兴，让人们使用不同的语言，最终人们彼此无法沟通，通天塔的工作就此搁浅。

这个流传久远的故事道明了一个深刻的道理，即如果真的存在一种人类共用的语言，让全世界的人能够彼此沟通无阻，那么所有人的力量汇聚起来，甚至可以使人类直达天堂。但遗憾的是，这样的语言至今都不存在。

互联网起步的时候，就遇到了类似通天塔的困境。那时的计算机兼容性很差，不要说联网，连一台计算机上跑的程序都难以移植到另一台计算机上。难道作为人类大脑延伸的计算机又要重蹈通天塔的覆辙？

许多人为突破这个困境做出了努力，包括美国政府推进的阿帕网，但温顿·瑟夫和罗伯特·卡恩做出了关键性的贡献，恰如温顿·瑟夫在LinkedIn的个人简历里所写的，他们发明了TCP/IP，即"传输控制协议／因特网互联协议"，这是Internet最基本的协议。

这个协议最具有革命性意义的地方，就是它让计算机"学会"了一种"共同的语言"，从而能"彼此交流"，人类由此走出了巴比伦通天塔的困境。虽然我们不敢肯定这是不是意味着我们从此可以通向天堂，但可以肯定的是，这非常了

不起——即使从笨重的大型机、小型机发展到个人计算机，再到今天轻巧的手机或平板电脑，互联网底层的协议仍然是TCP/IP。

互联网从开始就是移动的

早在2011年9月时，我和温顿·瑟夫就在肯尼亚的互联网治理论坛上见过面。作为互联网界的元老，也作为谷歌的首席互联网布道师，温顿·瑟夫经常出席这样的大会。与硅谷很多人衣着随便的风格不太一样的是，他走到哪儿都穿着三件套的西服，无论天气是否炎热，哪怕他身处肯尼亚。

这次美国之行，我在计算机历史博物馆里采访了温顿·瑟夫。这次我做了充足准备，穿得很正式地去采访他，温顿·瑟夫亮相时也果然一如既往地西装笔挺。

我们的对话从博物馆收藏的一辆斯坦福国际咨询研究所的通信卡车里开始，随后才回到计算机历史博物馆。

坐在这车里，时光仿佛一下倒流，回溯到了20世纪70年代。

1977年11月22日，温顿·瑟夫和他的同伴们就驾着这辆货车开始测试，他们沿着旧金山的一条公路发出了信号，这个信号穿梭于美国、挪威和英国之间。**这是TCP/IP协议第一次用来在三个独立的网络之间发送信号，真正实现了网际互联"inter"+"net"的理念。这一天，包括这辆卡车也被载入互联网发展史册。**

即使时隔三十多年，回忆起1977年那个历史性的时刻，温顿·瑟夫仍不乏激动和兴奋。这确实让人激动，就在1977年11月22日，就是通过这个实验，温顿·瑟夫证明了移动通信网络既可以使用固定的，也可以使用移动卫星资源在多网络之间传输数据和语音交流，而非常了不起的是，整个过程都依靠软件来实现。

在温顿·瑟夫的眼里，如果能让三个不同速度、不同宽度的网络通过同一套网络协议相互连接，就有充分论据证明我们掌握了一个通行的方法，可以将所有网络连接在一起。

　　这是个非常有意思的开端。今天我们多数人对互联网发展的印象是，互联网是从PC时代进入移动时代的，就仿佛移动是新近才兴起的大潮，**岂不知互联网从TCP/IP协议诞生的第一天就是"移动"的。**

　　更富戏剧性的巧合是，马丁·库伯（Martin Cooper）在1973年发明了手机，而也正是在1973年，温顿·瑟夫和罗伯特·卡恩发明了互联网架构。而在1983年，马丁·库伯推动第一个移动电话系统投入商业应用，同样也是在1983年，温顿·瑟夫和他的伙伴们第一次从真正意义上开启了互联网。因此在温顿·瑟夫看来，移动电话、移动数据传输和互联网实际上始终处于平行发展的进程中。

互联网从开始就是全球合作的产物

　　我在这辆卡车上看到了一个米老鼠电话，这么可爱的卡通形象居然出现在这么具有里程碑意义的技术空间里，真是一件有趣的事情。于是，我情不自禁地跟温顿·瑟夫聊起了它。温顿·瑟夫兴致勃勃地介绍，这是当时做实验时一位工程师拿来的，这个可爱的米老鼠电话被插入了IP系统的语音，是用来做分组语音实验的。

　　这幕场景被拍成照片，广为流传，人们感到十分有趣——一个米老鼠电话居然被用来做军方的测试，人们都感到十分有趣，就连测试人员自己也觉得很好玩。这类花絮常常能缓解大家工作的紧张，究其原因，与其说是米老鼠可爱，不如说米老鼠引发了大家的参与感，使大家纷纷贡献出自己的智慧、创意、汗水，当然也包括幽默。

　　参与本身就是一种互联网精神。

　　在温顿·瑟夫看来，做互联网是一件非常开心的事情，因为这是一项集体参与和努力的工作。1972年，一个国际网络工作组建立，许多国家的专业人士参与了这一项目。这些专业人士多有不错的主意，只有让他们贡献出来，事情才能不断推进。事实上，这些来自全球的专家也没太在乎这是由美国发起、美国国防部出资的项目，**因此，互联网从一开始就是全球合作的产物。**

除此之外，看似枯燥的工作中也总不时发生些成为坊间八卦的趣事。

1974年，温顿·瑟夫和罗伯特·卡恩发表了一篇简短却具有深远历史意义的论文《针对分组网络交互通信的协议》（*A Protocol for Packet Network Intercommunication*），这篇12页长的论文以极简略的笔法勾勒了今天互联网的主要骨架。可他们决定放弃版权，公开所有这些信息，以推动互联网更快地发展。所以这篇论文直到今天还可以通过互联网毫不费力地找到。于是，也就常有人慨叹温顿·瑟夫和罗伯特·卡恩因此放弃了成为世界首富的机会。

罗伯特·卡恩对通信系统有很深入的研究，温顿·瑟夫比较擅长操作系统，两人需要将专长结合起来，一起做设计。温顿·瑟夫聊到，他们当时确实是通过掷硬币来决定这篇论文的署名的。

温顿·瑟夫随后又向我证实了另一个有关TCP/IP架构诞生的传闻——他最早是在一个信封的背面画出了TCP/IP的架构。当时他正在旧金山一个会议上等下一个议程，脑海里尽力去捕捉自下而上的网络应该是什么样子，于是就随手拿了个信封勾画了一张图，改变这个世界的TCP/IP的蓝图就此呈现。

未来人们对互联网视而不见

作为"互联网之父"，温顿·瑟夫和罗伯特·卡恩为互联网开辟了未来。而互联网又让人类的未来呈现诸多的可能性。未来，自然成为我们必须谈论的话题。

我请温顿·瑟夫畅想未来三四十年甚至更长时间互联网的愿景。他向我坦承，想要预言半个世纪后的事情真的是很困难。不过接着又不失幽默地说，聊一聊也无妨，反正那个时候他已经不在人世了（温顿·瑟夫生于1943年）。

首先他肯定了移动互联的力量，会有更多的移动互联网可用，也会有更多的设备能进行移动通信。此外，他肯定了物联网的兴起，并认为，我们身边会有越来越多设备成为日常网络环境的一部分。

温顿·瑟夫认为，**半个世纪以后，网络对人们来说可以视而不见了，因为**

网络无处不在，以至于人们不假思索地使用它，就如我们今天使用电一样。温顿·瑟夫这个理念倒很有中国庄子"适足忘履"的味道。

一旦谈起畅想星际互联网，温顿·瑟夫就更有了精神，因为这就更可以发挥他的技术想象力。在我和温顿·瑟夫讨论这个问题之前，他已经在实验室里和同事们畅想了25年后的互联网会是什么样子，以及需要用什么样的设备来探索太阳系。

他们很快得出结论，这个时候单靠点对点的无线电通信肯定是不够了，需要更为强大的网络能力。因为这些星球距离地球无比遥远，也许按光速都要跑上个几十分钟。最好那些跑在星球轨道上的卫星，以及散落在这些星球上的移动设备彼此之间就能实现对话，而不是再折返回地球来。这就需要对TCP/IP协议进行延伸，采用一种全新的"深空网"协议。

他无限憧憬地描述道："那会多么激动人心啊，从太阳系再到无限的宇宙。也许最终有一天，我们会和金星通过互联网连接上。"温顿·瑟夫期望自己活得足够长，至少能看到这些梦想在距离我们最近的月球上实现。不过事实上，星际互联网并非完全的愿景，至少到现在已经有了两个成功案例，即"凤凰号"和"勇气号"登陆火星。这种新协议都发挥了很好的作用。

计算机历史博物馆

这次我在计算机历史博物馆采访了温顿·瑟夫，在这里我们可以自由地徜徉在一个由计算机及互联网的过去与未来、硬件与软件、多元的起点和多元的发展路径等织成的"网络"中。

顾名思义，计算机历史博物馆收藏和展出与计算机相关，包括与互联网相关的藏品。在计算机历史博物馆馆长约翰·霍勒（John Hollar）看来，计算机是迄今为止最重要的发明，因为它既解放了人类的创造力，又把整个世界联系起来了，当世界上每一个人都因此而受益时，未来会是无限的。

不过相比于一般博物馆更有挑战的是，计算机包括硬件和软件部分，怎么来收藏和展出软件，这是一个难题。约翰·霍勒透露，收藏软件相比于收藏硬件，其实颇有优势，因为软件不会像硬件一样因为天长日久而有物理磨损。比特是可以长久保存的，博物馆目前正在进行一项收集数字产品的浩大工程。

计算机历史博物馆并不只是展出既有的硬件和软件，它也在推动自制计算机俱乐部。20世纪70年代，当时在硅谷的业务爱好者、斯坦福大学和加州大学伯克利分校的学生、在很多高科技公司工作的人组成了一个自制计算机俱乐部，当时被称为"修补匠"，他们努力解决一些小问题，最后却产生了许多影响显著的成果。

其实，硅谷车库现象也与这样的精神相关，苹果、谷歌和很多大公司都是从车库发家的。在约翰·霍勒看来，这种修补文化、业余爱好者文化正是硅谷文化很重要的一个部分。这同样是计算机历史博物馆需要延续和展示的一个正在发生的部分。

展望未来，约翰·霍勒很期待将博物馆带给世界，到北京、上海、巴黎或者开普敦展览。虽然现在只能以想象的方式建立这样一个虚拟博物馆，但博物馆的规模不小，而且每一件藏品都可以从网上看到。但这与亲临现场的参观是不一样的。约翰·霍勒认为未来的技术可以做到让我们即使在万里之外也能如身临其境般体验，这是我们都分外期待的一天！

罗伯特·梅特卡夫：
以太网之父

> 罗伯特·梅特卡夫（Robert Metcalfe）是以太网发明人，梅特卡夫定律提出者，3Com创始人。梅特卡夫住在波士顿查尔斯河边的一栋六层的老楼里，楼顶可以俯瞰查尔斯河与对面的麻省理工学院——梅特卡夫毕业的地方。这栋楼建于1879年，也就是爱因斯坦诞生的那年。爱因斯坦的狭义相对论证明了以太并不存在，而100年后的老梅于1979年创建了3Com，普及了以太网。在Wi-Fi时代到来之前，几乎每个网民都用过以太网线和网卡。

在传播互联网精神时，我常讲到梅特卡夫定律，即一个网络的价值与这个网络所连接用户数量的平方呈正比，这是互联网三大定律之一（另外两个分别是摩尔定律和吉尔德定律），它为评估互联网的社会和经济价值提供了一个可依据的模型。而该定律正是以以太网的发明人罗伯特·梅特卡夫的名字命名的。

我和罗伯特·梅特卡夫在他波士顿的老宅里会面。真惊叹，在高楼林立的波士顿，在美丽的查尔斯河河畔居然还有这样一栋六层的小洋楼（含地下室）。有资料显示这栋老宅建于1879年，正是爱因斯坦出生的那一年，略带点巧合的是，**爱因斯坦是在抛弃了以太学说之后才创立了狭义相对论，而罗伯特·梅特卡夫的**

以太网却以"以太"这个源自古希腊的概念来命名。

很难想象，在这样一栋漂亮的洋楼里居然只是摆放着简单的行军床，事实上，罗伯特·梅特卡夫已经搬出去了，现在正打算把这栋洋楼出售。不过，他时不时就会回来看一下，晚上就睡在那张行军床上。罗伯特·梅特卡夫非常随和，并不高调，不像是一位亿万富翁。我们交谈之后，他步行去麻省理工学院和老朋友吃晚饭。

别以为罗伯特·梅特卡夫是个老学究，确实，他提出了梅特卡夫定律，也发明了以太网，但他同样创办了3Com公司——这个公司后来还差点被华为收购，还曾是北极星创投（Polaris Venture）的合伙人。

罗伯特·梅特卡夫还热衷于做各类互联网发展的大预言。1995年，他预言互联网将会在来年遭受"毁灭性的破坏"，并信誓旦旦地说，倘若预言不准，他就"eat his words（收回自己说的话，字面意思是，吃下自己的话）"。真遗憾，这个预言没有实现。为了履行诺言，罗伯特·梅特卡夫曾打算取巧，把自己的预言写在一个大蛋糕上吃下去，可惜遭到众人的强烈反对，最后他不得不把写着自己预言的演讲稿和着果泥打成浆吞下肚。

他反对开源软件，尤其是Linux（见本书理查德·斯托曼篇），并预言它在微软发行Windows 2000以后将销声匿迹，但随后又撤回自己的观点。最妙的是，他曾预言无线网络会在20世纪90年代中期消失殆尽。好吧，我们只能说预言是一件很困难的事情，无关乎天才和智慧。

网络"水管工"

"以太"这个概念，最早由古希腊的哲学家亚里士多德提出，它首先是个哲学概念，后来被物理学家们引申为物理学概念——不过最后证明，寻找以太粒子的努力是失败的。

罗伯特·梅特卡夫是学物理的，他当然知道爱因斯坦和其他物理学家对这个问题的讨论。1972年，在为自己所建的网络命名时，罗伯特·梅特卡夫费了一番脑筋。这个网络的核心是通过电缆连接所有的个人电脑，电缆是同轴的，也可以是并列的，罗伯特·梅特卡夫认为，当然不能用诸如同轴电缆这样过于具体的名字，需要一个抽象、独立的名字。

想来想去，罗伯特·梅特卡夫觉得以太比较合适，因为早些时候人们以为以太是太阳光传导到地球的媒介，但在20世纪初，人们突然发现，以太是另一种物质，而不是所谓的太阳光传送带。以太在物理学中逐渐被抛弃，它不能用来描述任何一种物质，于是罗伯特·梅特卡夫灵机一动，就用以太这个非常抽象的概念来命名自己建立的网络，那时他正在施乐公司任职。

20世纪70年代，主政施乐公司的正是曾经主持过阿帕网项目的赫赫有名的鲍勃·泰勒（见本书鲍勃·泰勒、伦纳德·克兰罗克、拉里·罗伯茨篇）。鲍勃·泰勒给施乐公司带来了具前瞻性的视野和目光，施乐公司当时提出要让每张办公桌上都有电脑，这在电脑非常罕见的年代真是一个很前卫的想法，而罗伯特·梅特卡夫则负责把这些电脑连接起来，早在麻省理工学院时，他就在负责类似的事情。

20世纪70年代，施乐公司的装备其实已经非常时髦了，不仅有可以显示图片的大屏幕（这招后来被乔布斯学走），有从斯坦福国际咨询研究所借用的鼠标，还有为实现无纸化办公而发明的激光打印机。在这其中，激光打印机是对数据需求最大的设备，为了打印机能运转起来，罗伯特·梅特卡夫们对数据传输的要求很高。

罗伯特·梅特卡夫那时手里主要有两个资源，一个是阿帕网，另一个就是夏威夷大学发明的ALOHA网络。他要把这两个资源合并，在大楼的中间安装电缆，连接所有人的电脑，最终实现电脑联网。

互联网的协议是分层的，以太网是一个很底层的通信协议，对整个互联网来说，它很基础，也很重要。在罗伯特·梅特卡夫看来，在整个网络中，自己就像水管工，一生的工作都是围绕基础层面展开的，而从来都没有尝过在这之上的应用层面的乐趣。

1973年5月22日，这一天是以太网命名和达成主要原则的日子，也是以太网的诞生日。尽管以太网之后还有很多里程碑大事，比如在同年11月真正开始运转，以及10年后被定为标准等，但罗伯特·梅特卡夫向我澄清，他就认准了这一天是以太网的生日。

以太网最后在施乐公司真正建设了起来，并成为一种技术规范，它定义了局域网（LAN）中采用的电缆类型和信号处理方法。罗伯特·梅特卡夫实现了电脑的联网，还保证了网络速度在2.94Mbps以上，这个速度足以带动激光打印机。1983年，以太网正式被美国电气和电子工程师协会采纳为标准。

1995年，在皮克斯（Pixar）第一部全电脑制作的动画电影《玩具总动员》首映时，乔布斯特意邀请了罗伯特·梅特卡夫到现场观看。罗伯特·梅特卡夫惊喜地发现，这部电影都是通过以太网传送的。他对乔布斯说："你看，你的电影都是通过以太网传送的。"乔布斯微笑之后，说："谢谢。"听到这，这个自称为"网络水管工"的以太网之父顿时感到舒坦无比，他充分体会到了网络"水管工"对于应用层面的意义！

梅特卡夫定律

1979年，罗伯特·梅特卡夫创办了3Com公司，3Com是电脑、沟通和兼容的缩写（Computer，Communication，Compatibility）。

罗伯特·梅特卡夫头脑灵活，很有商人嗅觉，而且正是商业需求直接催生了梅特卡夫定律。

当时，3Com公司提供的是能插入电脑，而后能接入大楼里的以太网的网卡。

起初，罗伯特·梅特卡夫的销售策略是，将30个网卡打包，每个网卡价值1000美元，30个就是3万美元，这样就可以拿到可观的提成。不过，在那个时代，许多公司才刚刚购进电脑，根本谈不到上网，何况要花费高昂的接入费用，更不用说还有一堆竞争对手也在兜售各式各样连入其他网络的网卡。

于是，3Com决定改换一下销售策略，将打包30个网卡改为打包3个来销售。

门槛降低后，客户确实可以接受了，但在他们眼里，这三个网卡虽然能够带来以太网承诺的各种便利功能，但从全局来说，没有给自己的公司带来什么实质性的改变，他们不打算再去买30个。

罗伯特·梅特卡夫立刻敏锐地意识到，不能单单在以太网的功能优势上做文章，想把销售推上去，最重要的是，要论证更多的电脑联网后，会使客户收获的价值实现增长，而且增长的速度必须要超过客户为此投入的成本的增速。

于是他画出了一个幻灯片，这个幻灯片直观地展示了，当联网的计算机达到一定数量后，也即越过一个质点之后，其产生的价值远远超过投入的成本。随后，他把这个幻灯片交给销售，让销售去告诉客户，他们之所以感到网络没有价值，就是因为网络的规模太小。言外之意就是，要买更多3Com的产品，才能获得更多的价值。客户被说服了，原本濒临亏损的3Com月销售额达到了几百万美元。

1995年，一名作家在采访罗伯特·梅特卡夫时看到了这张幻灯片，于是提议这应该叫梅特卡夫定律。罗伯特·梅特卡夫欣然接受，并在此后不断推广和捍卫这个定律，其基本内涵仍然是：**联网能创造价值，而且网络越大，参与者数量越多，参与者之间的互动价值就越高。**

举个简单的例子，电话的价值并不取决于电话本身，而是决定于联网电话的数量。当世界上只有一台电话时，电话基本没有价值；但是倘若有两台电话连接并通信时，电话的价值就凸显出来了。而当世界上有一半的家庭和办公室有电话时，电话就成了非常有价值的沟通工具，为了要跟上时代的节奏，很多人都不得不使用电话。其他有网络属性的产品，比如手机、传真机等，都符合梅特卡夫定律。

梅特卡夫定律所讲的是连接价值，与此相应的还有一个以戴维·里德（David Reed）命名的里德定律，后者更强调大型网络，尤其是社交网络的价值会随用户的增加呈指数型增长。

一个定律能产生的影响有多大？罗伯特·梅特卡夫首先论证了他可以直接对生意产生立竿见影的影响。但罗伯特·梅特卡夫认为定律的重要性还不仅限于此，定律最重要的角色是设定发展路线，量化发展，为人们勾画出一个可能发展的路线图。

罗伯特·梅特卡夫以摩尔定律举例。当时有一个定律是和摩尔定律背道而驰的，这个定律记录了IBM的主机、成本、功率，然后得出结论，电脑的成本会不断上升。这就意味着，如果要建造小电脑，那么电力和成本的价格会快速增加，所以必须生产大电脑。而按照摩尔定律，则应该生产小电脑而不是大电脑。

在罗伯特·梅特卡夫看来，这是硅谷崛起的原因。波士顿过于执迷于这个错误的定律，不断生产大电脑，而硅谷则推崇摩尔定律。最后，摩尔定律赢了，硅谷也随之崛起。

一个定律的影响足以左右一个城市、一个产业的命运。

不过，互联网的发展速度远远超过了起步初期先驱们的想象，今天联入互联网的已经不只是几百台、几千台电脑，而是全球近30亿网民。罗伯特·梅特卡夫也承认，网络发展的规模太大，远远超过了质点，他现在正在研究修正梅特卡夫定律。

在以太网诞生40周年时，罗伯特·梅特卡夫应一家报社之邀撰写题为《40年之后重新思考以太网》的文章。在这篇文章中，罗伯特·梅特卡夫对梅特卡夫定律做了反思，在原来的定律中没有包含时间这个维度，只有价值和用户，他预期的新理论是，平缓总有一天会出现，只是时间早晚的问题。

所以互联网新的发展曲线将会是：价值先是增加，后来随着用户数的增长而剧增，但最终将趋向平缓。这个平缓其实是因为，资源始终是有限的。例如病毒裂变最初的增长速度极快，但一旦周围的资源被耗尽，病毒裂变的增长速度也自然会慢下来。这一次，他用了Facebook的数据作为支持。

生物革命的到来

有意思的是，自称网络水管工的以太网之父认为，下一场革命将是生物革命，这一点倒和克里斯·安德森英雄所见略同（见本书克里斯·安德森篇）。但罗伯特·梅特卡夫仍然是从数字化、网络化的视角去看生物革命的。

罗伯特·梅特卡夫认为，信息革命和生物革命有诸多联系，但二者之间最核心的联系就是，可以将基因材料数字化、将DNA数字化。罗伯特·梅特卡夫描绘了各个大学里生物学实验室的转变，这些实验室过去都是"湿"实验室，要用活体生物做实验，但现在实验室里的生物学家却大都在电脑前工作，研究基因结构、进行转基因、治疗疾病，总之一切都数字化了。而且在罗伯特·梅特卡夫看来，**生物学变得越来越数字化，越来越有竞争的味道，科学家都变得有竞争意识了，因此生物学的发展最终也将遵从摩尔定律。**

按此逻辑，医疗产业不言而喻将被互联网所颠覆。罗伯特·梅特卡夫同时认为，除了医疗外，教育和能源也将被颠覆。大学可能像书籍和音乐一样被颠覆。能源作为一个曾经分散的行业，会被当作整个网络来看，也将不可避免地遭受颠覆。

天知道，这次罗伯特·梅特卡夫的预言会不会很准！如果再错了，他会不会再把自己的话吃下去？他可没有给我承诺。

互联网时代人的自我更新

梅特卡夫的经历非常丰富：他在实验室里待过，发明了以太网；后来做过企业家，提出了梅特卡夫定律；又做过投资人；还去做过大学老师。梅特卡夫可以说是个跨界的高手，也可以说，他是一个缩影——在互联网时代，人们获得了实现多种自我的可能性。

互联网是一种水平发生的革命。互联网带来的改变并没有局限在一个垂直的领域里，而是渗入到各个专业领域、各个行业里，发生在每个流程或者细节当中。因此，互联网有如水一般模糊了工业时代专业与专业、行业与行业、组织与组织、个人与个人之间曾经泾渭分明的界线，这也为人的自我实现打开了多样路径——我们不再只是把职业生涯的大部分时间打发在简单重复的工作上，局限在一个狭窄的领域之内。

互联网的高速发展也推动了人的自我更新、自我修正。当梅特卡夫定律提出后，它成为互联网三大定律之一，饶是如此，梅特卡夫也并未止步，而是对这个定律与时俱进地作出了修正。

与工业时代围绕中心、预设目的、实现自上而下的控制不同，互联网呈现出去中心化、无预设目的、自下而上发生的特点。因此，工业时代历史的演进是，今天致力于实现昨天预设的目的；而互联网时代历史的演进是，今天面朝明天呈现多样化的可能性。互联网在发生、在更新，也在不停地自我修正，我们每个人都身在其中，实现自我。

未来没有互联网行业，因为我们整个世界都将被互联网渗透！

3 商业时代

在互联网诞生约20年后，得益于万维网的发明，上网门槛大幅度降低了，由此互联网开始进入高速普及阶段，这也推动了互联网进入波澜壮阔、跌宕起伏的商业时代。

杨致远：
小拖车里开辟新纪元

　　从斯坦福大学的普通学生到斯坦福大学的校董，从在斯坦福大学工地旁的拖车上创业到为斯坦福大学捐赠环境与能源大楼，从普通的移民到成为美国梦的符号，从谈判桌这端的融资者到谈判桌那端的投资者，杨致远总让我想起《狮子王》里那首气势恢宏的主题曲——《生命的轮回》。

　　有的开创者，注定要被写入历史。但历史似乎总是乐意记住那些与商业开疆拓土相关的关键轨迹，如一意孤行的决定、偏执顽固的坚持和对梦想的高谈阔论，人们似乎也喜欢津津乐道于这类话题，却往往忽略了这些开创者更贴近我们常人的一面。

　　杨致远就是这样一位开创者。众所周知，他创建了雅虎。但当你走近他时，你可以很真切感受到他的情怀。今天，杨致远的身份已经是一名投资人和收藏家，在对互联网持续关注之余，他对古老的中国书法的兴趣越来越浓厚，还曾在美国举办过中国书法展。

　　2014年春节，我拜访了杨致远，我们先在他的办公室里见了面。他现在的办公室很朴素，就在斯坦福大学附近一条小街里面，场景倒让人容易想起20多年前，他和大卫·费罗在拖车里创建雅虎的故事来。

和杨致远的交流非常愉快，他是个很随和的人，而且记忆力相当不错。他一见到我，就告诉我说，他曾经在斯坦福大学的校友会上见过我的合伙人，易宝支付的首席执行官唐彬。我想，正是这个关联一下把我们的话题拉得非常近。

我能体会到杨致远对斯坦福大学至深的情感。他在这里读书，在这里创建了雅虎，还在这里找到了他的终身伴侣。如今，杨致远成为斯坦福大学的校董，还以自己和太太的名义向斯坦福大学捐赠了一栋大楼。

随后我们一起游走在斯坦福大学的校园，杨致远如数家珍般讲起斯坦福大学的故事来。他对这里的一草一木都非常熟悉，我也相信，他肯定常常回到这里。但尽管如此，每当谈到故人故事，触景生情之处，杨致远仍然略显激动，眼内闪光。

把自己的爱好和热情付诸行动

杨致远早年在斯坦福大学电子工程学院就读，他常和大卫·费罗一同思考一些新奇的东西，互联网就逐渐落入他们的视野。

20世纪90年代初期互联网还没有得到充分发展的重要原因在于，上网的门槛比较高。要使用互联网，需要了解很多语言，这就把很多普通大众挡在了门外。

因此，尽管互联网早在1969年就宣告诞生，但其实直到20世纪80年代末90年代初万维网和浏览器出现，才迅速推动了互联网的普及。有了万维网之后，人们不需要再掌握专门的语言，就可以用浏览器来便利地浏览网络上的内容。一切变得可视化，上网越来越便利，这才让互联网真正"飞入寻常百姓家"。

20世纪90年代，随着万维网的普及，大量网页涌现出来，内容五花八门，有关于学术的，也有关于娱乐的。很多人都想创建网页，创建内容，通过互联网来和大家分享。

一个问题随之出现，这些网页是非常分散的，网民怎么来找到这些网页呢？

　　杨致远和大卫·费罗在上网的实际应用中发现了这个问题，于是，他们就想到，可以创建一个网络目录，就像电话黄页一样。他们不停地收集网页，也呼吁网民们提交他们的网页，之后写好网页描述，并对不同网页进行分类，这样网民就可以方便地通过分类目录来找到目标网页。

　　起初，他们用的网址是akebono. stanford. edu/yahoo。Akebono即曙太郎，他出生于美国夏威夷，是日本历史上首位出生在外国的大相扑横纲（横纲是日本相扑运动员所能取得的最高级别）。杨致远和大卫·费罗都到过日本，杨致远还娶了一位日本太太，显然，相扑这项非常有力量感的运动给他们留下了深刻的印象。

　　起初，两人只是出于爱好和乐趣向大众提供这项服务，没有想到使之商业化，并带来盈利。他们刚开始只是在斯坦福大学安置了服务器，但没想到全世界越来越多的人都开始使用他们的服务，每天他们会接到成千上万个网页登记申请，他们不得不投入更多精力加以编辑，创建更多的工具来应对膨胀的数据和服务要求。

　　虽然有人会对他们的列表表示不满意，这使得杨致远和大卫·费罗不得不多花些时间来回沟通，但正是在这样精益求精的服务过程中，**他们的目录导航服务逐渐在网络服务中占据了这样一个位置——网页除非在他们这里登记，否则网民难以发现这些网页。或者说，他们的服务占据了网络流量的入口，这日后成为雅虎的商业模式，奠定了雅虎在互联网业的地位。**

　　越来越多的访问，一度让斯坦福大学的计算机网络不堪重负，杨致远和大卫·费罗很快就难以在斯坦福大学继续他们的工作了，他们只好搬到了拖车里继续自己的事业。

　　尽管后来坊间盛传的版本是，恼火的斯坦福大学把他们两人扫地出门，但杨致远认为，当时斯坦福大学有最好的互联网基础设施，而且有最好的用户，所以他们当时才能获得最好的服务器和网络，因为有这些基础，才可能会有后来雅虎的成功。杨致远特意强调，这些资源都是免费获取的，斯坦福大学在他和大卫·费罗实现自己梦想的过程中扮演着非常重要的角色。

硅谷里弥漫着创业的气氛，企业家精神备受推崇，杨致远和大卫·费罗也不例外地被此吸引。但当时两人研究的是电脑的硬件设计，这个领域在当时已经比较成熟，他们想在这个领域有所作为，开始尝试写商业计划书。

相比之下，那时的Akebono网站是他们出于自己的兴趣爱好和使用方便而建立的，但没有想到，越来越多的人开始用他们的服务，他们陆续接到一些电话，询问他们想不想创办企业。这个时候，杨致远和大卫·费罗开始考虑把这项服务当作事业做起来。他们很幸运，红杉资本（Sequoia Capital）的迈克尔·莫瑞茨（见本书迈克尔·莫瑞茨篇）在拜访了那凌乱得不比多数男生宿舍好多少的拖车后，竟然大方地给他们投资了。

当时，杨致远他们接触的投资者其实并非只有迈克尔·莫瑞茨，但为什么双方能一拍即合呢？

谈起迈克尔·莫瑞茨，杨致远认为，他在做风投之前是一名记者，这让杨致远非常有兴趣。迈克尔·莫瑞茨不只是对产品或者技术感兴趣，他对故事更有兴趣。重要的是，记者出身的迈克尔·莫瑞茨很懂媒体，在当时很少有人能把互联网和媒体联系在一起，但迈克尔·莫瑞茨却有这样的敏感。

杨致远认为迈克尔·莫瑞茨非常理智、有远见，而且尊重他和大卫·费罗的想法，双方也很有眼缘。杨致远回忆起一个细节，因为知道迈克尔·莫瑞茨要来，他们还是尽可能把拖车打扫得干净一些，不过水平有限，拖车还是很乱，到处是睡袋、比萨饼盒子。

是的，很乱，重要的是，迈克尔·莫瑞茨仍然淡定地坐了下来，并认真听杨致远和大卫·费罗讲故事。在杨致远看来，这实在是太美妙的回忆了。**莫瑞茨看中了杨致远和大卫·费罗的热情，他们热爱自己的产品，自己也在使用，真正把自己的爱好和热情付诸行动。**最后双方一拍即合，拖车里的雅虎赢得了一笔不菲的投资。

用杨致远的话说，这就是把天时、地利、人和都占了：正好遇到了互联网刚刚起步腾飞，面向全球普及时期；也正好有斯坦福大学得天独厚的资源支持；当然，更少不了慧眼识珠的迈克尔·莫瑞茨。

互联网商业化的范本

雅虎的成功并不单意味着一个公司的成功，它也成为互联网实现商业化的一个范本。

杨致远回顾，虽然阿帕网项目（见本书鲍勃·泰勒、伦纳德·克兰罗克、拉里·罗伯茨篇）催生了互联网，但互联网实现商业化却是从雅虎开始的。如何构建正确的商业模式，对于新生的雅虎来说一直是一大挑战。即使雅虎从开始就想到了用广告盈利，但当时没人确定这个方法能成功。

幸运的是，雅虎当时把住了互联网的入口，赢得了巨大的流量，而且适逢全球互联网进入高速普及期，雅虎从此开始实现盈利。杨致远回忆，雅虎自始至终的目标就是实现盈利并且维持住公司，这成为公司文化的一部分。

用杨致远的话说，在做雅虎时，他压根就没想过自己会不会功成名就，他和大卫·费罗的爱好就是让雅虎不断地成长，让用户更加方便地使用。这种从爱好中获取的激情成为推动雅虎进步的动力。尽管他们当时也有很多竞争者——市面上有很多的搜索引擎和目录，并且这些竞争对手还可能在资金和经验方面胜过雅虎，但雅虎对成功如此专注，这让用户忘记了它的竞争者，并最终使雅虎获得快速的增长。

互联网刚刚高速发展起来，就在千年之交的关口出现了泡沫破灭。许多本准备在互联网的泡沫里大捞一把的公司纷纷倒闭，但雅虎靠着自有的利润成功挺过了这场泡沫。

谈到这场泡沫，杨致远认为这不过是互联网产业的调整，互联网不会因此而消失，随后还会出现很多新企业。每次硅谷出现市场的自我纠正和调整时，总会有新生力量成长起来，这是好事，未来互联网的发展仍然会如此。

反哺和长远的责任

今天，杨致远已经是斯坦福大学的校董，他带着我们走在斯坦福大学的校园里时，还不时拿着手机拍照，一旦捕捉到一个好的镜头，他就立刻兴奋地跟妻子山崎晶子通过手机分享，尽管这段路他们可能早已经携手共同走过千百遍。

在杨致远的心中，他生命里的很多收获都是归因于斯坦福大学的，他和妻子一直都很想回馈社会，回馈斯坦福大学。他们对艺术、教育都投入了很多赞助，所以当斯坦福大学的校长找到他们，谈到要建造一个关注资源与环境的大楼时，他们马上同意了。在杨致远和山崎晶子看来，无论能源还是人口，都是与人类持续发展息息相关的问题。

于是，一栋以杨致远和山崎晶子命名的环境与能源大楼在斯坦福大学校园里矗立起来。杨致远称，自己感到最兴奋的事情就是来到这栋大楼，这栋大楼里聚集了许多一流人才，他们共同思考世界面临的人口和能源问题，每天都有许多与此相关的讨论、活动和项目在这栋大楼里推进，这让他乐在其中。他同时希望我们能够到这里参观。

其实，在斯坦福大学里有不少以企业家名字命名的大楼，这些企业家包括微软联合创始人比尔·盖茨（Bill Gates）和保罗·艾伦（Paul Allen），英伟达（NVIDIA）创始人黄仁勋，英特尔创始人戈登·摩尔（Gordon Moore）……

就在昔日杨致远和大卫·费罗摆放拖车的工地上，如今矗立着的已经是电子工程系的戴维·帕卡德大楼。威廉·休利特（William Hewlett）和戴维·帕卡德（David Packard）是惠普公司的创始人，惠普公司名称的缩写HP就来源于这两位创始人的姓氏。

小硅谷，大创新

今天的杨致远，已经从谈判桌那端的融资者变换为谈判桌这边的投资者，他已经成为投资方，或者说是企业家背后的企业家，帮助创业企业家们成长和发展。

现在的创业环境也和杨致远当初创办雅虎时大不相同了。互联网已经非常发达，基础设施也比较完善，即使只是从企业日常的运营来看，也有如Skype这样的各种会议工具帮助创业企业便利沟通、节省成本。而风投不仅能给企业投钱，还可以帮助企业在全球各个地方都拥有合作伙伴。可以说，企业创业的门槛越来越低，限制也越来越小。

但杨致远认为，企业家成功的概率仍然是很小的，不是所有公司都能成为市值非常高的大公司。虽然如此，杨致远仍然乐此不疲地支持创业企业，在他眼里，创新和颠覆是一种生命发展模式。人们越早意识到这一点，接受新事物就越容易。尤其是在硅谷，创新是驱动硅谷向前的生命线。

硅谷富有冒险精神，风投相信冒险，企业家相信冒险，工程师和开发商也相信冒险，甚至新创立的企业的雇员都是相信冒险的。冒险精神是硅谷独一无二的财富，即使过去20年里经济并不是太景气，但仍然有人在投资。没有其他地方能像硅谷一样，能持续40年源源不断地为创业者提供风投资金。

硅谷因此吸引了许多全球最牛的天才。在雅虎北京全球研发中心创始人、总裁张晨看来，美国并不缺乏人才，但美国需要的是世界一流的人才，这和创新是紧密挂钩的。

张晨还强调，对于创新，经验也是非常重要的。大公司在这里就发挥了很大的作用，因为大公司积累了很多的经验。雅虎作为硅谷的一个大公司，在过去20多年里对硅谷整个生态系统的发展就起了很大的作用。

杨致远则认为，硅谷的法律系统保护知识产权，让人们能最大化地进行创新。一旦来自不同国家的第一流人才把各种不同背景的文化融合在一起，往往就是创新最容易爆发的时机。

而大学也很好地支持了硅谷的发展，这不仅因为斯坦福大学这样全球一流的高校就坐落于此，更因为大学的教育体系和企业紧密相关。不少出身硅谷的企业家非常有反哺的精神，他们创办企业，还回到高校执教，把自己摸爬滚打积累的宝贵经验传给下一代学生。杨致远回忆，在他和大卫·费罗还在学校里读书时，他们的很多老师就是成功的企业家，让他们获益匪浅。这是斯坦福大学的基因，也是硅谷的基因。

所以，硅谷催生了很多伟大的企业，而且多年以后，苹果、Facebook、雅虎等这些巨头都没有离开硅谷，因为最好的人才、产品和思维仍然在这里。尽管有不少地区都想模仿硅谷，但硅谷总在高节奏地推陈出新，因此能始终保持领先。

杨致远认为，每隔三四年，就会出现新的创新浪潮，现在主导的科技是云、移动性和大数据，几乎所有的产业都已经被云、移动性和大数据所改变。目前，雅虎北京全球研发中心就专注于科学驱动的"个性化"、"广告"、"移动"以及"云计算"四大平台级产品领域。

对于未来，杨致远满怀憧憬，他认为会有更多的奇迹出现，手表、帽子、眼镜、皮带、汽车等，未来所有的一切都会与互联网连接。作为企业家和过来人，他对未来更精彩的十年充满期待。

这让我想起爱因斯坦曾对牛顿进行过这样的描述：幸福啊牛顿！幸福啊科学的童年！我也不禁感喟：幸福啊杨致远，幸福啊互联网的童年！

蒂姆·奥莱利:
引爆Web 2.0

马尔科姆·格拉德威尔（Malcolm Gladwell）在《异类》中揭示了一个非常有趣的现象，乔布斯和比尔·盖茨都出生在1955年，事实上，很多与电脑和互联网相关的传奇人物都出生在这个年份附近。其中的奥妙在于，这个年份出生的人正好赶上了电脑潮——出生太早，就赶不上个人电脑的潮流；出生太晚，计算机革命的先机又会被别人占去。而蒂姆·奥莱利（Tim O' Reilly）出生于1954年，以他名字直接命名的出版社出版了很多计算机和互联网书籍，经久不衰，直到今天还是很多计算机和互联网业内人士的案头书。

奥莱利媒体（O' Reilly Media）以其创始人，自由软件和开源运动的鼓吹者蒂姆·奥莱利的名字命名，它从1978年成立以来，出版了一系列反映互联网技术前沿趋势的图书。

单单是这些书的封面设计就足够让人印象深刻，从眼镜猴到犀牛到鹈鹕，几乎每本书的封面都有手绘的动物，看起来比艺术绘本还更艺术些，但翻看内容却都是不折不扣的技术内容。

为什么要用手绘的动物来做互联网技术书籍的封面？

奥莱利曾经对此做出过官方的解释。现任奥莱利媒体创意总监的艾迪·弗里德曼（Edie Freedman）早年被奥莱利媒体聘用为书籍封面设计师。当她拿到第一本书时，书名——"Sed & Awk"真是让人感到太陌生了，这个"诡异"的名字让艾迪一下想到了当时的流行游戏"龙与地下城"的画面。随后，艾迪在18、19世纪的木版和铜版雕刻画中找到了一对瘦长懒猴用作书的封面。在艾迪看来，这对瘦长懒猴就是"Sed & Awk"的具象表现。

不少人对此大胆的设计风格表示质疑，瘦长懒猴和技术能有些什么关系？但蒂姆·奥莱利却很喜欢，他认为这样的设计更能帮助奥莱利媒体的图书从让人眼花缭乱的书架上脱颖而出，于是，之后奥莱利媒体的图书都延续了这样的设计风格。

它们也确实脱颖而出了，从1978年创立直到今天，奥莱利媒体的图书经久不衰。**但多少有些讽刺意味的是，奥莱利媒体立足传统出版，致力于为互联网的发展送上知识的能量，但日益蓬勃的互联网却革了传统出版业的命。**

我和蒂姆·奥莱利的会面在旧金山的一个公益组织里，蒂姆·奥莱利是这个公益组织的委员。他似乎有无穷的精力，除了掌管奥莱利媒体，还投身公益，此外也是技术圈里的意见领袖，还奋笔不辍地写了不少技术书籍。

蒂姆·奥莱利思维活跃，是自由软件和开源运动的鼓吹者。他憧憬互联网操作系统，即支撑互联网支付、媒体、身份认证等应用底层的一个操作系统。他同时是全球脑的坚定信仰者，还常会冒出一些多少有些激进的想法，比如他因认为传统专利法在互联网时代日益捉襟见肘而鼓吹专利法改革。他的有些观点则相当有想象力，比如他认为法律在未来甚至可能被一套算法所替代。

而蒂姆·奥莱利对互联网发展最大的贡献之一，就是在2004年"奥莱利媒体Web 2.0"大会上，引爆了Web 2.0这个概念。

Web 2.0实质是对互联网精神的本原回归。其实真要回溯起来，最早的互联网就是交互式的，当蒂姆·伯纳斯—李用NeXT写出第一版浏览器时，它不仅有浏览网站的功能，还可以像我们今天使用Word一样进行编辑，这其实就是后来注重交互、让用户有更高参与度、注重自下而上建设的Web 2.0的先驱。

Web 2.0再热互联网梦

2004年，互联网界刚刚经历过泡沫破灭的痛苦，曾经鼓吹起许多人热血和梦想的互联网那时竟成了噩梦的摇篮。因此蒂姆·奥莱利认为，提出Web 2.0很有必要，他想向业界传递的信息是：互联网的发展远没有终结。

在蒂姆·奥莱利看来，提出Web 2.0，是为了用成功网站，比如亚马逊和谷歌的故事，鼓舞整个业界再踏征程。

在和蒂姆·奥莱利的交谈中，他屡屡提到谷歌和亚马逊。不要误以为这两个网站是Web 2.0的产物，事实上，这两个公司都是从Web 1.0时代走出来的——亚马逊成立于1995年，谷歌成立于1998年。它们不仅成功度过了互联网泡沫破灭的危险时期，还发展得越来越好。

因此，不用把Web 2.0看得和Web 1.0多么不同，事实上，Web 2.0具备的，在Web 1.0里都能找到踪影。

谷歌和亚马逊之所以成功，是因为在Web 1.0时代，当大家还把互联网当作一个大的电视机，靠吸引眼球来维持生计时，谷歌和亚马逊就意识到了用户参与的重要性，意识到了用户的重要性：如果拥有更多的用户，并且这些用户越是积极地参与，网站的数据就会越好。或者说，网站会更加理解自己的用户，提供更好的服务，进一步促进用户的增长和深度参与，生成更多更好的数据，如是良性循环。

当然，业界对亚马逊、谷歌的成功有很多种解释。2004年，克里斯·安德森在《连线》杂志上用"长尾理论"诠释了亚马逊等网站的成功（见本书克里斯·安德森篇）。但就在人们为Web 2.0时代的长尾经济给那些滞销品以及按点击付费的广告和入门门槛低的网上店铺等带来生机而欢呼雀跃的时候，蒂姆·奥莱利却又不无冷静地告诉大家，所有长的尾巴都必须长在大个头的动物身上。广告、滞销品、网店等，都得依附在谷歌、亚马逊等这样的大个头平台上。长尾确实意味着门槛降低，但这没有从根本上改变市场结构，总归会有这样的大家伙胜出，并且把门槛提得更高。

大数据的重要性

在蒂姆·奥莱利看来，在Web 2.0大潮里，大数据的重要性史无前例地凸显出来。**数据并非是一蹴而就的产品，而是处在不断的生成和完善中。**网站通过与用户的不断互动，获得数据，加深对用户的理解，从而获得更深入、丰富的信息。

蒂姆·奥莱利举了谷歌搜索的例子，谷歌就是通过研究用户搜索数据而持续改善搜索的。例如，在搜索结果页面中，如果用户喜欢点击搜索结果中的第二条而不是第一条的话，显然是因为，他们认为第二条结果更好，于是谷歌就会把这条结果的位置往前移。

谷歌还区分了所谓的"长时点击（Long Clicks）"及"短时点击（Short Clicks）"，并对此做出过深入分析。短时点击是指，当一些人点击进入搜索结果后，很快就再次回到搜索结果页，这些人肯定没有找到自己所需的结果。而长时点击是指，用户点击进入页面后，就再也没有回到搜索结果页面，或者五分钟后才回来。两者传达出来的是完全不同的信号。

因此，**要研究如何在大量数据中去发现隐藏的意义。**

蒂姆·奥莱利因此对一些传统的软件公司大加抨击。在他看来，软件可不是像工艺品一样可以一次成型，而需要像谷歌一样，通过研究用户行为来持续改进算法。又如亚马逊，通过不停地监测用户生成的新内容——例如用户在搜索中屡屡输入一些新产品——来不断增加产品的种类。

软件的开发、应用模式都发生了根本性改变，需要用户参与，需要开发者的持续改进，这是大势所趋。**因此，要研究用户生成的内容**（即UGC，User Generate Content），这既包括人们在亚马逊上留下的评论，也包括人们使用谷歌留下的痕迹，人们会写评论，会敲入关键词，同时还会留下更加丰富的信息，比如地理位置，比如在一个页面停留的时长等。谷歌就聪明地利用了这点，他们曾经推出了"网页等级（Page Rank）"，即对一个网页的权重进行评分，这种评分重点不是基于对于网页内容的分析，而是基于对用户行为的分析，因为只有用户才能判别内容的好坏。

Web 3.0?

既然有Web 2.0，那会有Web 3.0吗？我把这个问题抛给了蒂姆·奥莱利。看来这个问题对他来说并不新鲜，但蒂姆·奥莱利还是再次澄清：所谓Web 2.0，不是一种全新的Web，事实上它还是原来的Web。之所以要树立Web 2.0，是希望Web能在互联网泡沫破灭后，再次回归。因此，如果真的会有Web 3.0，那么首先得有互联网泡沫的第二次破灭。

但假如真的有Web 3.0，那革命性的变化会体现在哪些方面呢？

蒂姆·奥莱利预测，如果真有Web 3.0，那么我们将会看到大量的智能化应用，Web将由传感器，而不是使用键盘的用户驱动。

比如今天，智能手机就在通过新的应用收集我们的数据，而我们对此浑然无知。蒂姆·奥莱利举了打车软件Uber的例子：手机能显示出我们所在的位置，然后还能判别附近也拿着手机的司机的位置，通过云端建立两者之间的联系，帮助我们方便地打到车。总之，传感器便利地帮我们实现了这一切。

更进一步，蒂姆·奥莱利提到了人机共生模式（Human Computer Symbiosis），并认为下一个应用革命就在于思考让人和计算机合为一体的创新方法。Uber打车软件就体现了这种理念。人机共生模式还有很多的范例，例如谷歌的自动驾驶汽车。这里的传感器，如摄像头，并不是单纯的记录工具，它能够借助图像处理算法，主动探寻，并从中提取有用的信息，最终带给驾驶极致的体验。

蒂姆·奥莱利人机共生的观点极大地激发了我的兴趣，我于是提出了一个大胆的问题：最终，会出现在人的大脑里植入芯片的情况吗？蒂姆·奥莱利当即表示支持，他认为，将来确实存在人脑和机器的直接交互。但他旋即认为这个观点肯定会遭到很多人的反对，因为即使到今天，不少人甚至都不接受手机。

全球脑

蒂姆·奥莱利笃信互联网让人和机器连接在一起，互联网会变得像这个星球的神经系统一样。他曾多次表述过全球脑的理论（可以参看本书凯文·凯利篇），于是，我很有兴趣地和他讨论起这个问题。

蒂姆·奥莱利认为，现在互联网某种程度上已经是全球脑了，他将人类的历史定义为不断改善合作方式的历史。

人类的发展就是这样一个历程：学会表达、学会在行动中合作、学会传递信息、学会书写；后来，人类开始能向不在场的人传递信息；再后来，人类有了大众传媒，能广播信息；进入今天这个时代，信息的洪流往返就更加畅通无阻。所以，当年日本仙台发生地震后，维基百科上的词条在显示了相关的动画内容后，开始解释地震是如何发生的，图片、文字描述，各种细节，无所不包。这是因为，有数千人参与了维基百科的编写。事实上，任何个体都不可能实现这样全景式的描述，全球脑的确不同寻常。

蒂姆·奥莱利认为，全球脑并非是互联网的产物，而是自古以来就有的（类似观点参看本书曼纽尔·卡斯特尔篇）。他举了一个20世纪50年代的例子，那时有一篇著名的文章，名叫《我，一支铅笔》，相当于是铅笔的自传。这篇文章这样写道："我（铅笔）是再简单不过的小东西，但是，这世上没有一个人知道怎么把我制造出来。所言不虚，想想吧，首先得采矿获取石墨，然后要砍伐木材。就是说，即使是制造很简单的东西，也涉及大量的分工合作。"

不过，互联网的出现确实加快了这一进程。全球脑虽然不可能演化出自我意识，但互联网确实让我们以不同的方式连为共同体，而这将赋予我们前所未有的能力，有助于我们思考正在发生的一切。

我们正在构建一个应用了集体智慧的引擎，并将它转换为人类全新的能力。

丹·吉尔默：
自媒体的兴起

"自媒体"概念由丹·吉尔默（Dan Gillmor）2004年的同名专著——《自媒体》而闻名世界。吉尔默在2001年到清华大学的演讲中把博客的概念介绍到了中国。互联网带来了开放、透明、去中心化和民主化的媒体环境，媒体不再被垄断，而是回归于民。草根媒体和公民记者颠覆了传统媒体，而个人的觉醒和权威的没落则是社会进步的源泉。

看到丹·吉尔默的第一眼，我就感到他显得略有些憔悴。我们的访谈在我入住酒店的房间里进行，条件真有些简陋，负责拍摄的一队人马和我们一起挤在一个小房间里，室内温度难免升高，空调因此会不时自动启动，冷不防地就要打断一下我们的拍摄。

不过丹·吉尔默没有特别在意这些干扰，他很投入地把自己的故事和观点娓娓道来，这也算是他所倡导的"草根媒体"精神的一个现实写照。

从外表看起来，丹·吉尔默确实有些沧桑，衣着也非常朴素。**作为一位媒体人，《圣何塞水星新闻报》的记者，互联网行业的守望者，他确实和这个行业同呼吸、共命运，共同经历了太多太多，包括21世纪初互联网泡沫破灭之痛。**

他说话的语速比较慢，时不时就要停顿下来，让你不好一下捕捉住他要表达的深意。但一旦要流露强烈的情绪，比如对华尔街的憎恶时，他语气和语调中透出的不满乃至痛恨顷刻就会扑面而来。

交谈中，丹·吉尔默虽然谈起了一些让人多少有些悲观的事情，诸如互联网泡沫时期的股市大崩盘，不过，丹·吉尔默始终向我强调，他是一个乐观主义者。我想起他在成为互联网守望者前曾经做过音乐家，出过几张不是特别流行的专辑，就打趣地问他，倘若当时能有互联网来推动宣传的话，当时作为音乐家的他会不会更成功。丹·吉尔默认为，如果互联网真的能帮到他，那么也一样能帮到其他坚持在音乐界发展的人，所以最终的结果只会使竞争更加激烈。

访谈完后，我搭上他的车在硅谷遛弯。丹·吉尔默开一辆丰田普锐斯，这种混合动力的车曾经在硅谷很流行，从经济适用的角度来看确实很省油，但更重要的是，它是一份绿色环保的"价值申明"，因此，一度颇得硅谷精英们的青睐。后来我忍不住问了丹·吉尔默一个问题，为什么他不买辆特斯拉呢？他很朴实地回答我，普锐斯有政府补贴，特斯拉太贵了。

泡沫总比没有创新好

虽说从20世纪90年代中期开始，丹·吉尔默就一直在守望互联网行业的发展，但他仍然谦虚地承认，互联网在不停地变化发展，有起有伏，如果把这些变化视为一场球赛，那我们不过还停留在上半场，无法确切知道互联网未来的走向，唯一可以确定的是，互联网确实给我们的工作和生活方式带来了极大的改变。

互联网虽然诞生在20世纪60年代，但真正面向普通网民却是20世纪90年代万维网和浏览器诞生后才有的事情，图形化操作的界面一下让上网的门槛大大降低，网民数量急剧增加，互联网商业化也随之而潮起。

1995年网景首次公开募股（IPO）的成功给整个互联网注入了一剂强心剂，推动互联网发展进入高速期。在丹·吉尔默看来，网景这样高速发展的公司确实开辟了一种新的潮流，远在弄明白如何盈利之前，就先迅速发展壮大起来。不求产品一步到位，而是在不停使用、不停完善。一旦发现人才，就尽可能迅速地聘用。当然从产品价值来讲，网景浏览器确实是一种使我们接入互联网的强有力的工具，网景改变了我们使用技术的方式。

丹·吉尔默认为，这样的情况总会出现。即便进入21世纪，经历了互联网泡沫，一些投资者，或者说至少华尔街一度对互联网迟疑过，但这样的事情还是会有。当然，今天的风险相对会小一些，因为现在不需要花费太多就可以开始创业。

而且丹·吉尔默并不认为这是互联网独有的泡沫，早在20世纪80年代的硅谷，就有人创办光驱公司，并号称拥有高于40%的市场份额。问题在于，这样的公司数以百计，一个市场里怎么可能有如此多占据40%以上份额的公司呢？这肯定是泡沫，而且泡沫注定要破灭。但总的说来，丹·吉尔默认为有泡沫总比没有任何创新要好。

失败是硅谷最伟大的财产之一

历经高速增长后，互联网在20世纪90年代后期走向了泡沫期。在丹·吉尔默看来，硅谷的泡沫里总包含贪婪、乐观、狂热，以及愚蠢、无知、疯狂等，当然，也包括创新。

丹·吉尔默举了Webvan作为典型的案例。这是曾经在美国非常著名的一个网上杂货零售商，但最终在2001年宣告破产。

Webvan由一群聪明人创办，并获得了巨资。在丹·吉尔默看来，Webvan从起步开始就太浪费。在大概1998年或者1999年的时候，丹·吉尔默在《圣何塞水星新闻报》上杜撰了一个名为"e-tattler"的公司，对Webvan加以暗讽。但当时许多人认为丹·吉尔默想得太多了，但事后证明，丹·吉尔默的判断是对的。

不过，丹·吉尔默没有把Webvan说得一无是处，至少它在网络上卖杂货的理念是对的，否则也不会有亚马逊的成功了。**丹·吉尔默认为，失败是硅谷的伟大资产之一，要敢于去尝试那些回头审视时显得愚蠢的事情。推动我们前行的，正**

是知识和我们过往的作为。

今天，我们从中国的创业案例里，也不难找到类似Webvan的例子。如果没有好的商业模式，而只是靠不停地融资来维持企业的经营，企业早晚会走向坍塌。当然，也要看到，那些失败的案例中，其实常常也包含着合理和闪光之处。

丹·吉尔默曾经参与创办两个企业，其中一个失败了，他也坦承失败不好玩，让人不开心，但从失败中也确实获得了很多经验教训。不过，如果是由泡沫破灭而造成的失败，在丹·吉尔默看来，就不健康了。

在20世纪90年代中期，普通大众在泡沫癫狂中购买资产，但其实他们是整个体系中对此了解最少的。一旦泡沫破灭，他们会失去财富、丢失工作，受到最多的损害。所有的风险都压在他们的身上。

华尔街、风险投资家和创业者

丹·吉尔默对华尔街有些恨铁不成钢的感觉，在他眼里，过去几十年中，华尔街变成了一个制造虚妄和从其他人手中攫取钱财的场所。他认为，华尔街应该成为让人尊敬的组织，但现在却不是，实际上，华尔街已经成为一个让人厌恶的地方。2008年经济危机之后更是如此，华尔街不但造成了麻烦，而且还对这些麻烦和问题推波助澜，好从中获益。

在硅谷的生态系统里，风投也是一个重要的部分。在丹·吉尔默看来，风投的行为虽然也不是那么让人尊重，但至少他们会担负起一定的风险。风投会计算自己承担的风险程度，他们知道自己的投资大多数会失败，只是期望自己所做的投资中有一个能大获成功，两三个还说得过去，其他的别太血本无归就好，这和银行不太一样。

在丹·吉尔默的眼中，技术世界最根本的理念与制胜之道在于创新，在于要给这个世界带来意义非凡的改变。因此，他尊重的是硅谷、纽约、北京或者世界各地那些在同样致力于创新的人。

边缘创新的草根媒体

在丹·吉尔默看来，互联网最好的版本是大量边缘式的创新。Web 2.0的精彩之处就在于，创新以浩大的声势推向边缘。

这是一种去中心化的表述，丹·吉尔默也很赞成去中心化。博客就是网络边缘的媒体创举的代表。

审视传统媒体的模式能帮助我们更好地理解这点。**传统媒体是一种典型的中心化运作方式。**这种方式以报社、杂志社或者出版社为中心创造内容，然后印刷或者出版，出版物通过陆运或者空运发送出去，最终送到读者手里。

但博客的运作方式就全然不同，一些人创造了内容，并把它放到网络上，读者通过网络来获取内容。何况博主可以在博客上和读者交流对话，这也是传统媒体做不到的。

2001年，丹·吉尔默在"清华阳光传媒论坛"上向中国推介了博客这一理念，这也成为之后中国博客热的导火索之一。

2004年，丹·吉尔默出版了《草根媒体》一书，这本书推动了各界对自媒体、草根媒体的关注。丹·吉尔默回忆道，这本书的灵感早从20世纪90年代就已经形成，他在博客里就此主题奋笔疾书，最后扩充为一本书。这本书的出版推动了各界对自媒体或草根媒体的关注。

在这本书里，丹·吉尔默阐述了许多媒体发生的深刻变化。

在草根媒体时代，我们不再只是媒体单纯的消费者，消费者和产品之间的纽带变得越来越模糊。我们正在以另外的方式使用媒体。我们可以从多种来源来形成自己的报道，而不必过于依赖于某一个媒体。我们也不再只是媒体单纯的听众或者读者，而能作为媒体的用户参与媒体的创造过程。即便只是作为消费者，我们仍旧能够依靠媒体做到更多。

如果说传统媒体因循的是工业化思维，那么这种中心化运作的模式会显得非常自大，容易疏远顾客。草根媒体则不然，它强调的是对话。**不过丹·吉尔默拒绝给草根媒体贴上一个"革命性"的标签，他认为"进化"在这里更为适用。**因为某些媒体还是值得以传统媒体的方式来运作的，**我们不能因为想要尝试新鲜，就把过去起作用的东西统统抛弃，媒体也是如此。**传统媒体和新媒体，尽管在某种程度上是竞争的，但在一些维度上是合作的。传统媒体和新媒体的融合不但是明智的，而且真的是个好主意。

在媒体生态系统中，新模式的出现会让整个生态系统更加健康，虽然这对一些在生态系统里已经存在的生命形态而言意味着麻烦。对于想获取信息的人来说，很明显，信息的来源更多了，选择更多了。事情本就应该如此。

想一想我们在20世纪80年代时都习惯在每天晚饭后半个小时守着《新闻联播》，而今天随手打开微信、微博信息就蜂拥而来的情景吧！

我们平时都认为，传统媒体的优势在于可信度高。但丹·吉尔默并不这样认为，如果传统媒体真那么好的话，今天我们就不会遇到这么多麻烦了。他认为怀疑精神是必需的，受众需要提出自己的问题，需要对自己相信什么、不相信什么做出判断。这就意味着，受众需要找到真正让他们相信的信息源。现在，媒体更以受众为中心。

2010年，丹·吉尔默出版了《主动媒介》，这本书可以视为《草根媒体》的后续之作。在这本新著中，丹·吉尔默认为，现在我们需要应对的新事物使我们应接不暇，所以我们无论作为内容的消费者还是创造者，都要更好地成为媒体的主动用户。

在新媒体的推动下，媒体从前的消费者变成了创造者，在丹·吉尔默看来，还会更进一步成为媒体的合作者。他举了Safecast的例子。在日本，福岛地震以后，人们不再相信电力公司，也不再相信政府，于是一些日本的活动家将相关项目归集到一起，并将之称为Safecast。他们将辐射探测仪发给大家，尤其是生活在日本东北部地区的人，然后把数据归集到一个中心网站，通过中心数据库和媒体发布辐射的情况。这就是一个充分体现了合作成为创造过程一部分的好例子，也诠释了何为"主动用户"。

新媒体其实并不新，从根本上说仍然是对人性的一种回归。

对于丹·吉尔默的这个观点，我们换一个角度去理解。其实旧媒体也没那么旧，广播电视业出现了不过百年时间，即便是古登堡发明了西方活字印刷术而掀起的媒体革命，到今天也不过才500余年，这比之人类漫长的历史，不过就是昨天才发生的事。

今天，当我们使用微信或者微博，我们作为内容的消费者也创造了内容，甚至参与到行动中去。这看似突破了广播电视报纸杂志单向传播的局限，其实回溯人类历史，这不过就是我们老祖宗早期在部落时代口口相传、添油加醋传播八卦的一个翻版而已。爱好八卦仍然是人的本性，社会媒体仍然是八卦，仍然是让匆匆过客看的看板。

不过现代媒体有一点是我们老祖宗的传播模式比不了的，那就是互联网创造了全球量级的平台，信息的传递实时、快捷、不再受时空限制，一个八卦的互动规模可以是来自全球的成千上万人，这可真让我们老祖宗望洋兴叹！

从"新闻消费者"到"主动用户"

正如丹·吉尔默所言，新媒体的兴起是全球性的。和丹·吉尔默论道倒使我想起新媒体在中国的几个实例来。

一个是"人肉搜索"。以曾经火热一时的"房姐"、"房哥"事件为例，"房姐"、"房哥"一旦引发网络关注，就会有网友源源不断地把他们的信息提供出来，这些信息非常细致，包括他们的身份证、买了多少套房、在哪里买、房子现在是个什么情况等，最后拼出来的信息图景详细得让人很吃惊。如此丰富的信息源提供大量细节信息，这恐怕是绝大多数传统媒体都难以企及的。这就是丹·吉尔默所说的，新媒体其实比传统媒体信息更可靠的原因之一。

另一个是微博打拐。网民给疑似被拐卖的儿童拍照，再通过微博扩大舆论影响，由此为解救被拐卖儿童提供了更多的机会。这个活动影响力非常大，因为我们不再只是简单看看有关被拐带儿童的新闻，而是可以通过微博"创造"这样的新闻，通过微博和更多的人合作来解救被拐带儿童。这就是丹·吉尔默所说的

"主动用户"的深意。在新媒体时代，受众不是简单的新闻消费者，而是成为生产者和合作者。

当然，最常见的例子是获取资讯，今天我们很多人已经习惯从微信、微博上来获取资讯，更习惯看自己朋友的分享，而不再紧盯着电视屏幕或者报纸、杂志。我们不仅从众多网友的分享中看到了自己同样关注的资讯，而且会通过新媒体获取不少在传统媒体上难以获取的资讯，我们还能就此加以补充，或者发表自己的看法，参与内容的创造。

克里斯·安德森：
抓住长尾

克里斯·安德森（Chris Anderson）提出了长尾理论。他在《连线》杂志担任了11年的主编，随后加盟3D Robotics（开源无人机制造商），专注利用3D打印技术制造新奇的硬件产品，这本身就是一种长尾精神。安德森的三部曲——《长尾理论》、《免费》、《创客》——其实贯穿着同一个主题：网络社会的兴起颠覆了传统的"二八法则"，少数寡头不再垄断一切，长尾上分布的小众个体聚合起来的力量一样很大。创客运动不过是长尾原则在硬件领域的体现，随着开源设计和3D打印的普及，制造新产品的门槛不断降低，任何人都可以当发明家。

和克里斯·安德森的会面是在加州伯克利市一个偏僻的工作车间里（稍后我们会交代，为什么选在伯克利进行访问），这里是克里斯创办的3D Robotics的一个分部。走进车间，满眼都是3D打印的模型和零件，他们正专注地利用3D打印技术制造新奇的硬件产品，比如遥控飞行器。据说现在在美国，非常流行用类似的飞行器来给自己拍照。

3D Robotics专注的领域很前卫，听起来还有些像科幻小说里的场景，但目前他们已经在全球范围内拥有了超过2.8万名客户，而且影响力还在逐步扩大。确实，如果从打印机里打出一架飞机，并且能使它真正飞起来的话，那的确是一件很酷、很吸引眼球的事情。

不过，克里斯·安德森早在创办3D Robotics之前就已经享誉全球。他曾在硅谷乃至全球互联网界都颇负盛名的《连线》杂志担任主编；2004年，他撰写的《长尾理论》问世，该书先是在《连线》杂志连载，之后又成为影响商业世界的畅销书。正是"长尾理论"的风靡让克里斯·安德森一下成为互联网时代的耀眼明星。

随后，克里斯·安德森又一口气出了两本书——《免费》和《创客》，对长尾理论做了更进一步的延伸，把长尾理论一下从虚拟的比特世界推进到了现实的原子世界，从新潮的互联网业一下切入进了传统的制造业。

时代的大潮不只是停留在克里斯·安德森大脑里的图景，于是他再也按捺不住，终于在2012年辞去《连线》杂志主编一职，全身心投入他和霍尔迪·穆尼奥斯（Jordi Muñoz）于2009年创办的3D Robotics，并成为其首席执行官。

这里顺带可提及，赫赫有名的TED（Technology Entertainment Design，英文单词科技、娱乐和设计的首字母缩写）当家人和克里斯·安德森同名同姓，以致克里斯·安德森去TED做演讲时，TED还专门在网页上提醒人们不要把这两位在科技界都非常有影响力的大人物混淆了——一个克里斯·安德森搭起了科技布道的舞台，另一个克里斯·安德森则站在这个舞台上把他的长尾理论推向了世界。

长尾理论

理解长尾理论，可以先从了解比较流行的"二八法则"入手。这两个概念其实都是统计的现象描述。

二八法则，即20%的人享有80%的财富，由19世纪意大利经济学家维弗雷多·帕累托（Vilfredo Pareto）归纳得出，在工业时代大行其道。比如说，因为在传统商场里，20%的畅销品就会产生80%的销售额，所以传统的商店会把大部分注意力集中在畅销品上。

如果说二八法则把注意力完全集中在统计中正态分布曲线的头部的话，那么长尾理论的注意力则转移到了那条长长的"尾巴"上，这就是长尾名称的由来。

亚马逊是长尾理论应用在现实中的典型例子。一些在浩如烟海的产品里埋没的滞销品，现在不仅有机会通过网络展示，还可以通过搜索引擎或者个性广告推荐而可能被喜欢他们的小众目标人群发现。再如谷歌，许多中小企业通过与自己业务相关，但比较生僻因此相对便宜的关键词广告投放，仍然给自己招徕了相当不错的生意。

互联网的兴起增强了这条"尾巴"重要性，随后，这条"尾巴"被克里斯·安德森敏锐地一把抓住，公之于世。

长尾的影响体现在方方面面，克里斯·安德森以传媒为例对此做了精辟的分析。

总的来说，传统媒体的传播模式是将一小部分内容传播给一大群人，传播内容是为所有人设计的，比如体育、幽默的事情等，浅显而雷同。原因在于，这些内容制作成本高，传播成本也高。

显然，我们不可能为每个人都打造一个信号塔或者印刷厂，况且那时的媒体资源也实在有限（比如说，频道有限，在有限的频道上还有更有限的黄金时段；版面有限，在有限的版面上还有更有限的黄金位置）。因此，这些成本高昂的内容不得不迎合大众的口味，以赢取尽可能多的受众，最后，我们只能和众人一样接受这些内容。

当进入互联网时代，情况就不同了。摄像机和智能手机的普及还让我们能便利地创造视频等内容，而且只要手里有一个手机，我们就可以彼此共享内容。事实上，社交媒体在为人们提供越来越多的工具，让人们可以更加便利地创造和分享个性化的内容。

除了可以继续通过观看电视、收听广播等方式接受大众也同样接受的内容外，在互联网时代，我们还可以自主创造和选择更适合自己的内容。虽然这样的内容未必能满足传统媒体黄金时段的大批观众，但它却不是没有价值的。例如，家庭生日聚会的视频，虽然在多数情况下不会吸引大量观众蜂拥观看，但对于这个家庭的成员来说，只要内容和他们相关，就值得观看和欣赏。

传统的货架上因为空间有限摆不了多少CD，消费者也无法从浩如烟海的实物中一下选中自己中意的CD，所以传统商店不遗余力地集中售卖热销品。但网络空间理论上足够大，足以让那些不知名的曲目都能有展示的空间，而且网络还可以通过搜索引擎对浏览历史的分析来为消费者推荐，让任何产品都有被消费者选到的机会。

克里斯·安德森做了澄清，他说长尾经济不是会让那些滞销的产品一鸣惊人、变得畅销，而是让真正有创造性的产品有机会遇到它的受众。长尾经济不是终结热门商品的营销模式，用他的话来说，营销将是"头尾"兼顾的，热门商品仍然会畅销，只是不会绝对地一统天下而已。

或者说，长尾理论本身体现的也是长尾精神，克里斯·安德森并不认为有了长尾理论就可以把"二八法则"塞进故纸堆，也即长尾倡导的是融合共生，而不是非此即彼，所以"长尾"完全可以和"巨头"共生，长尾理论也可以和"二八法则"共生。

我饶有兴趣地问克里斯·安德森，他是如何看蒂姆·奥莱利关于长尾背后的大怪物的剖析（见本书蒂姆·奥莱利篇）。克里斯·安德森承认，不少网络平台的成功确实因成功整合了长尾的事物而实现，但是这种平台未必能长远地存在下去。比如，在Facebook出现之前，Myspace就曾一统天下，而如今Facebook又以天价收购了Snapshot，这个看似名不见经传的公司。控制手机的操作系统也一再更迭，现在是安卓系统表现好，但安卓之后还会有新的系统出现。

这就是个循环，没人能控制住这个循环。**消费者向新产品转移的速度非常快，这就是互联网的无常性，长尾背后支配性的平台不会一直存在下去。永远会有新的公司诞生，也永远会有颠覆者出现，这就是时间轴上的长尾。**

分享经济的崛起

长尾的影响显然不是只在传媒中存在，而是深远地渗入社会和个人生活的方方面面。包括奥巴马，也曾经成功应用长尾策略在总统大选中胜出，成为美国历史上第一位黑人总统。

显然，生活中也处处存在长尾现象。例如，我们自己开车的时间是比较集中而有限的，大多数时候我们的车其实是处在闲置状态。我们买了CD、DVD，可真正能坐下来欣赏它们的时间屈指可数。

因此，**克里斯·安德森认为分享型经济必然崛起。**当现在的社会转向分享型社会时，我们就可以不再为拥有一辆车而花费高昂的成本，而只是在需要它的时候使用它。我们也不再需要购买CD、DVD，我们只是对它保有使用权就好了。

当然，分享经济能实现的另一个前提是，信息沟通的便捷。如果我们真要在某一个时刻用车，那这个时刻就应该有辆车在预定的地方等着我。这需要通过互联网把市场的供求双方结合起来，使供方提供足够的资源，实现求方在需要的时候使用，不需要的时候也不必拥有。

免费

互联网上有不少免费资源，这是因为基于比特的数字产品复制和传播的成本趋近于零，所以能超越商家和消费者之间非此即彼的零和游戏，而创造出新的商业模式。当然，克里斯·安德森是在另辟蹊径地延伸长尾理论来阐述免费这个理念。

他举了"愤怒的小鸟"的例子。大概只有5%试玩了"愤怒的小鸟"的用户从免费版升级到付费版，这真是一个让人略感沮丧的比例。但如果你想到用户的基数，就立刻会振奋起来，因为用户基数实在是太大了，即使只有5%的试玩用户为此付费，最终的收入也相当可观。

虽然另外95%的用户试玩了免费的版本，没有为此付费，但因为"愤怒的小鸟"是一个数字化的商品，而不是实物商品，所以"愤怒的小鸟"的运营者和开发商也没有增加多少成本。**免费的模式让更多用户体验产品，他们由此真正知道什么适合自己，从而没有为自己选择付款而感到遗憾。**在传统市场里不可行的模式，在数字化市场里就是一个好办法。

创客

制造业是传统工业时代的核心，这是关乎原子的事情，而互联网时代则似乎以比特为重。前面无论谈到"长尾理论"还是"免费"，都包含了一个暗示——这一切都发生在互联网的比特世界里。

20世纪90年代初，Web的兴起降低了人们上网的门槛，此后在不过约20年的时间里，全球有约27亿人从原子世界向网络世界大迁徙。但今天，互联网的发展又走到了另一个重要的关口，开始挣脱Web的限制，从线上延伸到线下，从虚拟经济渗透到实体经济，从IT行业影响到传统行业。

克里斯·安德森对此有很精辟的总结：Web已死，互联网永生。

《创客》的出版吹响了向原子世界进攻的号角，**克里斯·安德森成功地把长尾理论从比特世界推向了原子世界，而3D打印的出现则是完成这一跨越的关键。** 在克里斯·安德森看来，原子即是新的比特。现在，该是长尾理论深入原子世界的时候了。

传统制造业里，制造产品需要工人具有很复杂的技能。工人要打造模型，要把模型投入到生产里去，光是车上的一个小零件就需要具有丰富经验的技工在专业的机床上精心雕琢完成。这对普通大众来说，是难以攀越的障碍。

但3D打印出现以后就不同了。一切都仿佛只用点击按钮，就能实现：在电脑上通过软件设计产品；通过网络还可以和其他人一起合作设计产品；设计完毕，只需点击按钮，把它打印出来，不再需要其他特别的技能；最后，还可以找一些公司或者生产商把它生产出来。

克里斯·安德森特别提到，在中国有许多这样的生产商，他们在逐渐数字化，在逐渐适应网络。你可以自己打出一款原型，然后把设计文件传给这些生产商，然后想生产多少就有多少。你不需要飞到中国，不需要繁杂的来回沟通，甚至不需要多少钱，有张信用卡就行了。

如此一来，市场的准入门槛就大幅度降低了。在过去，人们想创造新产品，就需要赌一把，赌这个产品究竟会不会流行起来。人们要自己筹钱，找风险投资，生产样品，然后再将产品投入到市场上，看看自己的运气究竟如何。

现在，人们可以把自己的产品拿到Kickstarter这样的众筹网站去筹集资金（众筹作为互联网金融的一种模式，还可以顺带帮你赢得第一批客户，检验你的产品究竟有没有市场），通过数字化的桌面产品和云制造设计和生产，这样人们可以低成本而便利地用实物商品检验模型。当然，很多产品注定不会成功，成功的永远只是少数，但最重要的是，在它被批量生产之前，你就能以实物检验它究竟会不会成功，从而减少不必要的损失。

3D打印也要，Kickstarter也罢，创业的门槛被大幅度降低，人人都能成为发明家，人人都可以开工厂。过去以少数企业家为核心的金字塔式的商业结构，也开始呈现去中心化、扁平化的趋势，这就掀开了商业社会的全新篇章。

未来

互联网永远在进化，因此，我非常有兴趣知道互联网守望者都怎么看未来。我知道，**早些时候，克里斯·安德森特提出了"Web已死，互联网永生"的观点**。在他看来，今天互联网上的许多字节已经不属于Web，包括手机上的游戏、视频，也包括社交网站等。但也可以引申这个观点，互联网的范畴当然不止于Web，甚至不止于比特世界，如克里斯·安德森特正在发起的对原子世界的革命一样。

被问及互联网之后的下一个大事物时，克里斯·安德森特向我展示了一幅非常有想象力的愿景，他把制造业从3D打印飞行器又更向前推进了一步。**他认为，生物将是下一个主旋律，生物才是终极的工厂，很多人设想过21世纪是生物的世纪。**

今天，人们在这里从头开始研制新品种，合成DNA，合成RNA，以及打造塑料的3D打印机；明天，可能就是在讨论打造生物的3D技术了。虽然这可能会花费长一些的时间。

网络，长尾生长的沃土

长尾能够兴起，首先是因为有网络经济的肥沃土壤。

借用克里斯·安德森的例子，传统货架是没办法实现长尾的。因为传统的物理货架有成本，能展示的商品数量有限，能面向的客户数量有限——你无法想象成千上万个消费者围着同一个产品看的情景——同一个消费者能在不同商店、不同货架、不同商品间移步的时间也是有限的。

但网络经济降低了商品上架的成本，被展示的商品数量基本没有上限，同一个商品被来自全球成千上万的消费者同时访问也不是什么不可能的事情，更重要的是，消费者非但不需要花太多时间就可以在不同商品间自由切换，而且商品可以被消费者发现的方式也非常多样化——搜索引擎、导航、标签、智能推荐等都大大增加了商品曝光的机会。可以说，一个商品只要自身有卖点、有价值，就不愁找不到对它感兴趣的消费者。

这也才实现了去中心化。传统的商店会把热销品摆放在最显眼的位置热推，以此来实现商店大部分的销售量。但在网络中，展示的方式完全可以以消费者的兴趣关注点为中心。比如说，在每位消费者访问后，亚马逊会根据消费者的足迹来定制页面，从而将每个消费者更感兴趣的产品呈现在消费者眼前，而不再是以所谓的热销品为中心。此外，引导消费者发现自己真正要购买的商品也是通过每个页面的关联推荐来实现的，比如"买过这个商品的人也同时购买"等引导方式，而不是把促销信息一股脑全部塞进拥挤的首页。

类似这样的例子在网络时代随处可见。2007年，马克·潘（Mark Penn）在其著作《微趋势》中就揭示，许多看起来不起眼的小趋势，也将会对我们的社会形成意义非凡的影响。在汶川地震的时候，易宝公益圈募集了1850万元的善款，这些钱是由来自全球各地的网友几元、几十元捐出来的，虽然额度小，但因人人参与，所以同样意义非凡。

回顾克里斯·安德森的《长尾理论》、《免费》和《创客》，我们可以发现它们的内在逻辑是一脉相承的。网络经济推动了长尾的崛起，这让小众的产品也会有自己的市场，生存下去。而"免费"成为一种强有力的营销模式，原因在于，基于比特的信息经济复制成本趋近于零，这有别于基于原子的传统经济，因此完全可以通过"免费"来大大降低用户获取的门槛，从而赢得巨大关注度。最终，再小众的产品也能通过网络触及遍布在全球各地呈"碎片式"分布的用户群，赢得自己生存和发展的空间。而今天，伴随着3D打印机的发展，长尾精神已经挣脱Web的限制，从比特世界渗透到原子世界。

一切皆长尾！

陈世骏：
YouTube之父

聪明和运气能碰到一起实属罕见，YouTube联合创始人陈世骏（Steve Chen）似乎每一次都能中彩。先是在PayPal当工程师，后来到Facebook，但工作了没几个星期就辞职了。当时，他的老板说他会后悔一辈子，不想陈世骏出去创立了YouTube，YouTube在一年半之后便被谷歌以16.5亿美元收购。不过陈世骏不甘安逸，继续创业，成立了AVOS，一年多就完成了首轮融资。

采访陈世骏的时候，我跟他开玩笑说，交谈要不要用中文，他谦虚地说，如果用中文聊聊吃喝玩乐还行，但要应付如此正式的采访，实在是有点心有余而力不足。陈世骏于1978年出生于台北，早年就随父母移居美国，所以中文并不是特别流利。

今天的AVOS联合创始人仍然是陈世骏和查德·荷里（Chad Hurley），这对亲密合作伙伴从PayPal开始就是同事。查德·荷里是PayPal的第一位美工，他设计了PayPal的标识，之后又设计了YouTube的标识。他们俩和PayPal的同事贾维德·卡里姆（Jawed Karim）一起创立了鼎鼎大名的YouTube。

2006年，陈世骏才28岁时，就将YouTube以16.5亿美元的高价卖给了谷歌。

现在再次创业做AVOS，产品仍然有与视频相关的部分，而且办公室仍然是在加州圣马特奥市（San Mateo），只不过现在的办公室非常宽敞，有篮球、台球，还有涂鸦墙，大家甚至可以在闲暇时间打打篮球——这肯定不是YouTube起家时那套随时都能听到比萨饼店和日本菜馆吵吵嚷嚷声的喧闹公寓所能比的。他们现在看起来很从容，或者说很轻松、很享受，仓库般的办公室里充满了活力和激情。

看起来陈世骏很幸运，他自己也打趣说，实在应该多去买彩票，因为命运总能在重要关头垂青于他，让他中彩。虽然单从外表看，他的爆炸头的确会让不甚了解他的人觉得他多少有些玩世不恭，但实际上，他不单是很有才华，而且也是个非常努力勤奋的人。

成功之路步步高

陈世骏早年在伊利诺伊大学香槟分校就读，这是一所对互联网发展做出过决定性贡献的学校。

伊利诺伊大学香槟分校官网截至2014年8月公示的信息显示，该校已经有22位校友或教员荣获诺贝尔奖。在美国计算机和互联网发展史上，伊利诺伊大学香槟分校也举足轻重。

伊利诺伊大学香槟分校教授约翰·巴丁（John Bardeen）发明了晶体管，杰克·基尔比（Jack Kilby）首创了集成电路（IC），这都具有里程碑意义。而紧随英国的计算机科学家、同样被誉为"互联网之父"的蒂姆·伯纳斯—李发明万维网之后，伊利诺伊大学香槟分校的学生马克·安德森（Marc Andreessen）开发了互联网浏览器软件Mosaic。

Mosaic的诞生意味着人机交互发展跨出了一大步，可视化的浏览界面让普通网民可以毫不费力地访问互联网。马克·安德森后来和风险投资家吉姆·克拉克（Jim Clark）一起创立了网景，该公司在1995年上市，并创造了股市的奇迹。但浏览器崛起的深远意义并不简单是造就了股市神话，而是从此推动互联网面向全球普及，整个人类从此开始了一次从原子世界向比特世界的大迁徙，截至2013年年底，已经有约27亿人进入了比特世界。

陈世骏因为在伊利诺伊大学香槟分校就读，因此有机缘进入PayPal。当时PayPal的首席技术官同时也是联合创始人马克斯·莱文奇恩（Max Levchin）雇了两个来自伊利诺伊大学的工程师。他们当时正在到处招募工程师，而伊利诺伊大学是他们唯一认识工程师的地方，陈世骏于是就获得了面试的机会。之后，陈世骏在网上用ICQ和马克斯·莱文奇恩简单聊了一下，一个星期之后就加入了PayPal。

成立于1998年的PayPal发展可谓是一波三折，它经历过互联网的泡沫，也经历过上市，随后又被eBay收购。这让包括陈世骏在内的许多PayPal人明白，有什么想法，就要敢于大胆去尝试。

离开eBay，陈世骏去了Facebook，成为Facebook的初创员工之一。Facebook之后发展为全球最大的社交网络，用户在这个平台上和朋友分享自己创造的内容。从这个时候起，"用户生成内容"已经在陈世骏的心灵扎根。在Facebook待了不到几周，他就决定再次辞职创业。

在陈世骏辞职时，他在Facebook的老板对他说，这会是你这辈子最后悔的一件事。在某种意义上，他的老板是对的，之后Facebook成长为全球最大的社交网络，市值过千亿美元。只是他没有想到，陈世骏竟然也开辟了自己更为成功的人生。

YouTube超乎想象的发展

2005年时，陈世骏和查德·荷里的灵感冒了出来。

当时数码相机、数码摄像机已经普及，查德·荷里拍了一些视频，很想和他的家人及陈世骏分享。很快，他们意识到，很多人和他们一样，有很多视频需要和朋友分享。两个富有想象力的人甚至展望到不远的未来，手机会越来越高端，可以拍视频，这样可以大大增加视频的来源。

现在的问题是，真的得有一个网络平台来提供这项服务了。

2005年2月，陈世骏和他的伙伴们注册了youtube.com这个域名。YouTube其实是由两个词加起来的：You和Tube。Tube的本意是管子，也延伸指电视，因为老式的电视都有一个"显像管"。这两个词加在一起喻示了几个含义：首先，它跟视频相关；其次，视频无论是从内容制造还是从分享渠道上来看，都已经不再只是电视台等精英媒体的专属权利，而被攥在了个人的手里，这也把刚刚兴起的"用户生成内容"推向了一个高峰。

所以早期YouTube的口号是"播出你自己（Broadcast Yourself）"。查德·荷里最先想到了这个口号，陈世骏认为这真是一个非常棒的口号，用两个英文单词就抓住了YouTube的本质。

诚然，技术手段的成熟已经让视频的拍摄和转码成为可能，但人们更关注的是视频的内容。播出你自己，"播出"是说，你自己成为自己的播出者；而你自己有两个含义：或者你自己是视频的拍摄者，或者你就站在镜头那端，成为视频的主角。

YouTube很快流行起来，这一点都不令人奇怪，人们确实有这个需求，而且这个需求已经被压抑了很久。陈世骏观察了网友们分享的视频，发现很多第一次在YouTube注册上传视频的网友，分享的并不是近一天甚至近一个星期的视频，而是过去三五年的视频。这些视频已经在他们的计算机里安静地待了三五年了，他们过去根本没有办法给自己的亲人、朋友分享视频，最后终于在YouTube这个渠道上实现了自己的愿望。

在陈世骏看来，YouTube的诞生恰逢其时。得益于网络的兴起，用户创造内容、分享内容的时代已经来临，网民已经不再只是信息的消费者，更是信息的生产者。博客、Twitter或者说微博等就是"用户生成内容"典型的代表，而YouTube也紧跟或者在视频领域引领了这个趋势。

要知道，视频的表现力以及随之带来的影响力，要远比图片和文字来得大得多，从根本上讲，人就是视觉的动物，而视频最富视觉表现力。1991年，非裔美国人罗德尼·金（Rodney King）被四名白人警察用警棍制服，就是被一名摄影爱好者乔治·好莱迪（George Holliday）录下了整个过程。后来，乔治·好莱迪还把它交给了电视台，使之传播开来。最后，这段视频成为洛杉矶暴动发生的直接主因之一。

陈世骏和查德·荷里刚刚创立YouTube时的构想是，YouTube的作用在于把类似孩子生日视频的东西分享给孩子的爷爷奶奶、表兄表妹，但很快，他们就发现事情的发展超乎他们的想象。YouTube很快演变为人人上传、人人分享，YouTube面向的对象也绝非是简单的亲戚或者熟人关系，而是整个世界。和他们预计的一段生日视频被亲戚们点击观看10次的情况大为不同，许多视频的观看次数达到了10万、100万乃至1亿，如2012年著名的《江南Style》，点击次数居然超过8亿，我们在本书中将提到的萨尔曼·可汗（Salman Khan），也是通过YouTube奠定可汗学院（Khan Academy）影响力的基础的，这真是让人惊叹的传播力。

YouTube的影响当然不止在娱乐圈，甚至美国总统大选也曾创造性地利用了YouTube的影响力。再如在美国新奥尔良卡特里娜飓风来袭时，YouTube比任何一家电视台都更快地播出了当地的情况，经历灾害的网民也更真实和全面地反映了飓风对他们生活的影响。可以说，YouTube已经深刻地影响了一个时代。

与谷歌的完美联姻

2006年，YouTube被以16.5亿美元的价格卖给了谷歌。也许等到上市的那天，它的市值可能远远不止16.5亿美元。

但陈世骏对此并不感到后悔。他的团队已经被YouTube的高速发展折磨得筋疲力尽，周六周日都在工作，甚至工作到凌晨两三点。一旦这个巨大的视频服务平台在半夜出了点什么问题，就要有三四名员工被从梦中叫醒。在收购发生三个月之后，在对YouTube65名员工所进行的调研中，64名员工认为陈世骏做了正确的决定，即便他们看到了YouTube能有更大的发展。

谷歌也为YouTube带来了很多他们缺乏的资源。早在2006年被收购之前，陈世骏和他的伙伴们就看到了移动互联网的广阔前景，但他们缺少经验、团队和资源去开发移动产品。他们也意识到国际化的重要性、视频内容本土化的重要性，但当时的YouTube缺少翻译、缺少把内容本土化的资源。YouTube发展迅猛，建立更多数据中心就需要更多的人员和机器，需要更多的资金。而最终，YouTube通过和谷歌的联姻得到了这一切。

谷歌给YouTube提供了需要的资源。在和谷歌联姻后，谷歌就为YouTube配备了移动团队来开发新产品，也配备了帮助把内容本土化的团队。此外，谷歌的技术更加过硬，比如谷歌有四个数据中心，存储的地方各不相同，这样就能保障用户的视频不易丢失。这些支持都让陈世骏和他的团队能够更加专注于自己擅长的事情。

人生总要"发癫"一回

进入谷歌没有让陈世骏闲下来，相反，由于获得了谷歌资源的支持，YouTube比原来发展得更快，陈世骏也比原来更忙了。

2007年，YouTube和CNN（Cable News Network，美国有线电视新闻网）一起为总统选举、民主党辩论举办了一场具有实验性质的活动。该活动由用户录制对总统候选人们进行提问的视频来实现。YouTube的用户会将这些提问视频通过YouTube上传，最后由YouTube选出一些视频来。这项活动非常有意义，参与者有机会向总统候选人声色并茂地提问，总统候选人也可以有机会见到大量真实选民对他们提出的意见和建议。

陈世骏有机会见到了奥巴马、希拉里·克林顿和其他一些候选人。他喝了很多酒，又几乎三天没睡觉，最后在回旧金山的航班上突发癫痫。他当时失去知觉，醒来就在急救室了。医生说这是由缺乏睡眠触发的，身体对于癫痫的承受力随着他完全没有睡眠而逐渐消耗殆尽。不过，更深层次的原因应该是，他有了脑瘤。

这段时间让陈世骏感到可怕，他开始重新思考生活的状态。人不会长生不老，倘若真有什么不测的话，自己会希望自己今天抓紧做点什么？明天再做点什么呢？

　　幸运的是，陈世骏的癫痫能够通过手术治疗，癌细胞在大脑的位置是可以开刀的，通过手术能够减缓癫痫发作的风险。经历一场脑部手术确实不是什么轻松的事情，但是所有这些艰难挑战之中的一线曙光让陈世骏明白了，自己需要对在PayPal、在YouTube的经历，对自己的家人保持感恩。

　　陈世骏坦陈，如果没有突发癫痫、没有动手术，可能他还会在YouTube工作，现在还会是在谷歌。从某种程度上来说，他很高兴自己患上癫痫，能够有这样一段经历，然后能从中走出来，再去开创一片新的事业。

　　人生总要"发癫"一回，陈世骏打趣地对我说。

　　由此，陈世骏对成功、对人生的很多看法都发生了转变。在刚刚创立YouTube的时候，成功对于陈世骏而言就是有很多钱。但在经历如此之多的事情，尤其在经历过生死磨难后，陈世骏发现成功的意义要丰富得多。它就像是你往空中掷硬币，来判定一个你特别希望它奏效的想法。没有什么会比去冒险、去投入精力、去投入你夜晚和周末的时间去做这件事更令人满意的了。如果事情真的做成了，特别是取得了YouTube这个级别的成功，就能获得玩任何电子游戏都不可能带来的感受。

　　陈世骏意识到了这点，查德·荷里也意识到了这点，他们就又一起交流，决定再来一次。于是，陈世骏和查德·荷里再度携手，创立了AVOS。

为什么YouTube能迅速成功？

　　YouTube成立才一年半，只有65名员工时，就以16.5亿美元的高价卖给了谷歌，为什么YouTube能如此迅速地成功呢？

　　从根本来说，这首先在于，人是视觉的动物，人获取信息的主要渠道就是视觉。而在视觉表现中，视频更逼真，更具有表现力和影响力。只要对大片和电影、电视明星在我们社会生活中的巨大影响稍加关注，就很容易理解这点。

　　从时代背景来看，YouTube喊出了"播出你自己"的口号，其实就是在关注互联网发展过程中个体的崛起。每个人都是生活的主角，都可以成为生活的导演。而得益于自媒体的兴起，人的创造性得到前所未有的释放，大家都跃跃欲试。

数码摄像机的普及，尤其之后手机的普及，也让视频制作的门槛大幅度降低。据市场研究公司ABI Research（ABI研究公司）的报告，仅仅2012年，平板电脑和智能手机摄像头的总出货量就超过10亿，而且该数字到2018年预计可以达到27亿。这就意味着，过去掌握在专业摄影师手里的摄像机，如今已经成为大众随身携带的寻常配置，视频的来源和形式大大丰富。

从传播技术的角度来说，宽带的发展使视频更容易传播。视频的数据量是非常大的，常规的电影1秒是24帧画面，现在的网络摄像头达到每秒30帧甚至60帧的比比皆是。在网络上观看类似《指环王》的清晰影视作品所占用的宽带资源，是浏览同样主题的电子书籍的成百上千倍。2010年，美国联邦通信委员会（FCC）修改了带宽速度的定义，将200Kbps的下行速度提升至4Mbps，而且还在考虑将其提升到10Mbps。这都为网络视频的发展打开了方便大门。

迈克·莫汉：
平行世界造物主

对于"魔兽世界"的游戏迷来说，来到暴雪娱乐公司洛杉矶总部近乎朝圣，而见到暴雪娱乐公司创始人和首席执行官迈克·莫汉（Mike Morhaime）则算是见到了"造物主"。游戏的伟大其实不仅在于技术，还在于能够创造出一个完全自洽的并行宇宙和可能世界，带给人们史诗般的娱乐体验。暴雪娱乐公司的办公室本身就像一个奇幻世界，每个角落都充满了想象力和好奇心。

去暴雪娱乐公司的路上，同行的好几个年轻人都显得很兴奋，感觉好像是虔诚的信徒要去朝圣一样。这样的心情非常可以理解，他们都是玩"魔兽世界"成长起来的一代人，现在要到"魔兽世界"的"故乡"探索炫目奇幻游戏背后的故事，**见到游戏世界的"造物主"迈克·莫汉，其心情真不亚于唐三藏到西天见到了如来佛祖。**

暴雪娱乐公司的总部位于加州洛杉矶一个很大的园区里。园区用高高的围墙围起来，仿佛是一个与世隔绝的世外桃源。车刚开进园区，立刻就像穿梭过时空隧道，进入暴雪娱乐公司的奇幻世界。那些昔日只在电脑屏幕上活跃的形象，现在立刻就矗立在你眼前，栩栩如生，如梦如幻，让人一时产生了"庄周梦蝶"的感觉——究竟是我在游戏暴雪，还是暴雪在游戏我？

这样的风格一直延续到暴雪娱乐公司的办公区，在这里，这种风格的呈现方式更加多样化了。"魔兽世界"、"星际争霸"、"暗黑破坏神"……经典游戏形象在空间里交错组合，勾勒出一幅宏大的奇幻图景，让人眼花缭乱。**架子上则排满了暴雪娱乐公司出品游戏的各国经典版本，当然也包括中文版，强大的阵容昭示着：经典游戏有如艺术一样，是世人的共同追求，可以跨越国界，不拘语言。**

游戏的精神被渗入暴雪娱乐公司办公区的各个细节。门禁是如科幻电影里太空船一般的造型。员工获得的荣誉或纪念也以游戏里的装备体现，比如，在暴雪娱乐公司工作满5年就可以获得一面盾，满10年就可以获得一把剑（易宝支付的员工激励方式与此有异曲同工之妙，在易宝支付工作满7年的员工也可以获得一块纯金的金币）。**我留意到一块屏幕，上面用不同颜色实时标示全球"魔兽世界"玩家在线的统计情况，稍微瞄一眼轻易就可以发现中国真是"重灾区"，这里是显眼的一片红。**

迈克·莫汉是暴雪娱乐公司的总裁和联合创始人，自打1991年暴雪娱乐公司创立起就在此奋力耕耘。他亮相时，穿着一件别致的衬衫，衬衫仍然是以游戏人物为主题设计的。他是典型的工程师风格，不太善于言辞，但这并不妨碍他成为一个传奇人物。他联合创立和经营了暴雪娱乐公司，开发出如**"魔兽世界"、"星际迷航"、"暗黑破坏神"**这样风靡全球、经久不衰的游戏。

暴雪娱乐公司的文化就是典型的工程师文化。从气质上来看，工程师多少都有些不食人间烟火，不过仍然可以被区分为身怀绝技的"极客"和呆板的"书呆子"。**暴雪娱乐公司的显然是极客文化，这里的工程师非但热爱游戏，而且往往能把心理学、社会学、人类学、经济学等融入到游戏中，为用户带来宏大史诗般的体验！**

从电气工程师到游戏创业者

迈克·莫汉和他的两位合伙人早年就读于加州大学洛杉矶分校。迈克·莫汉自称，他当时非常想了解世界是怎么运转的，总以为学会了电气工程就能明白所有一切的来龙去脉，所以想成为电气工程师。

这显然是工业时代留给那个时代人的一种印迹——电似乎无所不在，无所不能，就如今天的我们持着同样的心理来理解互联网一样。只是在迈克·莫汉读大学时，互联网还压根没有普及。

他的另外两位合伙人艾伦·阿德汗（Allen Adham）和弗莱克·皮尔斯（Frank Pearce）学的则是计算机科学与工程。还在学校时，迈克·莫汉就和艾伦·阿德汗成了好朋友。20世纪90年代初期毕业后，艾伦·阿德汗成立了一家游戏公司，把迈克·莫汉拉入伙。

起初，迈克·莫汉表示很犹豫，这有违他成为电气工程师的梦想，而且最重要的是，他对游戏开发压根一窍不通。但弗莱克·皮尔斯鼓励他，研发游戏又不是研发火箭，根本不是什么难事。聪明的人凑在一起想办法，就可以解决所有的问题。

最终，三个人走到了一起，共同创业。在1991年，三人创立了名为"硅与神经键"的公司。创业初期大家都倾囊投入，大有破釜沉舟的决心。艾伦从父母那里得到一份毕业礼物，于是就把这笔钱全部投进了公司。而迈克·莫汉则从祖母那里借了1.5万美元，并将其中的1万美元投进公司里，将另外5000美元存进银行。硅与神经键公司就依靠这点家当熬了两年。

20世纪90年代初期，游戏还很小众，那时超级任天堂刚要在美国市场亮相。做游戏似乎不需要什么大投入，只要两个程序员、几个设计师，再配上一个音效师，便能在几个月内研制开发出一个游戏。三个人组成的小团队就从大型的出品公司那里接一些项目，帮助他们把游戏从一个平台转换到另一个平台上去。

通过这些工作，迈克·莫汉和他的伙伴们逐渐明白了游戏公司研发游戏的方法，以及如何设计代码、掌管项目，为自己后来做游戏打下了坚实的基础。他们也从《指环王》、《星际迷航》、《星球大战》、《异形》等魔幻类小说、电影以及游戏中不断汲取营养，这为后来暴雪娱乐公司的崛起打下了坚实的基础。

为什么"魔兽世界"在中国如此成功？

1994年，迈克·莫汉从字典里发现"blizzard（暴雪）"这个单词，并将公司命名为暴雪。到今天，暴雪娱乐公司为全球游戏用户奉献了许多经典巨作，而这其中不能不提到的就是"魔兽世界"。到2013年年底，"魔兽世界"的全球付费玩家数量为780万。这款游戏进入中国已经10年，并在这10年中取得了极大的成功。

在迈克·莫汉看来，"魔兽世界"有很多元素使其在全球都具有吸引力。

在"魔兽世界"之前，暴雪娱乐公司的团队已经花了很多年研发"魔兽争霸"这样的即时战略游戏，这就为"魔兽世界"的研发积累了宝贵的经验。暴雪娱乐公司拥有非常优秀的设计师团队，他们有热情，对游戏有热情、对角色有热情，明白暴雪娱乐公司的与众不同，这样他们才最终创造出了不起的角色，以及一个让玩家可以无尽探索的奇幻空间。

暴雪娱乐公司的核心理念之一，就是游戏性第一。游戏一定要有乐趣，玩家坐在电脑前时，能真正领会到自己的投入所得到的回报是什么，这非常重要。所以暴雪娱乐公司的团队花费了很多时间一再更新设计，然后逐步开放。先在公司内部开放，然后才是公司外部，一步一步地看哪些细节会让人迷惑，哪些路径压根走不通，哪里看起来还不够完善，之后再一次又一次地修正。最后，当向公众开放时，暴雪娱乐公司带给玩家的就是一个非常有趣、直观感受十分完善的游戏体验。这才能有"魔兽世界"的辉煌。

"魔兽世界"在设计中还始终坚持一项原则，即游戏学起来非常容易，入门很快，但是要达到精通则有相当的难度。这样使那些没有类似题材游戏经验的人也非常容易上手，而他们一旦上手，就会被深深吸引，因为要在"魔兽世界"里出人头地是比较有挑战的。

当然，社会化也是一个重要的因素。在"魔兽世界"，玩家并非是孤独地面对机器冷冰冰的反应，这里有很好的社会化体验，有很多团队在合作。多数玩家都加入了公会，在游戏中结交朋友，最后发展成定期在游戏中见面。尤其意义非凡的是，许多年以后，当来自不同城市，甚至不同国家的人走到一起，会发现他们都拥有共同的"魔兽世界"的经历，他们可能因而彼此结缘，成为朋友。

不过，迈克·莫汉还是承认中国市场的独特性。"魔兽世界"在中国采用了一个独特的商业模式，即玩家可以预先购买游戏时间，并按照实际使用时间付费。在这样的模式下，玩家购买的是时长，而不是时段。玩家可以在一个星期内玩很长时间，然后在下星期略作休息，再下个星期又接着玩。而在全球其他地区，玩家购买的则是时段，玩家会在比如30天之后失去游戏权限，直到他购买了新的时段。这种灵活的本地化策略也促使"魔兽世界"在中国取得成功。

创造宏大史诗般的体验

迈克·莫汉聊起了暴雪娱乐公司的使命，即致力于创造史上最宏大的史诗般的娱乐体验。他说，对于暴雪娱乐公司而言，这就意味着要一直努力保持领先地位，挑战极限，创造出能引起人们共鸣的娱乐活动，创造出新的体验方式。迈克·莫汉认为，娱乐最强大的一个好处就是可以创造出一种彼此共享的方式，这也是网游为什么如此吸引人的原因。

玩游戏的不少是孩子，而且在成长的过程中，很多聪明的小孩游戏玩得都非常出色。常见的反对声音认为，孩子之所以花很长时间待在电脑前，是因为他们厌恶社交，不想跟朋友一起玩。迈克·莫汉认为不然，实际上正好相反，为了保持社交，为了和朋友们联系，所以需要利用互联网游戏，这种情况逐渐成为一种主流。尽管玩游戏时，人们是身处一个幻想的世界里，但每个角色之后都是真实的玩家。

最让迈克·莫汉感动的是，他曾经收到一封信，来信者说他是一个有焦虑症的人，外出或和人打交道都会感到焦虑和忧心，所以不得不在大多数时间里待在家中，不外出参加派对，当然也不会有太多的朋友。后来，他开始在家里玩"魔兽世界"。起初，他在这里与人交往仍然会感到紧张，所以就自己一个人玩，但后来情况变了，他参加了一个公会，然后向公会里的一些人吐露了自己的这个秘密，最后，他和公会里的人的交往变得越来越自在，他开始和他们聊天、交朋友。

迈克·莫汉对"魔兽世界"能给玩家带来如此大的改变很满意，这是在表扬"魔兽世界"把类似这样的人从封闭的自我小世界里拉了出来，并最终融入更大的群体。无论玩家身在何处，网络让玩家可以通过游戏拥有共同的经历。现在，暴雪娱乐公司每年都会举办一次暴雪嘉年华的盛会，全球每年都会有数万人来到加州阿纳海姆市参会。对于很多玩家来说，第一次见到网上的朋友意义非凡。

游戏并不简单是娱乐，迈克·莫汉认为，游戏首先是很多人学习电脑技术的催化剂。有一台运行得非常良好的电脑，超快的上网速度，再通过游戏，一个新手轻易就可以明白电脑所带来的好处，保持和世界的沟通。

此外，游戏还能培养一种以目标为导向的心态。游戏为玩家设定了任务，如果玩家完成了这些任务，达到目标，就总会有些开心的事情发生。而为了玩好游戏，达成这些目标，玩家就需要列出计划，思考怎么完成任务，还需要学习一些特定的技能。为了完成游戏目标而学习、研究，这些套路完全是可以应用到现实中的。

游戏同样可以锻炼团队合作，锻炼领导力。迈克·莫汉津津乐道地说，玩家们已经开始把自己在"魔兽世界"中领导团队的经历写在简历上了。在美国，一些大公司开始承认，在"魔兽世界"中发挥的领导力可以被应用到工作中，可以帮助玩家成为更好的领导者。因为在"魔兽世界"里，成功的公会会有一种领导体系，玩家有机会通过带领一个团队的方式来锻炼领导技巧，可能是安排行程表，也可能是设立规则。大多数公会都会有自己的网站，利用网络技术区组织和领导团队。

当然，迈克·莫汉也坦陈，玩游戏同样要注意节制，所有事情都过犹不及，用他的话说，喝太多的水也会要命，所以，正如不能整日整夜看电视一样，当然也不能整日整夜玩游戏。

平行于现实的世界

我也蛮喜欢玩游戏的，在我看来，游戏不仅仅带给了我们娱乐，更重要的是，游戏能让我们超越现实、反叛现实。

斯坦福大学心理学家菲利普·津巴度（Philip Zimbardo）在《男性的没落》（*The Demise of Guys*）中曾提到：大量研究表明，游戏和网络色情的泛滥，已经影响了网络中成长的一代男人人格的健康形成。这其中的结论虽不无道理，然而纵观物种进化的历史，游戏是个奢侈品而远非普遍存在的现象。

从进化的角度来看，低等动物是无法分辨现实世界与虚拟世界的，也不存在游戏行为，低等动物基本所有的精力和时间都用于条件反射式地应对环境。

相对高等的动物，在幼年期可以获得父母一段时期的呵护，而不是从生下来就要靠自己。因此才有可能暂时与现实世界的压力隔绝，拥有超越现实的游戏行为。比如鸟类和哺乳动物，从幼年开始就有游戏行为。再如小狮子、小豹子，它们幼时就有游戏行为，而且从游戏中逐渐开始学会捕猎。

游戏化的生物基础是我们人的大脑里都有的一个反馈系统。例如很多人喜欢吃甜食，这是因为甜食里往往有糖分，而糖分是人体的必需品，所以在进化的过程中，会进化出人对甜的味觉和偏好。在这个反馈系统作用下，人吃甜食，就是对自己的一个小小报偿。同样，人之所以喜欢游戏，是因为游戏触动了我们大脑里的反馈系统，如果能把这种机能结合到教育中，结合到工作中，将会有意想不到的效果。

但游戏的意义绝不仅限于此，人类的生存就是要超越现实，这才让人类成为唯一拥有文明和历史的生灵。人类拥有梦想，可以想象出替代现实（Alternative Reality），所有伟大的艺术都在于创造和想象出一个平行自洽的宇宙，超越和替代现实。人类是充满梦想和好奇心的动物，我们想象出来彼岸的奇幻世界，才能使得此岸的现实世界有意义。

人类的文明起始于无用的游戏而非有用的工具，当人类开始在实用的工具上雕饰无用的花纹，当人类沉醉于无用的艺术和游戏，文明才开始萌芽崛起。也可以说文明来自玩性的闪光。用马斯洛的需求理论来审视，这不是关乎我们生存的基本欲求，而是关乎人之为人的自我实现。如果没有超越现实的动力和能力，人类就只能如动物一般日复一日、年复一年地单调重复自己的行为。

　　畅想未来的游戏，也许会像《黑客帝国》一样，让我们完全沉浸在虚拟的平行世界里。也可实现芯片植入人的大脑，人机结合。甚至不排除举办游戏奥运会的可能。游戏在我们社会生活中将继续扮演重要角色，因为我们越来越需要想象，需要创造力，去塑造远不同于现在的未来。

马克·格兰诺维特：
弱连接的强力量

马克·格兰诺维特（Mark Granovetter）在20世纪70年代便观察到：很多人的新工作都是通过半生不熟的朋友找到的。在社交网络中，强关系往往把我们束缚在同一类人的小圈子中，弱关系反而开阔了我们的视野，带来了全新的机会；强社交关系造成了我们的隔阂和分化，弱关系才有可能把世界联通在一起。翻译成中文就是：讲兄弟义气只能帮派林立，君子之交淡如水才能天下和谐。而互联网的发展自然更放大了弱关系力量。

读过马尔科姆·格拉德威尔《引爆点》一书的同学，一定记得其中格兰诺维特对流行事物中引爆临界点的深入研究和生动的例子。此外，格兰诺维特对经济社会学也作出了巨大的贡献，卡尔·波兰尼认为资本主义的市场经济能够从社会中"脱嵌"出来，是独立个体理性经济人的契约行为，而格兰诺维特则坚持经济行为永远无法完全摆脱对社会关系的"嵌入性"——我们的社会关系决定了经济行为。

1973年，刚入而立之年的马克·格兰诺维特发表了一篇题为《弱连接的力量》的论文。在这篇篇幅不大的论文里，马克·格兰诺维特揭示了这样一个有趣的现象：在现实里，能给予我们工作机会或者其他有用信息的，常常不是我们的亲人、密友、同事等这样的强连接，反而会是一些与我们交往并不密切、在人际关系圈边缘徘徊的弱连接。

这篇论文最早的标题其实是《重新思考社会异化》，但由于投稿被拒，马克·格兰诺维特不得不把论文名改为《弱连接的力量》，这才在《美国社会学期刊》上发表出来。

没想到论文问世后备受关注，也奠定了马克·格兰诺维特在社交网络理论界的地位。今天，历史的篇章已经翻过去了40余年，但这篇论文仍然经久不衰。**谷歌学术的数据显示，截至2014年8月，《弱连接的力量》被引用的次数已经超过了2.8万次。**

一篇学术论文要取得如此大的影响其实并不容易，马克·格兰诺维特的理论备受关注的核心原因在于，他早在互联网高速崛起、社交网站兴盛之前，就对社交网络的核心要旨做了精辟的阐述，该项阐述成为之后建设如LinkedIn等社交网站的理论指导。社交网站成为全球热门直接推动了各方对马克·格兰诺维特理论的关注。因此，这篇论文在问世后40多年的21世纪再次迎来了第二春，论文的大多数引用都是在社交网站兴盛后才发生的。

马克·格兰诺维特因切中了这个时代的脉搏而建树颇丰。1985年，马克·格兰诺维特发表论文《经济行动与社会结构：嵌入性问题》，提出了"新经济社会学"的概念，并成为这一领域的领军人物。之后，他对创造时尚潮流的研究也颇有建树，他的理论得到马尔科姆·格拉德威尔的通俗化解读，后者因而写成了畅销书《引爆点》，即思想、行为、信息或产品一旦达到临界值并爆发，就会引发大规模流行风暴。

马克·格兰诺维特不是一位书斋里的封闭学者，他保持着对社会趋势敏锐的洞察，守望着这个时代，并从思想上深刻影响这个时代的进程。不过，在2013年11月我去斯坦福大学拜访他时，马克·格兰诺维特仍然是坐在堆满了书的办公室里。但这里充满了生气，每当聊起弱连接理论及该理论对这个时代的影响时，马克·格兰诺维特就立刻在白板上给我勾画起弱连接的示意图来，他神采奕奕，仿佛正在为这个时代画一张速写。当他用细长的线条把那些示意的网络连接起来时，仿佛就是用弱连接为我们打开了一扇门，推开了一扇窗，让我们从自己的世界里走出来，迈入一个更大、更新的世界。

强连接与弱连接

马克·格兰诺维特认为，当人需要精神支持、需要爱、需要有人亲近时，强连接会更重要。道理很简单，与我们有强连接的人，无论是亲人还是密友，往往和我们有很多的共同点，他们认识的人常常是我们也认识的，他们掌握的信息也常常是我们也掌握了的。总之，**我们与那些同我们有强连接的人组成了"亲近网络"，彼此的资源常常具有很大的重叠性。**

但那些与我们虽然相识，却只有泛泛之交的人，就常常和我们熟识的朋友大不相同。由于和我们来自不同的圈子，他们常常能为我们提供我们没有的信息或者想法。**这些泛泛之交就是所谓的"弱连接"，大了讲，他们可以帮助我们了解不同圈子的信息，开阔眼界和思路；实际了讲，他们可以给我们提供我们不知道的信息，比如工作机会。**

我们也可以如此来解读：

强连接关乎being，即关乎自我的存在。和我们关系密切的亲友是我们的精神支持、情感支持，也是我们的回音壁。他们让我们能意识到自己的存在，感觉自己更是自己。

弱连接关乎becoming，即关乎我们的成长和发展，促使我们去成为我们现在所不是的我，获得新的社会关系、新的知识、新的工作机会和其他新的可能。

灵感首先来自化学研究

马克·格兰诺维特对弱连接的关注，可以追溯到他早期的许多经历，甚至和他学化学不无关系。在他上大学研究化学时，他就发现，化学中的弱连接非常重要，例如，氢键就是弱连接，可这对形成生命之源——水——来说非常重要。

当然，化学中的弱连接只是一种结构的类比，马克·格兰诺维特更直接的灵感来源于社会网络研究。在读研究生时，马克·格兰诺维特曾是一门社会学基础课程的助教，当时的教授哈里森谈到了社交网络，他说起了自己对密歇根一所高中所做的研究。这所高中里有865名学生，研究者让学生们列出自己第一要好的朋友、第二要好的朋友，直到第八要好的朋友，然后开始追溯，通过这些朋友，他们分别认识了多少人。结果很让人吃惊，通过第七要好和第八要好的朋友所认识的人往往要比通过第一要好和第二要好的朋友多得多，而且通过第七要好和第八要好的朋友所认识的人很少有重叠。这项研究所论证的其实就是，通过弱连接可以认识更多的人。

之后，马克·格兰诺维特在研究中还发现，一些人甚至只是在聚会或者路上和人偶遇，随意闲聊，就发现了好的工作机会，而且这样的现象屡见不鲜。所有这些经历汇集起来，促使他把弱连接作为研究对象，并最终写出了《弱连接的力量》。

"弱连接"的第二春

在社交网络兴盛后，越来越多的人开始研究大的社会网络。这个时候，被研究的社会网络就不再只是一个几百人量级的高中，而是会员数百万、数千万甚至以亿计的大型社交网站。

人们开始回头审视马克·格兰诺维特所提的弱连接理论，并在实践中证明，这个理论虽然基于20世纪70年代小样本量的研究，但在今天面对大网络，采用新的技术去作分析时，在多数情况下也站得住脚。这就推动《弱连接的力量》再次掀起被引用的高潮，迎来第二次生命。

学术论文拥有第二次生命的情况并不多见，尤其是早在互联网崛起前撰写的论文，居然还能在互联网高速发展后再次引发关注，就更难得。要知道，互联网最擅长干的事情就是让流行过时。

马克·格兰诺维特剖析，《弱连接的力量》之所以能再迎新生，核心原因在于，社会网络由来已久，从人类诞生起就有了社会网络，人们对社会网络的观点和看法也一直存在，这并非是在互联网出现后才有的事情。

社交网络这个名字最早出现在20世纪30年代，之后一直颇有影响。在20世纪四五十年代时，人们开始尝试从数学的角度去研究社交网络。其实，用数学研究网络的历史可以追溯到18世纪就创立的图论。社交网络不过是网络中的一个领域，但数学研究早为此研究打下了根基。

马克·格兰诺维特认为，有些关系是必须面对面进行的。比如说，恋爱不能永远都是网恋而不走到现实中来；又比如说，即便有了视频会议，见面的会议也必须得开。**没有什么可以取代面对面的交流，即使高度发达的互联网也不可以。**而在互联网使弱连接越来越泛滥的时代，面对面的重要性不是因此而削弱，而是变得更加重要了。

互联网的出现，让弱连接的建立和维护变得更加便利，成本更低。互联网技术延伸了人性，但人性没有改变，无论是20世纪70年代还是21世纪的今天都是如此。因此，这篇创作于20世纪70年代的论文没有理由过时。

新媒体泛滥的"粉丝"不是弱连接

微博粉丝算不算弱连接呢？在马克·格兰诺维特看来，不算。

弱连接是连接两个圈子的桥梁，不是新媒体上一个"弱弱"的关注。如果我们在社交媒体上有成千上万的朋友，这其实是没有意义的。所以，当时不时有人在Facebook上想加他为好友时，马克·格兰诺维特总是习惯性地拒绝或者忽略。但相反，如果是在现实里见过面的人再加他为好友，马克·格兰诺维特则会接受。

在马克·格兰诺维特看来，有人很在乎粉丝的数量，这对他们来说就是一种荣耀或者激励，但他不认为这样的关系会改变这些人的生活。**泛滥的粉丝不是弱连接，弱连接即便算不上朋友，但也必须是我们相识的人。**

那些和我们关系泛泛而后就被我们忘个精光的人，也不算是弱连接。但倘若我们彼此共事过几年，关系虽不算亲密，但5年、10年甚至20年后，我们却还记得彼此，对彼此的能力、性格也都有印象，这个时候就可能带来工作推荐，这才是弱连接。**一点相关性都没有就绝对不能成为弱连接。**

弱连接之所以如此重要，也与人性中对建立人与人之间的联系有强烈需求相关。当一位老板拿到一个求职者的简历时，即便上面的信息再详细，他也会觉得还不够了解对方。可这个时候，如果他的员工中有人知道这个人，老板从该名员工这里得到了积极的反馈，便会立刻信心大增。可如果招进来的人很差，推荐的员工的声誉也会受到影响。

强连接给予我们精神的支持，弱连接给予我们机会和资源，无论我们多么有梦想和能力，我们总是身处社会网络之中的，不可能完全孤立，需要与他人建立连接，强连接和弱连接都能帮助我们成为更好的人。而通过互联网，我们能更好地维护强连接，建立和维持弱连接，这让我们能突破时空限制，最终实现人人为我、我为人人。

在此基础上，**马克·格兰诺维特认为商业活动是"嵌入"在人际关系中的。**他认为，商业活动更多是在熟人之间展开，并批评了那些认为现代经济不讲人情，如果生意双方都是陌生人，交易会更加高效，现代经济也更加需要这种效率的看法。马克·格兰诺维特认为，这样的观点是错误的，生意不会在陌生人之间展开，交易的双方之间一定存在信任，即使遇到纠纷，双方也能协商解决，走上法庭是不得已的选择。工业时代如此，互联网时代也是如此。

这样的社交网络业可以解释硅谷作为一个高科技区域是如何运转的。这里公司的员工不断相互跳槽，不同的公司其实都很了解对方。这样的关系很有用，例如，一旦出现一个技术问题，一个在硅谷待久了的人会很快知道在硅谷谁更善于解决这个问题，于是马上给他打电话。其实，这一点对一个高科技园区来说蛮重要的。

所以，马克·格兰诺维特认为，个人与商业的关系无法分离，个人关系的存在帮助了商业的发展，对高科技区域发展的帮助尤其明显，你只要想想风投公司花费那么多精力去维护广泛的社交网络就可以明白这一点。商业活动总是嵌入在人际关系中的，如果人们彼此了解，相互信任，那么生意就会更加顺畅。如果压根就不认识，这些好处就会荡然无存。互联网可以为建立这些信任提供便利，但深层次的信任一定需要见面，需要在一些时光里共进退，这样才能相互了解，彼此信任。

弱连接的强力量

马克·格兰诺维特提到了曾经给予他灵感的化学课，微观世界里的弱连接也曾经带给他启发，只是当时的他怕谈社交时说到化学问题会让别人觉得太扯，所以才没有把这个案例写到论文里。

其实，弱连接的现象并非社交网络独有，类似的结构存在于很多领域中。生命就来自化学里的弱连接，因为生命是一个中间状态。温度太高，分子运动是非常无序的，完全没有连接，不可能有生命。温度过低，分子运动又变得过于有序，连接太强了，缺乏变化，也不可能有生命。同样，在很微观的层面，量子呈现的是随机状态。在宇观层面，星体的运动又呈现了机械状态，所以在这些层面都不可能有生命。

生命就诞生在似有似无、若即若离之间，这样才能有灵活性，才能实现构成生命的基础单位，比如只有进行了细胞的多样性组合，才能呈现丰富的生命形态。

弱连接现象甚至可以延伸到文学中。金庸的《射雕英雄传》里集中写了百十来个人物，但其实，在宋代交通非常落后的情况下，这些人彼此之间见一面都是很难得的，况且这百十来号人又不都是密友或亲人。

但在小说中，这种弱连接总是能集中展示，因为多个弱连接一旦聚合在一起，就能比强连接产生更多的奇缘，而奇遇或者意料之外的冲突总能让小说分外有看头。

今天，互联网帮助我们构建起更加广泛的社交网络，使我们接触到更广泛的知识和信息源头，也使我们建立起更多知识的弱连接，新知识的学习和创新也就往往在弱连接中产生。和我们的知识储备太过雷同，或者和我们是强连接关系的朋友，对我们并无增益，但完全无关联也无法实现组合创新。只有具有一定相关性，但又和我们已有的并不完全一样的知识，才能帮助我们拓展知识范围、学习，乃至创新。

弱连接，总有强力量。

里德·霍夫曼：
硅谷人脉王

里德·霍夫曼（Reid Hoffman）是硅谷的人脉中心。他心宽体胖，乐于助人，终日笑呵呵，有着知心大叔般的魅力，天生就是做社交的料。霍夫曼早在1997年就成立了最早的社交网站之一SocialNet，可惜太超前，当了先烈。后来霍夫曼出任PayPal的执行副总裁，成为"PayPal黑帮"的核心成员，还曾为Facebook的首笔投资牵线搭桥。如今，霍夫曼是硅谷最成功的天使投资人之一，他还著有《至关重要的关系》和《联盟》等书。

了解里德·霍夫曼并不是件难事，你只要登录LinkedIn，就可以轻易搜索到他的简历，顺带还可以看看你们之间有没有共同的朋友，以及你们之间是不是拥有同样的技能或专长。

在LinkedIn上，里德·霍夫曼的专长也被列得一清二楚，后面还跟了不少来自他朋友的支持背书。因此，即便之前你不熟知里德·霍夫曼，现在也可以轻易知道他是个创业家、企业家、风险投资家，在战略上很有一套，也善于产品管理，还懂得SaaS（Software-as-a-Service，软件即服务）、社交媒体和移动设备。这也体现了LinkedIn相较于传统招聘方式的优势之一，即通过朋友间相互的网络背书，让简历更真实。

你很容易会被里德·霍夫曼的简历"雷倒"：他的经历太丰富了，在牛津大学和斯坦福大学都上过学，列出的工作经历竟然有超过20项之多，在各类公司、各种职位、各类角色之间不停变换，令人眼花缭乱。

里德·霍夫曼在苹果做过用户体验架构师，又在富士通负责过产品管理和开发，并且在1997年的时候，就成为SocialNet的联合创始人——早在那时，里德·霍夫曼就意识到社交的重要性，并想通过网络把志趣相投的人网聚在一起。随后，他又加入PayPal，在PayPal担任执行副总裁，并成为"PayPal黑帮"里的翘楚。

当然，让里德·霍夫曼名声大噪的还是他在2002年创立的LinkedIn。LinkedIn的创立比Facebook还早，之后成为全球最大的职业社交网站，并于2011年上市，市值超过百亿美元。但有名有利的里德·霍夫曼从来没有打算坐着享受余生，他一口气投资了几十个公司，包括新闻掘客网站Digg、图片分享网站Flickr、原创音乐分享发现网站Thesixtyone、维客社群网站Wikia，还有替老人、孩子、宠物寻找护理的网站care.com，等等。这些投资把他对于社交媒体、网络支付、产品研发的理解和经验积累再次应用到极致。

投身商业的"哲学家"

我和里德·霍夫曼的会面是在美国LinkedIn总部。当他映入你的视野，你在顷刻间就能感受到他的气势——他非但胖，而且很高，有如古典神话里的巨人。不过一旦交谈，你就会发现，他其实很温和，也很平易近人，仿佛总想对你说"我可以为你做什么"。我们开玩笑地给了他一个绰号——"霍胖"。

里德·霍夫曼早年学习认知科学、符号系统和哲学，建立了批判性思考和系统思维。他形成了一种信念，即要对这个世界产生意义深远的影响。为此，他还曾一度犹豫要不要投身学术，但最后他终于意识到，写一篇关于德国哲学家康德的论文至多不过获得五六十位读者，而做出一个伟大的产品，却可以让全球以百万、千万乃至以亿计的人使用。看起来，后者更能对世界产生非凡的影响。

虽然没有专业从事哲学研究，但里德·霍夫曼仍然认为，自己非常受益于哲学的批判性思维，这使他能发现自己思维中的短板。同时，哲学也给予他全新的视野去理解和思考人。

在里德·霍夫曼的版图中，他所创立的公司，以及他所投资的公司已经构成了一个巨大的网络，当有诸多个体参与进来时，他必须去思考如何调和个人心理、调和人性，如何把握根本，让人们真正参与到这个系统中来。哲学对他思考这些问题的帮助巨大。

里德·霍夫曼给我展示了一张图，图上用网络的方式标示出他的人脉关系，那些让人眼花缭乱的网络向你证明，恐怕里德·霍夫曼是硅谷，甚至是世界上最有商业人脉的人了。

瞄准职场社交

1973年，社会学家马克·格兰诺维特提出了弱关系理论（见本书马克·格兰诺维特篇）。他在研究中发现，能给找工作的人们帮上忙的，往往是他们相对不熟悉的人，比如一个久未谋面的旧同事会比身边熟悉的朋友更能提供给自己一个好的工作机会。弱关系（即弱连接，因表述人际连接时常用"关系"一词，故称弱关系，下同）在获取工作机会上，常常更有力量。

其实，弱关系的理论并不难理解。我们拥有的相对陌生的关系数量肯定远远超过我们的熟人关系数量。一些人之所以能成为我们的熟人，往往就是因为他们和我们本身有许多的相似性，比如职业、人脉关系、爱好等，所以相对说来，弱关系的资源差别较大，也会有更强的互补性。

LinkedIn在某种程度上，可被视为这个理论的实践。人们在拓展人脉网的过程中发现了新的信息，也发现了新的机会。用户可以在LinkedIn上分享文章，也可以介绍原本不相识的人相互认识，找到一条通向陌生人的人脉关系路径。人脉网越织越大，和潜在职位、有价值信息的接触面就越来越大。这对于职业的发展来说，是绝对有利的。

不过，Facebook这样的社交网站巨无霸同样在拓展人们的人脉关系网，LinkedIn和这些社交网站比较起来有什么特别的优势呢（就如经常有人问我易宝支付相对于支付宝的优势一样）？

人究竟能有几种身份？在这个问题上，里德·霍夫曼认为，**人是有多重身份的**：和家人在一起是一个身份；和朋友在一起时又是一个身份；在工作场合里，又有一个身份。这些身份不尽相同，但这并不意味着我们是不同的人，我们只是不应该把这些不同的身份合并在一起，只有区分开来才能更好地生活和工作。

这就如一个在家里的人可以衣着随便，不拘小节，但他并不能在办公室里这样做。同样，我们在公司里需要按照合同精神办事，但又不能将这样的方式延伸到家庭，用这样的方式对待亲人。

所以LinkedIn瞄准的就是专业人士，瞄准的就是人的职场身份，人们因此才能做到一系列通过Facebook无法做到的事情。你可以通过LinkedIn发现适合的人才，找到对路的专家，还能够发现客户、合作者或者投资者。人们可能会通过Facebook分享孩子生日聚会或者家庭度假的照片，这也非常不错，但如果要了解行业或者专业的信息，最好还是通过LinkedIn。在LinkedIn和Facebook中输入同样的专家类型，查找出来的结果是大相径庭的。

LinkedIn并不是第一个专注职场的网站，更不是第一个通过网络展开招聘的网站。远在LinkedIn成立之前，就有Monster这样专注招聘的网站，包括分类网站Craigslist也开辟有专门的招聘版块。但LinkedIn后来居上，把这些前辈远远甩到了后面，秘诀又在哪里？

里德·霍夫曼认为，这里的要诀在于，LinkedIn通过社交的基因，把关系网展示了出来，而不是简单通过搜索来寻找信息。这是Web 2.0和Web 1.0最本质的区别。尤其将大数据和Web 2.0的特性结合起来时，就更能看出其中的价值。

剖析几个典型的招聘应用场景，就很容易看出其中的蹊跷。

在HR（Human Resource，人力资源，此处指人力资源管理专员）找简历时，最头疼的问题之一就是简历作假。如果单单是从网络上下载一份简历，对于简历里陈述的信息是很难判别真假的。而一旦把关系网引进来，情况就大不相同了。首先，候选人在关系圈里公布虚假信息时会有所顾忌；其次，HR也可以通过候选人的关系圈，尤其是关系圈里人对候选人陈述的长项所作的支持背书来判别候选人是否真的合适。因此，这比候选人的一面之词就有力得多。

再如，在LinkedIn上你很容易看到大家在陈述自己的技能，比如领导力，你可以点击索引，分析这些技能和哪些要素相关，比如和地区、任职的公司、行业、兴趣群组等，也就能逐步清晰该如何去学习和掌握这些技能，清楚去什么行业、到什么公司、加入什么样的群组可以更好地掌握这些技能等。这就是大数据分析给找工作和职业发展带来的好处。

更大的格局

尽管LinkedIn大获成功，但里德·霍夫曼的脚步没有停止在LinkedIn上。当然，LinkedIn的成功为里德·霍夫曼进一步的成功投资奠定了坚实基础。抛开资本层面的意义不谈，显然，LinkedIn的作用绝不只是帮助里德·霍夫曼发现几个优秀的雇员。LinkedIn有一张巨大的职场关系网，通过大数据的支持，LinkedIn不难分析出创业的机会点在哪里，哪些团队会更有潜能把握这些机会点。背靠LinkedIn的支持，里德·霍夫曼做风险投资是再自然不过的事情。

虽然里德·霍夫曼认为，风险投资不像企业家或者技术本身那么重要，但他同时认为，风险投资仍然是整个商业生态圈中重要的一环。风险投资并不仅仅给企业带来资金支持，并不仅仅关注钱，它跨越公司与公司的边界，提供一个持久发挥作用的框架，成为公司的合作伙伴，推动公司壮大规模，应对挑战。

里德·霍夫曼同时认为，企业家选择投资者就如挑选金融的联合创始人一样，这不仅仅关乎钱，也关乎公司未来的发展，所以要挑选那些评价高的公司合作。企业家和风险投资的结盟是硅谷能如此强大的一个重要原因（参看本书迈克尔·莫瑞茨篇）。

在《至关重要的关系》一书中，里德·霍夫曼强调：在这个时代里，每个人都应把自己看作是创业者和企业家，只有重新处理好与自我、与他人、与未来、与风险等的各种复杂的关系，才能应对多变的世界。

他的视野和雄心所及，是一个全球参与的大格局。2014年2月25日，LinkedIn宣布正式以中文"领英"为名推出中文版，并与红杉资本和宽带资本建立合资公司，成为第一个跨进中国市场的美国社交巨头。

"PayPal黑帮"的商业硬汉们

"PayPal黑帮"是硅谷一个响当当的名字，当然，这不是一个黑帮组织，而是一群经历过内外"战争"，并在这些"战争"中历练出来的商业硬汉。事实上，从PayPal走出来了太多的英雄取得了商业的成功，他们被统称为"PayPal黑帮"（PayPal Mafia），里德·霍夫曼就是其中的翘楚人物。

简略浏览"PayPal黑帮"成员的成就，你就能明白何以这样称呼他们。除了取得不俗成就的里德·霍夫曼外，"PayPal黑帮"还包括：彼得·蒂尔（Peter Thiel）——他后来成为Facebook的第一个外部投资者，仅这项投资的回报就超过千倍；马克斯·莱文奇恩——他创办的Slide（为社交网站开发虚拟社交应用的公司）在2010年被谷歌以约2亿美元收购；罗洛夫·博沙（Roelof Botha）之后成为红杉资本合伙人；陈世骏、查德·荷里和贾维德·卡里姆之后创建了YouTube。

此外，由"PayPal黑帮"创建、投资或任高管的公司还包括Flickr（图片分享网站）、Digg（新闻挖掘网站）、Yelp（大众点评网站）、SpaceX（太空探索技术公司）、Yammer（企业社会化网络服务），等等。其中，估值超过10亿美元的公司有7家，估值超过100亿美元的有2家。

"PayPal黑帮"在硅谷创造了巨大的影响，因而被奉为整个互联网界的典范。今天，互联网金融圈在谈到互联网金融即将对中国产生的巨大影响时，资深的前辈们也常常援引"PayPal黑帮"作为案例——一个电子支付公司是如何在一场又一场的"硬仗"中震撼了硅谷，并催生了诸多英雄。

PayPal诞生如此多的商业英雄绝非偶然。这是因为，这群人都从事过电子支付这个行业，他们真正经历过"战争"，打过硬仗，很能独当一面。这和不少从大公司出来的职业经理人，离开大平台和成熟流程后就难以适应千变万化的市场形成强烈反差。

电子支付不是将产品卖到客户手里就万事大吉的"单点"产品，它需要摸透从监管机构到卡组织机构、银行、客户以及用户等各个行业上下游的繁芜环节，还要日复一日地不懈和各类网络骗子、黑客做斗争，既要面对监管，又要面对来自竞争者的无情挤压，风险和危机常常在看似风平浪静时就猛然冒出来，且不说还要遭遇舆论和市场的种种误解乃至谣言中伤。比如，PayPal就是打败了eBay旗下的支付平台Billpoint而被eBay收购的（Billpoint的创始人也是易宝支付的天使投资之一）。

此外，无论是卖波音飞机还是卖早点，商业的核心行为都是交易，而交易是通过支付实现的，因此出身支付行业的人，尤其当他身处能摸透一个行业上下游情况的行业支付公司时，常常更容易看到商业的本质，并因此拥有与众不同的商业视野，这也是"PayPal黑帮"更易造就商业英雄的原因之一。

早在硅谷工作时，我对"PayPal黑帮"的故事就耳熟能详，而且也和其中不少人物打过交道。2003年，我和唐彬从硅谷回到中国创建易宝支付。从此，易宝支付开创和引领了中国行业支付的发展，历经十余年的"支付战争"，已经形成了类似"PayPal黑帮"的效应，我们将之称为——"一群人的浪漫"。许多从易宝支付出去的优秀"硬汉"，如今都在商场里独当一面，取得斐然成就。

今天的易宝支付在中国面对着更大的机遇。易宝支付在2013年成立十周年之际，确立了"支付+金融+营销"的战略，以把握互联网金融和移动互联营销等更大的市场。在互联网从消费互联网挺进到产业互联网，从线上延伸到线下，从虚拟经济渗透到实体经济，从IT行业影响到传统行业时，易宝支付深入挺进互联网深水区，"一群人"将共同书写更加传奇的"浪漫"！

马克·扎克伯格：
"第三大国"领袖

　　马克·扎克伯格（Mark Zuckerberg）创办并领导的Facebook如今已经拥有超过10亿用户，是全球最大的社交网站，也是继中国和印度之后的"第三大国家"。社交网站之所以崛起，在于互联网释放了人类的两个基本需求：一是作为有自由意志的符号动物，人要表现自我，实现自我；二是作为社会的动物，人要和别人建立连接。

　　而Facebook之所以能成为社交网站里的翘楚，又有几个比较核心的原因：首先，Facebook是真人社交网络平台；其次，在2007年后，Facebook做了开放平台；最后，还有一个不容忽视的原因，就是Facebook拥有一个如斯多葛主义代表人物、古罗马皇帝马可·奥勒留（Marcus Aurelius）一样的领导人——马克·扎克伯格。

　　许多人对马克·扎克伯格的印象最早来自电影《社交网络》，这部影片改编自本·麦兹里奇（Ben Mezrich）的小说《意外的亿万富翁：Facebook的创立，一个关于性、金钱、天才和背叛的故事》。单从名字上看，这部小说有迎合好莱坞的偏好之嫌——无论性还是金钱，每一个要素都能激发观众肾上腺素的分泌。

这部影片追溯了Facebook的起源，影片中的扎克伯格被描绘为一个天才黑客，他失恋后入侵了学校系统，为的只是盗取漂亮女孩的个人资料，最后种豆得瓜，误打误撞成就了后来的Facebook。

这部影片贬毁了扎克伯格的声誉，仿佛他是一个自负、靠背叛亲友来获取性、金钱和权力的坏孩子。这部影片的影响非常广，以至于在影片播出的2010年，当扎克伯格向新泽西的几所公立学校捐赠一亿美元时，也被人们误解为不过是借此来挽回他败落的名声，尽管事实的真相是，这些捐赠是扎克伯格很早就计划采取的行动。

这种贬损并不完全来源于本·麦兹里奇，还来源于Facebook曾经的联合创始人——因利益问题和扎克伯格分道扬镳的他向麦兹里奇提供了素材。所以电影《社交网站》终究是戏剧而不是历史，其中蕴含的潜台词是：经商的敌不过搞技术的，做销售的敌不过做产品的，混华尔街的敌不过混硅谷的，穿西装、皮鞋、打领带的敌不过穿T恤、牛仔和拖鞋的。

扎克伯格究竟是个什么样的人？2013年9月，我访问了Facebook总部，采访了扎克伯格。当然，我也曾多次与前面提及的那位联合创始人交往，对比两者的印象，我更相信扎克伯格是一个新时代的马可·奥勒留，或者一个斯多葛主义者。

创业精神&斯多葛主义

斯多葛主义是一种很朴实的哲学，谁都能听得明白，谁都可以去践行，因此这种哲学体现了一种非常强的穿透力，它的代表人物上可至至高无上的国王，下可至处于社会底层的奴隶。

兴起于古希腊后期的斯多葛主义更加关注个人，它强调人内心的自由，强调人要对自己负责，不能因为外面的世界黑暗、腐败就随波逐流——这继承了苏格拉底追求德性生活的信念。因此，马可·奥勒留虽然是皇帝，拥有大权，但他没有因此堕落于声色犬马之中或者滥用权力。

放眼看世界，斯多葛主义者又有很浓的世界主义情怀，在他们看来，人从生物学意义上都属于同一属类。马可·奥勒留做皇帝时，他的版图已经远远超过狭小的城邦，而成为一个横亘欧亚非的强大帝国，此时斯多葛主义强调人一旦找到了内心的自由，无论走到世界上任何一个地方，就都可以成为人。

在斯多葛主义者眼里，世界是个人控制不了的，个人能控制的只有自己内心的灵魂，所以马可·奥勒留虽然贵有天下，却过着严于律己的苦行僧式的生活。这种对个人德性极致的追求，也使马可·奥勒留注定生活在高处不胜寒的孤独里。他不时就反思自己的言行，并将这些反思和自己的哲思写成箴言，留给自己。这本箴言录本来只有一位读者——孤独的皇帝马可·奥勒留，但后来被他的朋友保存了下来，成为流传于世的《沉思录》。

马克·扎克伯格的创业精神，也可被视为斯多葛精神的再现。**今天的Facebook拥有超过10亿的用户，已经算是世界"第三大国"，作为"国王"，扎克伯格早已经富可敌国，但他和马可·奥勒留一样注重自我的独立，注重自我的自由和自律。**虽然他们都影响了整个世界，拥有极大的权力，为千万人追捧，但他们同时又注定孤独。驱动他们的不是欲望，而是来自内心的使命感和对德性的追求。他们都拥有让这个世界更美好的雄心，同时又严于律己。即使拥有创造一切享乐的财富条件，他们却懂得宽容和谦让，让自己的生活更加纯粹。

事实上，扎克伯格没有让自己沉溺于财富的迷狂中，他加入了由比尔·盖茨和巴菲特发起的"捐赠誓言"活动，承诺用自己生前或者去世后的一半财富做慈善。在Facebook的某个联合创始人为逃避高额税负而放弃美国国籍时，扎克伯格则缴纳了以10亿美元为单位计的天价个人所得税。

扎克伯格甚至没有打算让自己的生活安逸下来，他不停地为自己创造挑战。仅以个人挑战为例，2009年，他坚持每天戴领带。2010年，他着力学习中文，挑战这种对英语母语者来说最难的语言。2011年，他挑战嗜肉的习惯，只吃他自己宰杀的动物。2012年，他坚持每天写代码。2013年，他则坚持每天认识一个不同的人。

早些时候，扎克伯格常随身带一个名为"The Book of Change（直译过来就是《易经》）"的笔记本，上面题写着甘地的一句话"改变世界，从我做起"——

这和马可·奥勒留的箴言录倒有异曲同工之妙。扎克伯格确实以他强大的信念改变了世界，Facebook早已经把遍布全球的10亿不同肤色、不同语言、不同宗教、不同国籍的用户连接在了一起。

Facebook：瞄准人的深层次需求

社交网站之所以崛起，在于互联网释放了人类的两个基本需求：一是作为有自由意志的符号动物，人要表现自我，实现自我；二是作为社会的动物，人要和别人建立连接。

当还在读中学时，扎克伯格放学后就喜欢找朋友玩。他的妈妈告诫他，不要把时间浪费在和朋友玩耍上，他的老师也经常这样教导他，不过扎克伯格依然觉得，建立关系是最重要的事情之一，有时甚至比学习和研究还要重要。在他看来，人身处社会中，拥有比任何生物都要复杂得多的社会关系，这也是人之为人很重要的一点。

早在在哈佛大学读书时，扎克伯格就希望有个社区，以此能了解学院里的其他学生都在做什么，于是他就创建了Facebook，供自己使用，也供朋友使用。没想到一石激起千层浪，不久之后，外校的同学希望扎克伯格能把Facebook的服务范围拓展到其他学校。扎克伯格很快意识到，其实Facebook不仅可以给在校学生用，还可以将使用范围拓展到更大乃至全世界。因为每个人都有朋友，每个人都有家庭，都想和自己关心的人保持联系，于是扎克伯格开始专注把Facebook这种沟通方式向校外更广阔的领域推广。

这就是扎克伯格从开始就怀有的强烈信念：人都有家庭和亲朋好友，都期望能维持彼此间的良好联系，这是人的基本需求，因此，就一定要有一种服务来满足人们的这种需求，并且让全世界的人都能应用。只是出乎他的意料，他创建的Facebook竟然成为履行这个使命的各个企业中的翘楚。

Facebook从服务一个学院的几千名学生起家，直到今天被称为"第三大国"，帮助人们和自己关心的人分享和沟通的宗旨却始终没有变过。和Facebook

同期发展起来的社交网站也有不少，但并不是所有网站都始终坚持了这个方向。

真人社交&开放平台

听起来，让人们保持分享和联系是一件很简单的事，似乎就是为人们开一个网络空间，让人们在空间里写日志、发照片，两三年就可以建立起一个庞大的网络社交平台。但扎克伯格认为，事情远非人们想象的那么容易，真正要去满足人们分享和沟通的需求，需要花费5年、10年、20年，甚至更长的时间。

确实，分享和沟通的机制要比我们想象的复杂。比如，在Facebook之前，网络分享也很多，但不少都是匿名分享或假名分享。扎克伯格认为，如果提供一些使用真实身份的服务，也许会很有用。

毫无疑问，人的人际关系圈首先起源于实名的亲人和密友圈，匿名常常是针对陌生人的，而且实名可以让人更诚实，避免对不同的人心口不一。果然，实名制推行后，得到了人们的欢迎，不少人开始采用实名分享。

Facebook之所以能成功，它推行真人社交、成为线下社交网的真实写照，正是其中重要的原因之一。人们在线下本来就有自己的人际网，只是现实中的人际网由于受限于时空，可能会变得松散，甚至消失，但Facebook又把这些关系网重新建立和加强了。比如说，有人就曾经通过Facebook找到自己一个几十年不见的同学。这就使Facebook有别于其他一些匿名社交网站，比如通过共同兴趣建立连接的匿名社交网站。

在2007年率先开放平台，把网站用户和关系数据开放给第三方开发者，使第三方软件开发者可以针对Facebook开发应用程序，这是Facebook成功的另一个重要原因。这一措施调动了企业和软件开发者参与建设Facebook的热情，直接丰富了Facebook上的应用程序，如在我们本书中谈到的Lending Club，最早就是通过在Facebook上的应用打开业务局面的（见本书雷诺·拉普兰赫篇）。而更加丰富的服务和体验会吸引更多的用户，最终把Facebook的发展推入了一个良性循环的快速增长轨道。

电脑一词来自于拉丁文"一起思考"

牛津大学的教授罗宾·邓巴（Robin Dunbar）曾经深入研究过人类的交际圈。通过研究，他为人的交际圈给出了一系列数字范畴。他认为：一个人最核心的圈子可能有三五个人，他们是这个人最亲密的亲人或朋友；第二层有12到15个人；而150则是一个很微妙的数字，比如在狩猎采集型社会里，一个宗族通常有150名成员，西方军事史上，最小的作战单位也通常有150人。有不少社交网站都应用罗宾·邓巴的理论来规划自己的产品。

人是不是只能维持150人的紧密圈子呢？扎克伯格并不这样看。也许人天然有这个局限，但电脑放大了我们的脑力，就像我们的视力虽有局限，但眼镜或者望远镜能极大地改善和拓展视力一样。扎克伯格特意强调，电脑这个词来自拉丁文"一起思考"，它成为我们思考的辅助，而Facebook也是增强人类活动能力的辅助手段，正是因为有了Facebook这样的社交软件，我们才拥有了一个更加紧密也更加庞大的社交圈子，即使远隔万里，也会彼此关照，世界因此变小了。

让50亿人都能上网

在扎克伯格看来，许多伟大的公司都始于伟大的使命，其初衷并不是为了赚取巨额的利润。Facebook也一样，它创建初期的目的就是为了给这个世界带来一些显著的改变。但如果想让这样的改变持续下去，并且不断扩大影响，Facebook就必须盈利。所以，他本人始终致力于推出新的商业模式，支持Facebook的发展。

继Facebook之后，扎克伯格又有了一个宏大的愿景——为了让全球50亿人都能够上网，他创立了internet.org。目前全球能上网的人还只有约27亿，扎克伯格认为这一现状必须要做出改变。在他的眼里，上网分享观点、接受教育、找到工作、得到医疗保障等都是人权。

自20世纪90年代互联网开始普及之后的20余年里，全球就有约27亿人"迁徙"进入互联网世界。我们目睹了像Facebook这样庞大帝国的崛起——它在短短十余年间影响力就遍及全球——那么，在这个过程中，互联网是不是造成了赢家通吃的局面，而没有给后来者留下多少机会呢？

扎克伯格不这样认为，他觉得数据也不支持这个观点。事实上，每天都有更多的应用软件涌现出来，每天都有人进入互联网行业，公司也如雨后春笋般不断涌现，而且不少公司的规模很大。现在互联网的基础设施已经相当完备，学生们甚至可以在寝室开始自己的梦想，这在以前是不可能的事情，但在今天却实现了。

既然长江后浪推前浪，Facebook又怎么应对创新者的挑战呢？

扎克伯格认为，当下对他而言，最大的风险就是不肯去冒足够的险，不足够专注于建设未来。现在，移动互联网才刚刚崛起，智能手机也才刚刚开始普及，但已经有越来越多的人接入移动互联网，这带来了相当大的机会。人们会以新的方式分享照片，或者以私密的方式分享信息，会有各种各样新的工具被创造出来，让人们用来分享和沟通。

在扎克伯格眼里，**在历史上，我们的机会从来没有这么巨大过，仅仅靠一个人、一间屋、打造一种服务，就可以让数亿甚至数十亿人受益。**这太让人惊叹了，这是人类历史上任何时期都不曾有过的事情，而且，今天越来越多的人开始这样做，所以互联网时代注定是我们专注于所喜爱的事情，大干一番事业的最好时期！

大事业，小起点，轻创新

信息技术和互联网在美国的发展过程中，出现了一个很有意思的现象，很多颇有影响的大公司常常从一个很小的起点起家的。惠普公司、苹果、亚马逊、雅虎等后来的业界大鳄，最早都是从车库，甚至从拖车里开始的。

但恰如扎克伯格所言，我们这个时代最伟大的地方恰恰在这里——只是需要几个人，一间屋子，然后就可以做出可能惠及全世界的产品和服务来，这是历史上不曾有过的事情。扎克伯格创立Facebook时才20岁出头，到Facebook上市的时候还不到30岁，而在上市时，Facebook已经在全世界拥有近10亿的活跃用户。这确实让人惊叹。

也恰如扎克伯格所言，创新的劲头没有因为Facebook这样巨头的崛起而结束，相反，创新显得越来越活跃了。

2014年2月，Facebook以190亿美元的天价收购了WhatsApp，这件事一时轰动全球。WhatsApp始自2009年，在2014年早些时候在全球已经拥有5亿的月活跃用户，而更让人瞠目结舌的是，这个公司被收购时才不过有50名员工。以190亿美元去收购一个不过50余人的公司，这在传统工业时代是让人非常难以理解的。

但是，这才是我们这个时代更加进步的根源。

创新的重要意义毋庸置疑，大至改变整个世界，小至改善我们个人的生活。汽车、火车、飞机、远洋巨轮让全球各个角落变得更加贴近，电灯把我们从黑暗中解脱出来，各种药物有效地延长了我们的生命，电话、电视、互联网让我们瞬间了解了整个世界的动向……

刺激更多的创新自然对整个社会都大有裨益，但创新往往要耗费巨大的成本，需要很多试错，尤其在传统工业时代更是如此。

传统工业时代的创新是重创新。比如说，福特用流水线作业改写工业进程时，他雇佣的员工、他所盖的厂房、他所搭建的流水线都使他背上了笨重的成本，也使它的投资回报周期变得漫长。因此，重创新其实抬高了创新的门槛，也加大了创新失败的风险，想一想底特律的破产就可以明白这一点。

在我们这个时代，轻创新就能对世界产生显著的影响，这其实能刺激更多的创新大拿和创新成果涌现。就如Facebook或者WhatsApp一样，不需要团队有很多人，不需要很多很笨重的设备，从一个很小的起点开始，在短短的几年内，就能对整个世界形成意义显著的影响。那些在你印象里不起眼的毛头小子，或许在几年后就成了商界明星和大腕名流。这一切，因为信息技术的发展，因为互联网的崛起，因为金融支持体系的建立，因为能源、交通等基础设施的完善，而成为可能。

　　这对个人而言，最重要的莫过于发展路径的变换。**现代社会的发展路径不再是一种爬金字塔、熬时间、凭关系、看运气式的呆板线性路径，只要你的创新成果能对他人、社会乃至整个世界形成有意义的影响，你就可以迅速脱颖而出，而这一切与你的年龄、资历、背景无关。这最终从根本上更能激发创新者的出现和创新成果的诞生。**

4 金融支持

创新，始于科技，成于金融。互联网的崛起离不开金融创新的支持。如果没有风投，就不会有雅虎、谷歌、Facebook这些巨无霸的高速崛起。如果没有IPO造就的财富梦，也不会有如此多的人对互联网趋之若鹜。互联网与金融处在相互作用、相互改变的状态中，今天，互联网也在推动金融创新，互联网金融又为更多创业者铺平了通往成功之路。

蒂姆·德雷珀：
资本传奇大英雄

> 蒂姆·德雷珀出身名门，他的祖父是硅谷早期的传奇风投，开启了硅谷风险投资的传统。蒂姆·德雷珀不仅投过不少大手笔的传奇项目，看得出他与埃隆·马斯克一般的英雄们惺惺相惜，而且他也是最早投资中国互联网的硅谷风投。蒂姆·德雷珀活力四射，推动过互联网的营销创新，又热心于政治，还创办了德雷珀英雄学院，致力于培养新一代的商业英雄。

蒂姆·德雷珀是我最熟悉的硅谷投资人之一，原因很简单，他创办和曾掌管的德丰杰投资基金正是易宝支付的投资方，因此我们经常会面。在中国，他还投过百度、分众传媒等，在美国和其他地区更投资了一长串耀眼的名字，如Hotmail、Skype、特斯拉、SpaceX，等等。

但你如果以为他的角色只是投资人，那可就错了。蒂姆·德雷珀身材高大，活力四射，他简直想在每个领域都标新立异、大放光彩。

蒂姆·德雷珀出身名门，从他爷爷开始，蒂姆·德雷珀家三代都是做风投的。但他从不居高临下地摆出"富三代"的架子，平易近人，2012年，我们还请他来易宝支付和员工们交流。

他很豪放，做事情喜欢抓大放小，绝非拿着算盘精打细算揪住你的小辫子不放的人。我还见到他接连好几次都穿着同样一套衣服，虽然名贵，却似乎从不打算换一件。

蒂姆·德雷珀是共和党人，推崇自由，推崇"小政府"，他积极投身政治，发起了"6个加利福尼亚"的运动，誓把现在的加州进一步分为6个独立的州。蒂姆·德雷珀还宣称，倘若在2014年不能获得足够支持而达不到这一目标的话，他会在2016年再来一次。

他创建了德雷珀英雄学院，这个非常具有理想主义和英雄主义的别具一格的学院，旨在培养学生积极的企业家精神和英雄情结，他很喜欢给学生们看警车在高速上追着舍恩·帕克（Sean Parke）和肖恩·范宁（Shawn Fanning）两个"坏小子"跑的视频（这两个"坏小子"是流媒体定制服务Napster的联合创始人）。

蒂姆·德雷珀很会自我陶醉，和我们一起在中国唱歌时，你会看到他在台上很陶醉地唱，他根本不在乎下面有没有人喝彩或者是喝倒彩。**他自己写过一首题为《冒险高手》（*Risk Master*）的歌，这首歌歌词押韵而倍有活力，歌颂了那些在商业中敢于冒险的人。**尽管他常常会把这首歌唱走调，但却是他的保留曲目，即使是在大会上面对很多人，他兴之所至就要高歌一曲。

蒂姆常常让我不禁慨叹，如果施耐庵真认识他的话，梁山108位好汉里肯定会有以蒂姆·德雷珀为原型塑造的英雄。

风投要敢于冒险，支持创意

蒂姆·德雷珀的爷爷是硅谷第一代风投人，因此他有幸见证了硅谷的崛起。用蒂姆·德雷珀自己的话来说，起初，硅谷道路泥泞，发展缓慢，他很幸运能看到硅谷竟然发展为今天美丽辉煌的胜地。

谈到投资之道，蒂姆表示，投资真正的价值在于——要敢于把钱拿出来，愿意冒风险去支持各种各样的主意。有些事情肯定是有价值的，因此你明知道可能会失败，却还是愿意把钱投进去。失败再失败，一再的失败并不可怕，只要能像投资百度或者易宝支付一样，收获一次极大的成功，就可以继续去失败。这样可以增强承担风险的能力。

风投存在的意义在于，成为大型机构投资者、有钱人和小公司之间的黏合剂。蒂姆坦陈，确实没有哪个大型机构或者有钱人愿意赔钱，但如果将他们的投资分散在足够多的小公司中，总体而言还是有赚头的。风投可以起到中间桥梁的作用，而且随着风投越来越有经验，不断得到历练，并构建起越来越大也越来越强的网络时，小公司就更能从风投的丰厚经验和强大网络中受益，这真正帮助了许多公司从小种子变为参天大树。

创造性应用"病毒营销"

蒂姆·德雷珀用Hotmail的例子解释了风投是如何帮到成长中的企业的。

创造性地在电子邮件中应用"病毒营销"是蒂姆·德雷珀的得意之笔之一。所谓病毒营销，就是通过用户的口碑，让信息像病毒一样在目标人群中自复制、自传播，企业只需要投入很少，就可以影响到数量庞大的人群。

今天，在德丰杰投资基金官网上蒂姆·德雷珀的个人简介中，第一句写的是他的身份——德丰杰投资基金的联合创始人，紧接着第二句就津津乐道地提到，他提出了病毒营销的原初建议，即以基于网络的电子邮件将互联网产品呈几何级数地扩散到市场中去，正是这一策略让Hotmail、YahooMail和Gmail大获成功，也让病毒营销被成百上千的公司采用为标准的市场营销工具。

蒂姆·德雷珀当初接触Hotmail的时候，其创始人杰克·史密斯（Jack Smith）和印度企业家沙比尔·巴蒂亚（Sabeer Bhatia）告诉他，他们将为大众提供基于网页的免费电子邮件服务。在那个时候，蒂姆·德雷珀在互联网上没有太多的经验，也不知道两位创始人向他描述的究竟意味着什么，不过他肯定，通过电子邮件还应该可以与再多些的人沟通。于是，他建议在每个人的邮件后面都加上一小段广告："来用Hotmail的免费邮件吧。"

虽然两位创始人对此深感不解，但蒂姆·德雷珀还是坚持让他们把这句话加了上去，于是这小小的广告开始随着邮件在互联网上流转，并引发了滚雪球一样的效应。在沙比尔·巴蒂亚发了封邮件回印度之后的三个星期内，印度Hotmail的注册用户就达到了10万多人。

如他自己所言，作为风投，蒂姆·德雷珀真正帮助到了创业企业，他先后催生了百度、易宝支付、特斯拉、SpaceX等成功的企业。

选择创业者"心经"

在描绘了风投和创业企业的"亲密关系"之后，蒂姆·德雷珀也坦陈，风投和创业者之间总会有些紧张。好的创业者都有自己的愿景，所以有时不太在乎钱。当然，有愿景正是风投所喜欢的，并且风投也愿意帮助创业者实现愿景，不然从开始就不会投钱了。但风投如果还想继续做风投的话，就必须收获好的回报，这样风投才可持续去支持更多的创业企业。这就自然会导致风投和创业者关系紧张。

不过，总的说来，两者之间多是正能量的关系。风投和创业企业的携手让创业者可以专心做好自己的事业，风投会给予他们网络、客户甚至是招聘的支持，当然也包括资金——无论是风投自己投的钱还是从其他地方找来的融资。

蒂姆·德雷珀随后分享了自己选择创业企业的"心经"。

在看创业者时，蒂姆·德雷珀会仔细浏览商业计划书，捕捉其中的构想。首要要考虑的当然是创业者是否耕耘在一个足够大的市场中；其次，则要看创业者是否会带来与众不同的改变，这样的与众不同能不能在一个行业里掀起重大的变革；再次，还得考虑创业者是否能够超越既有垄断者并获得远大的前途。

面对每一个项目，蒂姆·德雷珀常会问自己，如果商业计划书或者创业者所描绘的愿景真的实现了，事情会变得怎样？带来的改变有多少？假如这个结果真的足够好的话，他就会邀约创业者。

在与创业者沟通时，蒂姆·德雷珀会很注重创业者对自己所在市场的把握，创业者必须要了解市场，拥有洞见，并对自己的产品十分在行。**尤其重要的是，他希望在创业者身上看到一种源自内心的巨大热情。创业者将事业视为自己的生**

命，关乎他的所有。

倘若创业的愿景和创业者的热情都足够让人兴奋，在蒂姆·德雷珀看来，就没有什么理由不放胆一搏了！

错失谷歌、雅虎和Facebook

纵使经验丰富、眼光独到，蒂姆·德雷珀也仍然错过了不少好的创业公司。蒂姆·德雷珀对此并不讳言，这也是一个风投难免的遗憾经历。

早期，蒂姆·德雷珀遇到了谷歌，但这时他已经发现了六家搜索引擎公司，因此觉得谷歌会和其他公司产生竞争。一念之差让蒂姆·德雷珀和谷歌擦肩而过，用蒂姆的话来说，当初太过于在意谷歌和已有公司的竞争。

随后，他又与Facebook擦肩而过，在Facebook的投资争夺战中，对手给出了天价（错过雅虎也是同样的原因），蒂姆·德雷珀也因此学到了一课——倘若一个创业公司在起步阶段就让风投为自己开出了高价，那一定是有原因的。不过，他错过赛灵思（Xilinx）的过程就比较富有戏剧性了——关于赛灵思的文件竟被塞进了不知哪一个纸堆而消失了踪影。

错失了这么多后来崛起的巨人创业者，确实让人遗憾（在讲到迈克尔·莫瑞茨时我们还会看到同样的故事）。不过蒂姆·德雷珀感到，真正做风投的人，不能总是纠结于过去，而要更多地面朝未来。

率先到中国投资

蒂姆在风投圈呼风唤雨时，也正是中国朝未来大踏步前进时。

在20世纪80年代时，蒂姆就随父亲到过中国。那时中国的繁荣还无法与美国相提并论，在蒂姆·德雷珀的回忆中，他当时下了飞机，是顺着唯一的柏油马路，驾着路上唯一的车，到了当时北京唯一的国际饭店——友谊宾馆。一路从车窗往外看，到处都是自行车和面对面做生意的小贩。

继荣幸地见证了硅谷的崛起之后，蒂姆·德雷珀也亲眼看到了中国的崛起。

不过他在中国的投资是他第一次来到中国的15年后才开始的。

当时，他正从上海驱车去杭州，在三小时的行程中，蒂姆不停地观察车窗外的世界。本来到处都是两层的斜顶水泥小楼，可突然间，他看到了一栋蓝窗子和尖顶的小楼房，随后，一栋又一栋蓝窗子和尖顶的小楼房出现了，这让蒂姆心中不由一动。蒂姆立刻对自己说，这不就是20世纪50年代的美国吗？人人都在跟风，邻居买了冰箱我也要买冰箱，邻居买了火炉我也要买火炉。他立刻意识到，中国正在经历同样的变革，而这其中蕴含着极大的商机。于是，蒂姆决定开始在中国进行大胆尝试，并在随后成为最早到中国投资互联网的硅谷风投之一。

蒂姆·德雷珀最初投资了两三个有政府背景的企业，但都以失败而告终了。蒂姆·德雷珀转念一想，与其彻底退出中国，为什么不尝试投资一下那些有想法、有活力，想去改变某个行业乃至整个世界的年轻人呢？

于是，在和李彦宏在一辆出租车会面后，蒂姆·德雷珀投资给了百度，并随后投资给了越来越多的中国企业。

事实上，投资百度、易宝支付、分众传媒等中国公司都让德丰杰投资基金收获颇丰。这不能不归功于蒂姆对中国市场的独到洞见。他在中国和美国之间飞来飞去，和两国许多的创业家打过交道，蒂姆在他们身上都看到了企业家精神。越来越多的创新在中国诞生，这让蒂姆感觉到，又一个硅谷，或者说又一个硅谷的机会正在崛起。

"要让一部分人先富起来。"蒂姆向我熟练地引用了邓小平的话。

德雷珀英雄学院

德丰杰投资基金的办公室里有很多别致的藏品：阿波罗13号指令舱仪表盘，登月舱燃料电池，火箭发动机，苏联联盟号飞船控制盘……而不像一般风投办公室多收藏艺术品。我们也可以这样理解德丰杰投资基金的收藏理念：艺术品让我们看到了过去，而太空品则让我们看到了未来。

创造未来很重要，事实上蒂姆·德雷珀已经不满足于只是发现有想法、有活力、想去改变世界的年轻人了，他索性就决定自己去培养能创造未来的英雄，于是创建了德雷珀英雄学院。

即使在创意层出不穷的硅谷，德雷珀英雄学院也别具一格。站在学院的门口，两位硅谷跨界创新狂人的头像赫然在立，左边是乔布斯，右边是埃隆·马斯克，英雄的气质扑面而来。

在学院创业者孵化器的大堂里，前台是半辆被肢解的特斯拉，会议桌的底座更酷，是波音747的发动机。即使是圣诞树，也被头脚颠倒地摆放，这是要喻示：创业者需要的正是逆向思维和颠覆旧世界的勇气。

且看德雷珀英雄学院官网上德雷珀英雄学院的简介："德雷珀英雄学院是一座致力于创新的学院。人们本可做伟大的事情，现在我们就是要帮助他们做到。你在此会备受启发，去做看似不可能之事，学会无惧。和你的朋友、导师和同事结成人脉网，让他们在未来道路上伴你同行。"

谈起创办德雷珀英雄学院的初衷，蒂姆认为，风投行业常流传"企业家精神是不能传授的"的说法，但也许可以去说说那些创业者的成功发家史，这可能有些用吧。更重要的是，德雷珀英雄学院要深入英雄们的内心和灵魂，要使他们看到这个世界需要改变。德雷珀英雄学院要使他们脱颖而出，成为企业家或者其他伟大的人物。

这样做的要诀在于，从改变大家对教育的观念入手。在传统的大学里，大家的目标是拿到"A"，这意味着你没有犯任何错。但在德雷珀英雄学院，他们却鼓励犯错。你的团队会因为你犯的错而获益，当然，你不能犯骇人的错误。他们鼓励壮举，无论这造成了灾难还是赢得了成功。通过向人们灌输这些观念，德雷珀英雄学院找到了一条把更多人培养为企业家的道路，迄今为止，它看起来还是很有效的。

正如蒂姆·德雷珀自己在《冒险高手》里所唱："他就是个冒险高手，成长快，握着方向盘跑更快。游走在危险的边缘，他就是个冒险高手！"

迈克尔·莫瑞茨：
风投大伯乐

上次见迈克尔·莫瑞茨（Michael Moritz）是2005年，这几年来，他消瘦了不少。红杉树可以活三千年，或许这象征着红杉资本将基业长青。成立于1972年的红杉资本大概是硅谷历史上覆盖成功企业最多的风投，苹果、甲骨文、思科、雅虎、谷歌、EA、PayPal、LinkedIn、YouTube、Dropbox、Square、Evernote等几乎无一漏网，全都接受过它的投资。当然，它错过了Facebook。

迈克尔·莫瑞茨最近几年身体状况不太好，但他最终还是爽快接受了我的采访，这让我不胜感激。见到他时，我明显感觉他比我们2005年第一次见面时瘦了一些，也憔悴了一些，但这位风投界的传奇人物温和的目光里却依然透着精明和智慧，或者说，他的目光依旧很犀利。

迈克尔·莫瑞茨是英国威尔士人，出生于1954年。他的人生富有传奇色彩，20多岁来到美国闯荡，从《时代》的记者做到红杉资本的主席。迈克尔·莫瑞茨的投资对象也是一长串耀目的名单：雅虎、谷歌、PayPal、YouTube、LinkedIn……

在1986年加入红杉资本之前，迈克尔·莫瑞茨是一位新闻工作者，对商业和那些影响商业世界的风云人物总是观察入微。1982年，还在《时代》工作的迈克尔·莫瑞茨采访了乔布斯，并给了乔布斯很高的期望——他可以成为《时代》的年度人物。但当年《时代》的年度人物居然是"电脑"，这让乔布斯非常恼怒。

1984年，迈克尔·莫瑞茨出版了《重返小王国》，这是关于乔布斯和苹果公司的最早的传记之一。他对细节的捕捉和深入的分析，显然会使读者看到乔布斯的弱点和他身上不太光彩的一面，这可能也是乔布斯后来不大喜欢迈克尔·莫瑞茨的原因之一。

但其实，正如迈克尔·莫瑞茨所言，他那时关注的苹果还在起步发展阶段，全世界人也并不会认为这个小公司就一定能成功。**迈克尔·莫瑞茨认为，起步没几年的企业才是他的兴趣所在，这才是当今商业世界有趣、令人快乐而又极富挑战的一面。这种对初创企业迷恋的情结也伴随了他一生。**

迈克尔·莫瑞茨后来成为风投的选择倒让我想起了马克思的一句名言——"哲学家们只是用不同的方式解释世界，而问题在于改变世界"。加入了红杉资本，迈克尔·莫瑞茨就真正开始改变世界了。

投资雅虎

在投资雅虎之前，迈克尔·莫瑞茨已经投资过一些互联网项目。这些项目并没有那么酷，以致大家形成了一种印象——迈克尔·莫瑞茨投资的第一个互联网项目就是雅虎，并且大获成功。迈克尔·莫瑞茨仿佛成了一位无师自通的天才。

20世纪90年代中期，紧随万维网和浏览器的诞生，互联网开始迅速普及，红杉资本开始不断寻找投资互联网的良机。迈克尔·莫瑞茨四处奔走，和那些更了解互联网的人交谈。他从一个朋友那里得知，有一个叫作雅虎的网站提供上网导航服务并颇受欢迎。

迈克尔·莫瑞茨和他的伙伴尼德·道格诺（Nid Dognor）顿时就对雅虎产生了兴趣，他们很快约见了雅虎的创始人杨致远和大卫·费罗。

与雅虎创始人杨致远、费罗以及他们的一堆电脑的会面是在斯坦福大学校园的一个小拖车里。跟拖车隔着一条街的大楼正在施工，拖车因此灰尘满天。这栋大楼是"比尔·盖茨斯坦福计算机中心"，用迈克尔·莫瑞茨不失隐喻的话说，杨致远和费罗的小拖车就笼罩在比尔·盖茨的阴影下。有趣的是，杨致远多年后也在这里修起了他的大楼（见本书杨致远篇）。

走进小拖车，迈克尔·莫瑞茨就像是走进了一对年轻人的宿舍一样，小拖车里乱七八糟堆放着计算机、服务器、鞋子和各类杂物。他们脑子里没有装着别的，就只有他们的专注和爱好。

真不敢想象，这样的环境竟能激发起迈克尔·莫瑞茨投资的动机。我不禁好奇地问他，雅虎的两位创始人当时有没有给他讲讲自己的商业计划书。

迈克尔·莫瑞茨断然否定，他可不需要什么提案或者计划书。给他留下深刻印象的是，两位创始人富有热情地谈起了他们成天在这个小拖车里倒腾的产品和服务，讲述这些产品和服务解决什么问题，和其他类似的服务又有什么区别。**迈克尔·莫瑞茨看中了杨致远和大卫·费罗对自己产品的热情，更重要的是，他们自己就在使用自己的产品。**

一个图景立刻浮现在迈克尔·莫瑞茨的头脑里。1995年，互联网刚刚开始普及，第一次上网冲浪的人们最想解决的一个问题就是，他们究竟通过互联网可以"冲浪"去哪里。而雅虎如果真的崛起的话，就会占领互联网入口这样的战略位置，这将会是一个非常大的市场机会。

但当时的雅虎才初具雏形，商机在哪里？又要用什么来赚钱呢？迈克尔·莫瑞茨认为，既然当初广播和电视的出现吸引了大批观众，而且可以靠广告来赚钱，占住了互联网入口的雅虎就没有道理不能靠广告赚钱。

然后迈克尔·莫瑞茨预估了一下互联网广告的市场规模，他觉得大概是一两百万美元。几个星期后，红杉资本就投资雅虎了（2013年，仅中国的互联网广告市场就超过了千亿元人民币，或者说是百亿美元量级的）。

投资谷歌

很有戏剧色彩的是，迈克尔·莫瑞茨投资谷歌完全缘起于雅虎的介绍。

有一天，雅虎的联合创始人之一费罗给迈克尔·莫瑞茨打来电话，问他愿不愿意去和一个叫作拉里·佩奇的斯坦福大学博士见面。迈克尔·莫瑞茨欣然赴约，并称和拉里·佩奇的见面非常愉快。可他随后就把这件事抛诸脑后，或者说，他差点错过了大买卖。

雅虎这么热心是有缘由的。**雅虎提供导航服务，在运营的过程中，越来越意识到搜索功能的重要性。雅虎先后与好几个做搜索服务的公司合作，直到发现了不仅能提供与众不同的搜索服务，而且也在斯坦福大学附近的谷歌。**不过，当时的谷歌非常非常小，因此，雅虎虽有心把自己的搜索服务包给谷歌，但顾虑依然存在。此外，杨致远对谷歌的财务状况也深表担心，他总担心当时还小小的谷歌不定何时就会关门大吉。

杨致远希望这家公司能有坚实的财务基础，然后再把雅虎的搜索业务交给这家公司打理。因此，雅虎的创始人表现出了很高的热情，他们帮助迈克尔·莫瑞茨理清了投资谷歌的思路。

真正的进展是在两年以后，人们开始向红杉资本谈论起谷歌。这下迈克尔·莫瑞茨来了兴趣，他去见了佩奇和之前没有见过的谢尔盖·布林。迈克尔·莫瑞茨回忆，那是在帕罗奥图市中心的一个商店楼上的小建筑里，在这里他们见到了谷歌当时还不大的团队。这次就不再只是"愉快的会面"了，迈克尔·莫瑞茨把钱给了谷歌。

多年后，谷歌崛起，取代雅虎成为互联网的江湖霸主，而迈克尔·莫瑞茨则在对谷歌的投资中大赚了一笔。

最怕歇业

硅谷成为科技产业发源地和圣地，在迈克尔·莫瑞茨看来，有很多因素。硅谷附近有很多著名的大学，如斯坦福大学、加州大学伯克利分校和一些非常著名的医学研究机构。此外，也有风投的贡献。不过在迈克尔·莫瑞茨眼中，最重要的因素莫过于在这里创业起家的创业者（这个因素被他反复提到）。

确实，这就是硅谷的特色之一。硅谷就是一个呈现为网络的生态系统，不是一个单点的成功，是一堆进行了整合的网络铸就了硅谷的辉煌。

许多创业者都被硅谷的名声吸引而来，因为这里有太多成功的案例被记录在案了。此外，组建起一个公司的资源这里也应有尽有，人才、专家、律师、招聘机构、广告宣传，一切都唾手可得。要想想，仅仅一个沙丘路，就云集着多少顶级的风投机构。

红杉资本就在沙丘路上。

红杉是一种长青的树，是加州和俄勒冈州特有的树种，成树可以高达60～100米，树龄可以高达2000～3000年。**1972年，唐·瓦伦丁（Don Valentine）用这个名字命名他刚刚创立的风投机构时，也自然是希望红杉资本能如红杉一般发展壮大，基业长青。**

作为红杉资本的现任主席，迈克尔·莫瑞茨也不乏压力。他认为，无论是在什么年代，红杉资木都怕自己离歇业不远。这样的紧迫感让他们感到自己擅长的永远是下一项投资。

此外，迈克尔·莫瑞茨认为，红杉资本的团队在一起协作了很长时间，团队的稳定性很好地促进了业务。

红杉资本每进行一项投资，迈克尔·莫瑞茨和他的伙伴们就会对那一行业进行深入了解。他们了解得比别人更多，意味着红杉资本能看到更多潜在的投资机会，就如在互联网刚刚兴起时发现雅虎之后，红杉资本开始了长达20多年的互联网投资。在过去的三四年里，红杉资本的投资逐渐泛化，不过仍然以互联网为中心，红杉资本已经足以为自己做过的互联网投资画一张族谱。红杉资本同时也在观察其他行业的发展，在过去30年里，红杉资本扶起了各种各样的公司。

红杉资本也同样做过令其后悔的投资，但恰如迈克尔·莫瑞茨所言，红杉资本最怕的就是离歇业不远，因此即使在刚刚跨入21世纪时遭遇互联网泡沫时，红杉资本也没有停下来。在迈克尔·莫瑞茨的眼中，世界不会停下脚步，遭遇泡沫后，其实更有时间去思考，也更有时间去评估机会。斯坦福大学、加州大学伯克利分校、麻省理工学院和加州理工学院，它们将继续培养绝顶聪明的学生，他们会创新、有想法，其他人也会开创不同的公司，**无论时代好坏，硅谷的创新之泉都会继续流淌。**

风投心经

风险投资瞄准的多是创业企业。迈克尔·莫瑞茨认为，处于初创阶段的企业，无法提供大量的文件以供参考，没有成百上千的客户可供交谈，也没有数据表单可供查看，在这个时候，风投需要想得很清楚，思维要很清晰，要多问自己几个最基本的问题：创业企业究竟在做什么样的产品或服务？它的与众不同之处在哪里？这会吸引大量的消费者吗？创始人是否与众不同并能够全身心投入自己的事业？

即使面对曾经失败的创业者，迈克尔·莫瑞茨也表现出了很大的宽容，但他认为需要对曾经的失败者区别对待。一些事业上严重受挫的人在某些事上失败了，然后带着不同的或者全新的想法重新做起，那红杉资本就会成为他们的合作伙伴。不过，对那些早已习惯失败的人来说，红杉资本则不倾向于给他们投资。

迈克尔·莫瑞茨认为，如果一次重大的挫折让人变得更加谦卑，使人因此再也不想失败，而更加下定决心成功，那这样的失败是有好处的。

自然，我们也聊到了创业者们都关心的下一个大事情（The next big thing）。迈克尔·莫瑞茨认为，就投资领域来说，可以列出很多。与20年或者40年前相比，技术已经深入行业或者现代经济的各个角落，今年硅谷的投资手册就比去年要厚也要长许多，在上面可以查到各种时髦的词。

与此相对，真正难找到的是那些能创建有价值公司的稀有人才，能让你想到"天哪！如果我们能成为他的合作伙伴，很可能幸运之神就要光顾我们了"。

迈克尔·莫瑞茨坦言，他也不确定，最初谁也没想到苹果、雅虎、谷歌、思科等公司后来会获得如此巨大的成功，所以，下一件大事情是我们无法真正想象的事情，它总在你意想不到的人、意想不到的公司那里冒出来。

到2013年，迈克尔·莫瑞茨投资谷歌差不多15年了，投资LinkedIn也已经有10年了。从一个公司很小的时候就开始投资，在10年乃至15年后仍然拥有这个公司的股份，这才是迈克尔·莫瑞茨最为享受的状态。

风投是否会成就自己的颠覆者？

风投充当着互联网助产士的角色，在互联网的崛起中推波助澜。现在，互联网逐渐渗透各个行业，甚至引发了一些行业的颠覆性改变，这种冲击波及了金融领域，也波及了风投。那么，风投会不会成就自己的颠覆者呢？

2009年，一个叫Kickstarter的众筹网站诞生。Kickstarter为电影、游戏、音乐、艺术、设计等创意型项目众筹资金。Kickstarter官方网站2014年9月的数据显示，自2009年上线以来，已经有6.9万个项目通过Kickstarter，从700万人那里众筹到了10亿美元的资金。

当然，Kickstarter还不能完全比肩风投。Kickstarter所进行的众筹并不涉及股权，参与众筹的人并不能染指众筹项目的所有权，他们只是得到一些优先的权利，比如参与电影首映礼、获得更好的座位，或者在书籍上市时能早些拿到有作者签名的书，等等。

众筹重要的意义其实在于为发起众筹的产品找到第一批用户，做用户测试。如果一个产品无法找到足够多的第一批用户的话，那么再多的投资也是无意义的。

如Kickstarter一样的互联网金融会对风投产生冲击吗？我与迈克尔·莫瑞茨讨论。他认为，事情得分两面来看：从好的方面来说，企业融资更加方便了；但一个初创企业如果跑到Kickstarter去打广告的话，就是将自己的想法公示于天下了——在他看来，初创企业之所以能够胜出，要么就是行动比大公司更迅速，要么就是悄悄地干自己的事情。

但我想，迈克尔·莫瑞茨的另一个表达更能清晰地回答这个问题：在硅谷，没有一家企业无懈可击，没有一家企业所向无敌，即使如红杉资本这样的取得杰出成就的风投机构，也战战兢兢，唯恐歇业。

公司是如此，行业又何尝不是呢？再次引用迈克尔·莫瑞茨的观点来说，创新源泉总会流淌，从不停歇。

罗伯特·希勒：
金融与好的社会

早在2013年获得诺贝尔经济学奖之前，罗伯特·希勒（Robert Shiller）就已经在中国颇有影响。他的几本著作《非理性繁荣》、《市场波动》、《动物精神》等很早就在中国翻译出版。而在网络公开课风行中国时，罗伯特·希勒所主讲的"金融市场"成了热门课程，许多中国网友正是通过学习"金融市场"，认识了这位温文尔雅、睿智博识的教授。他是少数成功预见2000年股市泡沫的破灭和之后次贷危机的经济学家。

预测金融危机不是一件容易的事情。在次贷危机发生后，英国女王就曾尖锐地质问经济学家们为何没能预测到这场危机的来临，之后英国顶级的经济学家们不得不写信向女王道歉。

了解此背景，就不难理解罗伯特·希勒的《非理性繁荣》为什么变成畅销书了。2000年时，《非理性繁荣》第一版出版，书中剖析了在".com"的热潮中，股市价值被高估的现象。结果《非理性繁荣》刚出版没有几个月，股市就应声崩溃。到了2005年第二版时，罗伯特·希勒在书中加入了关于房地产泡沫的内容，他认为这个大泡沫离破灭也不遥远了，结果他再次不幸言中。

这种"乌鸦嘴"的本事可不是谁都有。罗伯特·希勒长于预见，2013年，诺委会把诺贝尔经济学奖颁给罗伯特·希勒时也盛赞了他的预见力。诺委会在正式对外的新闻稿中写道："如果仅仅几天或者几周的价格都很难以预测，那么要预见长达数年的价格是不是就更加困难了呢？不，罗伯特·希勒在20世纪80年代发现的模式告诉我们，情况不是我们想的那样。他发现的模式不仅适用于股市，还适用于债券和其他资产。"

但我们切不可因为教授成功预见了两次金融危机，就认为他只关注金融给我们带来的麻烦。事实上，罗伯特·希勒对金融推崇备至。在他的新书《金融与好的社会》中，**罗伯特·希勒揭示了金融是现代社会中的重要力量，而不是寄生虫，我们应该拥有更多的金融创新。在教授看来，金融就是人类活动的基础和驱动力。**

2013年，互联网金融热遍中国。和任何一次由互联网掀起的热潮一样，互联网金融里自然不乏新机遇，但也少不了泡沫，这也正是希勒教授所密切关注的主题。于是，我非常有兴趣地借希勒教授2014年年初访问中国之际，和他交流了对金融、对互联网，及至对互联网金融的观点和看法。

应该有人不以赚钱为目的地投身金融

希勒比较谦逊，他认为自己的身份首先是一个从教30年的教师，如前所述，全世界有不少人是因为"金融市场"这门网络课程而认识希勒。同时，希勒也是位多产作家，而且他的影响绝不仅仅局限在学术圈这样的小范围里，《非理性繁荣》到今天都还是美国亚马逊的畅销书。

正是教师和作家的身份让希勒形成了一种观点，这种观点也是他长期以来都在推广的信念：**金融是现代文明的核心，每个人都应该了解金融，而且应该有人不以赚钱为目的地投身金融。金融业虽名声有些不太好，甚至被人说成是"捞钱的"，但事情不该如此。**

首先自认为是教师、作家，其次又认为应该有人不以赚钱为目的地投身金融，由此，我们不难理解为何在获得诺贝尔经济学奖时，希勒会表现得如此平静。

教授回忆说，那天早上6点诺委会打电话来时，他刚刚洗完澡，接到电话一时没有回过神，还以为是谁的恶作剧，连他妻子都认为这是个玩笑。不过最后，他还是相信了自己获奖的事实。

阿尔弗里德·诺贝尔本来并没有设置诺贝尔经济学奖，经济学奖是1968年诺委会增设的，增设该奖项的其中一个缘由就是：数学这门学科在经济学中的渗透让经济学成熟起来。之后，诺贝尔经济学奖也大半被颁给了善于熟练使用数学工具的经济学家。

罗伯特·希勒从前专研古典经济学，但他现在最大的成就却是在行为金融学、行为经济学领域。希勒觉得自己是个非常有批判精神的人，总在不断地寻找漏洞。

教授认为，20世纪六七十年代的经济学过于极端，他们以绝对理性的人类为核心来建立模型，把心理学、社会学、历史等拒之门外，觉得只要用数学就可以了，这其实有失偏颇。

数学虽然重要，但不能由此便轻视其他学科。人并非是完全理性的，人不完全理性，市场也便有可能会疯狂，我们必须得正视这个事实。

希勒认为，他所从事的行为金融学研究实际只是恢复了过去被"理性"和"最优化"所代替了的经济学，他合理地重视了数学之外其他学科，以及研究人类行为和事件的其他方法，他不失幽默地表示，有一个因素对此颇有影响：他娶了一位心理学家。

非理性繁荣

希勒的目光聚焦在金融领域，在其著作《新金融秩序》和《金融与好的社会》中，他阐述了现代社会是如何依赖金融蓬勃发展的。金融是引导人类活动的力量，也是一种需要经常实验并不断进行改进，以适应当前经济形势的技术。很多人都没有意识到，金融是现代社会的基础，无论我们做什么事情，都需要分配资源，需要让参与的人们目标一致，在任何组织之中，金融其实都可以起到这种作用。

不过，金融中同样存在各种疯狂。《非理性繁荣》是希勒的代表作之一，但这个词并非他的发明，据希勒本人表述，这个说法在100多年前就很流行了，那时的人就用这个词来形容金融市场。

1996年，艾伦·格林斯潘（Allen Greenspan）在演讲中谈美国金融资产价格泡沫时，提到股市上涨是"非理性繁荣"，这句话造成了之后日本股市的下跌。但在希勒看来，格林斯潘不过是顺口说了一句而已，人们抛售日本股票的真正原因是，人们只是希望别人会因为这点风吹草动而抛售股票，因此想抢在别人卖出股票之前，把自己的股票卖出去，如此而已，这一举动并没有经过什么周密的计算。

希勒认为，全球的股市近来都上涨了不少，但相对于2000年来说，事态的发展才只进行了一半，未来很难预测。他认为，市场越来越有投机的意味，房地产市场尤甚：一旦上涨，人们就会期望再涨；而跌的时候，人们则会抛售砸盘。**世界上的人们都认为自己活在自由的市场经济之中，自己必须顾自己，其他人不会管自己。这影响有好有坏：好的一面是，商业更加繁荣；坏的一面是，波动性也更大。**

信息技术和金融应该互相融通

互联网崛起对金融的影响有多大？这是在互联网金融前沿进行探索的我所关心的问题。希勒认为，必须鼓励金融创新，让更多人享受金融的便利，当然，也要关注金融带来的风险。

在希勒看来，人类的重要活动都需要钱来支撑，金融是人类活动的驱动力和基础。金融也是一种需要不断试验改进，以适应当时经济形势的复杂技术，金融业和技术有关，信息技术的发展让金融获益。

互联网是推动金融民主化、平民化的力量，互联网可以消除地域差距，帮助人们学习，甚至可以协助人们制订更精确的合同。人们都想简化金融，但希勒认为，信息技术可以帮助金融实现更复杂的功能——比如可以利用大数据来精细计算合同的价值等，而让合同变得更加有建设性。希勒认为，因为金融创新和信息技术的相互作用，世界正在变得更加美好。

当然，新技术的出现可能会加剧不平等，希勒认为经济上的不平等就是一种巨大的风险。两百年前，这种情况就存在了，工业时代，法国鲁贝的工人们曾因为机器让他们失业而砸毁机器。同样，互联网也可能造成人员失业，加剧不均。

但另一方面，互联网也可以减少不平等。例如，过去有一种不平等的来源——火灾，遭受火灾的人就会无家可归，但保险的出现解决了这个问题。时代在进步，我们要做的就是解决类似的问题。我们应该思考如何让人们可以承担风险，而且过得充实，即使遭遇个人风险也不至于一筹莫展。互联网可以帮助人们分散风险，或者利用大数据来写出更加完善的合同，等等，这类似一种更加广义的保险。

信息技术与金融的结合带来了很多创新，也会催生泡沫。比如说，2013年，比特币的价格从10美元暴涨到1000美元，在希勒看来，这就是典型的泡沫。比特币看似可以独立运作，但这也让其变成了投机者的天堂，造成了市场的混乱。

不过，希勒认为，这仍然是一种创新。目前，我们还在用数千年前就发明了的硬币，但或许应该有新事物来取代它。比特币可能创造了泡沫，但我们的确需要更好的支付系统。**支付技术是一个很有希望的新领域，人们都希望商品的价格更准确，合同更为清晰，支付更加方便。**

信息技术的发展有可能改善商业和金融的运作方法。谈到互联网金融可能产生的影响，希勒认为，实体科技和金融之间是相互交融的，金融创新的价值不会马上被人们认识，正如印刷机诞生一个世纪后，才出现了报纸，印刷机的价值才体现出来一样。在历史上，实体科技和金融技术相互作用，带来了非凡的成果，但这个过程比较慢，新生的互联网技术也同样适用于这一规律。发明实质是发现这些发明如何相辅相成，又如何与人们的心理相互作用，不去试一试，我们根本无法知道人们对新的互联网金融技术会如何反应。心理学、行为经济学和互联网金融交融在一起，相互作用，终将改变世界。

互联网与金融民主化

网络社会的崛起，让各个领域在近一个世纪以来相继发生了从"自上而下"到"自下而上"的变革。在经济领域，我们从计划经济走向市场经济；在管理领域，我们从控制型管理走向激励型管理；在文化领域，流行文化日渐昌盛，精英文化不再一统天下；在思想领域，进化论被广泛接受，创世论逐渐成为过去时；世界也正从单极走向多极。

这样的变化同样在金融领域里发生，个人越来越把握金融的主动权。

20世纪50年代，消费者贷款开始。1958年，美国银行（Bank of America）试发行了6万张信用卡，世界从此进入了中产阶级"透支未来"的信用卡时代。

20世纪70年代开始的货币市场基金使得股票变得大众化。历史数据显示，1950年，仅有9%的美国人拥有股票，而到了2000年，则有超过50%的美国家庭拥有股票。

20世纪80年代，迈克尔·米尔肯（Michael Milken）开创了"垃圾债券"业，将信用等级低的中小企业拉到同一起跑线，成就了MCI（美国第二大长途电话运营商）和CNN。

1999年，PayPal在电子支付上的创新让任何人不仅可以用信用卡付款，也可以用信用卡收款。到了2009年，Square更进一步地创新了支付手段，让任何手机都可变为POS机。

2005年，Zopa（Zone of Possible Agreement，互联网上第一家P2P银行）诞生，它开创的P2P贷款，让任何人都可以绕开银行，实现放贷和借贷。

金融和互联网一样，同样具有"水"的性质。它的影响力并不会只局限在某几个垂直领域里，而是渗透在各行各业、各种专业领域的诸多细节处，无声地使世界发生改变。因此，当互联网和金融相遇、成就互联网金融时，它的渗透力会更强，推动自下而上、更具普惠性的金融民主化。

现在的互联网金融的创新主要分为三种类型。

其一，工具层面，网络银行等就属于这个层面。在这个层面上，多是传统金融把互联网作为一种纯粹的工具使用，注重的是便捷、低成本地实现金融功能。

其二，平台层面，第三方支付、P2P、众筹等属于这个层面。这个层面的重点在于，整合资源，打造开放的平台。这些平台不再是传统金融的工具，正相反，它们正在某种程度上创新传统金融的职能，例如P2P之于传统银行，众筹之于传统证券。这些平台强调的是信息透明、分享增值，注重提供金融功能服务，更注重以数据的积累推动平台的长足发展。

其三，内核层面，比特币属于这个层面。这个层面就是完全基于互联网技术实现的金融创新，比如比特币的防伪、防通胀乃至信用背书都基于互联网。比特币实现了去中心化，没有一个人或组织能从完全意义上控制住它。尽管只是在一个小范围里流通和被认可，但比特币仍然彰显了自身的生命力和创新意义。

雷诺·拉普兰赫：
破浪金融蓝海

Lending Club（贷款俱乐部）的办公室在旧金山金融街旁。作为最早的P2P借贷平台之一，Lending Club颠覆了传统银行的借贷模式，开启了互联网金融的新时代，实现了借贷的民主化。雷诺·拉普兰赫（Renaud Laplanche）来自法国，热爱航海，喜欢冒险，曾经两次赢得法国帆船赛的冠军。拉普兰赫过去是个律师，完全没有金融和银行的背景，但在他看来，自己最大的优势恰恰是之前没有任何从事金融行业的经验，而这反而能使他大胆地跳出框框去思考。**金融行业的颠覆式创新不会来自内部保守的专家，而是来自于无畏的外行。**

2014年6月底，正在我们准备写Lending Club时，一个振奋人心的消息从大洋彼岸传来：Lending Club已经启动了上市的准备工作，估值达到了约40亿美元。

这则消息迅速获得了中国媒体的关注，并在互联网金融圈里掀起热浪。中国媒体以"美国P2P借贷平台上市将引发中国P2P借贷平台资本狂欢"为题加以报道，那几天，我的微信朋友圈不时被这则消息刷屏，许多人弹冠相庆，仿佛上市的是他们自己的公司。

P2P，去中心化的互联网精神

表面看来，这多少有些让人难以理解。不少人对Lending Club闻所未闻，它也未曾在中国开展业务——虽然他的联合创始人苏海德（Soul Htite）确实到中国创办了一家P2P借贷平台公司"点融网"——即使作为一个资本故事，40亿美元的估值也实在太少，与Facebook、苹果、谷歌这些动辄以千亿美元计值的"大恐龙"相比，实在不值得一提。

但是，Lending Club在互联网金融圈就是这样备受关注，这到底是为什么？因为它是一个划时代的互联网概念——P2P的代表和典范。

P2P是一个互联网用语，具体是指Peer to Peer，直译为中文就是点对点，它最早被用来指称一种去中心化的网络技术——对等计算。例如过去许多人用到的电驴下载、BT下载，背后支撑的就是P2P技术。所以大家对P2P技术最直观的体验是，下载的人越多，下载的速度反而越快，因为参与下载的人都在贡献他的计算机资源。这和过去大家以一台服务器为中心进行下载，下载的人越多速度越慢，是大不一样的体验。

因此，P2P最终体现的是一种互联网精神：它是去中心化的，不是一堆计算机向一个中心服务器要资源；它是开放的，可以让更多计算机参与进来；它也最充分地体现了参与的力量，每个参与者之间都相对平等，享受资源也贡献资源，最终使资源得到最大化的利用。

Lending Club，P2P的金融实践

Lending Club就是P2P这种互联网精神在金融领域进行实践的代表。在P2P借贷平台诞生前，大家存款也好、贷款也罢，想要金融资源就去找银行，银行是金融资源的中心，能订立规则，能规定存款和借款的利率，要从银行得到服务，就得遵从这些规则。

有了以Lending Club为代表的P2P借贷平台以后，许多人就不找银行了，投资

者和借款人可以直接通过P2P借贷平台"点对点"地完成借贷。那么，P2P借贷平台在其中扮演什么角色呢？

P2P借贷平台首先解决了信息不对称问题，帮助投资者找借款人，也帮助借款人找投资者。此外最重要的，作为金融平台，P2P借贷平台还解决了风险控制问题。比如说，Lending Club会把各项投资的信用等级列出来，风险越大，收益就越高，你偏好什么风险和收益，就进行什么样的投资，因此，P2P借贷平台把选择权重新交回了投资者。

金融P2P的本质就在于去中心化、去媒化，实现金融民主化。P2P也成为自有现代银行以来首个去媒化的互联网金融创新，这形成了对传统银行的冲击。借款人因为网络而有了更加完备的个人信用记录，直接获得借款；而投资者则获得了更加透明的信用和风险信息，并根据自己对收益的偏好和对风险的容忍程度做出投资决定。当然，不能忽视的是，P2P借贷平台得以实现，还有一个更为重要的现实基础——电子支付让资金通过网络快速安全地流通成为现实。

厘清了P2P借贷平台作为一种互联网精神产物的革命性意义，我们还得费点笔墨说说Lending Club的行业地位。它不是世界上最早的P2P借贷平台公司（最早的P2P借贷平台公司Zopa在英国），甚至不是美国最早的P2P借贷平台公司（美国最早成功的P2P借贷平台公司是Prosper），**但它却是一个成功通过互联网经营信用和风险的公司。这不仅得益于它身处美国相对完善的征信环境，更得益于它自身强大的风控体系和经营理念，要知道，金融的本质就是经营风险。在这个意义上，Lending Club是全世界的典范。**顺带可提及的是，Lending Club的首席风险官陈超美是位中国人，她早前毕业于西南交通大学。

截至2014年3月底，Lending Club贷款金额已超过40亿美元，远超过Zopa的5.6亿英镑和Prosper的10亿美元。因此，Lending Club的上市计划备受瞩目，尤其是在互联网金融如火如荼、P2P借贷平台的热潮一浪高过一浪的中国。

"点对点"的结缘

我约到Lending Club的首席执行官雷诺·拉普兰赫的过程本身也非常具有"点对点"的P2P精神。我在LinkedIn上轻易就搜到了拉普兰赫，随后向他发出了邀请，第二天就收到答复：他非常乐意接受我的采访。整个过程没有中间人，只是因为我们同处互联网金融领域，也有共同的背景——他之前的公司卖给了我的老东家甲骨文，邀约就通过互联网"点对点"地便利地完成了。

Lending Club现在的办公室在旧金山金融街旁，而最早的时候，则在硅谷。从根本上说，它最终提供的是金融服务（这也可以给国内时下热议的互联网金融究竟重在互联网还是重在金融的争论做一个小小的注脚）。

在Lending Club的办公区挂着一个字母钟，任意的时间都可以用字母钟上的一个个亮起的字母组合出来。办公室里还摆放着一个很大的舵盘，它昭示的是拉普兰赫对过去航海生涯的怀念，这位充满开创性的法裔美国人，曾经在1988年和1990年两届法国帆船锦标赛中夺冠。

航海家的视线总是瞄准远方，有远大的愿景，因而敢于冒险和与眼前的惊涛骇浪做斗争，这种精神决定了拉普兰赫不是安于现状而是敢于跨界的人。拉普兰赫最早做过律师，随后又成为TripleHop的联合创始人和首席执行官，并最终在2005年将它卖给了我的老东家——甲骨文公司。

硅谷企业家创业的出发点常常不是现状，他们总喜欢憧憬"这个世界应该是什么样子的"。他们的思考首先源于用户体验，探究最好的用户体验会是什么，然后才审视现实，看看要如何改变现实才能做到愿景中的用户体验——这是硅谷创业家的精神。而其中，连续创业企业家更是乐此不疲地贸然闯入本不属于他们的行业，用愿景去撕裂和重构这些行业，包括大名鼎鼎的乔布斯、埃隆·马斯克，当然也包括拉普兰赫。

所以在交谈中，拉普兰赫津津有味地告诉我，之前不了解消费信贷反而是他的一个优势，这样他就可以从零开始，把它做成它最应该是的样子。经验可能是包袱和框框，没有经验倒可能是财富——在拉普兰赫的头脑里，最有效的融资和分配资本的方式就是发挥市场的作用来供给需求，他才不管银行看起来有多么强大呢。

从自己的账单中发现商机

拉普兰赫最早从自己的账单中发现了P2P借贷平台的商机。他在留意了自己的信用卡账单和储蓄账单之后敏锐地发现，如果信用卡逾期的话，那他要支付高达18%的利率，而如果把钱存进银行，赚到的利率还不到1%。这中间如此巨大的差价，让拉普兰赫看到了商机。

拉普兰赫立刻着手去研究这个差价的来源，最后他发现，这个巨大的差价首先来源于银行的运营成本；其次，吸收存款，然后放贷，银行还要承担这一过程中的风险；此外，短期存款和长期贷款也存在着许多不匹配（例如，把钱存进银行的人随时可能来取款，但贷款者却只会按期甚至逾期来还款。这就需要银行解决期限匹配的问题）。因此，拉普兰赫强烈地感受到，完全可以有一种基于市场的，能降低成本、减少系统性风险、使得期限匹配更完美的机制。在这种合理的机制中，投资者和借贷者都认可同样的到期日、同样的利率，风险和责任都能得到完美匹配。于是，在P2P借贷平台兴起的大潮中，Lending Club诞生了。

2007年，Lending Club迎来了自己的第一个客户。这是一位来自马萨诸塞州的波士顿人，他想改造自己的房屋，需要7000美元的资金。这笔款项不大，但当时的Lending Club却花费了差不多两个星期才找到足够的投资人去凑够这笔钱。

漫长的等待会让很多借款人失去耐心。如何才能说服投资人信服Lending Club呢？拉普兰赫认为，应该从一个人们彼此已经相互认识、已经有信任的环境起步，于是他想到了Facebook，这个之后称雄全球的社交网站。扎克伯格积极推动了真人社交，因此，Facebook有Lending Club发展所依赖的信任土壤（见本书马克·扎克伯格篇）。随后，Lending Club的应用程序成为Facebook最早的五个应用程序之一。这一策略果然奏效，Lending Club借助Facebook很快做得风生水起。但拉普兰赫并不满足，因为当时的Facebook太过局限于学生。Lending Club开始向Facebook之外拓展，他们的业务很快就做起来了。

核心武器，经营信用和风险

Lending Club的业务能快速发展，除了得益于卡住了市场需求的脉搏之外，很重要的一个原因就是，它充分利用了互联网来经营信用和风险。**互联网产生的风险，同样可以通过互联网来解决**。通过网络，Lending Club可以即时使用各种各样的数据，这是传统银行难以做到的。例如，它可以识别访问者的IP地址，识别究竟是哪台具体的计算机提交了申请，还能对借款者的过往情况进行提问——这些问题只有实际的借款人才能回答出来，总之，通过使用多样的数据来核实借款者的身份。

在风险控制上，美国已经有了完善的个人信用体系，且三大征信机构——环联、益百利、意可发（TransUnion、Experian and Equifax）和FICO评分已经深入美国人与金融相关的生活的方方面面。这同样成为Lending Club考察借款者个人信用的重要依据，但除此之外，Lending Club还可以利用用户在网上的足迹等数据。

最终，Lending Club对借款者的信用等级做出了从A到G共7个大等级35个小级的区分，以供投资者根据自己对风险的偏好做出合理选择。参见下图。

	Outstanding		Fully Paid		Current		Late		Charged Off		Default		Payments Received	Avg. Interest Rate	Net Annualized Return1	Adjusted Net Annualized Return1
	#	$	#	$	#	$	#	$	#	$	#	$				
A	31526	$304,568,656	11305	$114,411,650	31322	$302,622,843	198	$1,570,194	1027	$6,420,132	6	$27,263	$291,200,593	7.71%	5.75%	5.47%
B	67559	$646,377,369	15853	$183,643,048	66720	$637,850,588	812	$6,987,481	2974	$23,566,461	27	$244,984	$548,624,180	11.81%	8.83%	8.17%
C	56496	$658,653,865	11042	$135,448,774	55360	$644,987,990	1119	$11,869,426	3031	$27,136,641	17	$191,068	$434,999,358	15.27%	11.48%	10.17%
D	31763	$378,746,511	6670	$88,309,699	30855	$367,056,410	895	$10,043,265	2537	$25,603,059	13	$170,504	$272,839,329	18.26%	12.20%	10.38%
E	14244	$215,693,319	2811	$48,859,425	13701	$207,196,173	536	$8,298,381	1399	$18,962,549	7	$108,653	$158,462,839	21.08%	13.87%	11.48%
F G	7266	$124,189,369	1421	$28,757,950	6874	$116,140,166	386	$7,031,481	925	$15,143,533	6	$93,298	$94,413,560	23.62%	13.88%	10.57%
Total	208854	$2,329,229,089	49102	$599,430,544	204832	$2,275,854,170	3946	$45,800,228	11893	$116,832,375	76	$835,770	$1,800,539,859			

Net annualized returns are calculated using the formula described here. Past performance is no guarantee of future results. Lending Club Notes are not guaranteed or insured, and investors may have negative returns.

Lending Club对风险进行分级的方式

今天，Lending Club已经拥有了广泛的影响。截至2014年3月31日，Lending Club的贷款量累计超过40亿美元，支付给投资者的利息累计达到3.79亿美元。有人借款来修缮房子，有人借款在莫哈韦沙漠买地来设置训练营，甚至有人借款来为太空旅行做准备。不过，大多数人是通过Lending Club来找到成本更低的借款，以偿还利息更高的未清账务，截至2014年3月31日，这部分借款高达Lending Club借款总量的83.7%。

P2P借贷平台的生命力来源于互联网

Lending Club的发展非常迅速，但无论Lending Club还是整个P2P借贷市场，比起美国12万亿美元的庞大的借贷市场来说，还只是沧海一粟。拉普兰赫也认为，传统的银行不会消失（实际上，近年来美国银行的数量明显呈逐年收缩的趋势），总会有银行能适应新的形势。Lending Club也在和一些银行建立合作关系，让银行成为Lending Club的资金来源。在拉普兰赫看来，Lending Club的运营成本很低，而传统银行则有资本成本优势，因此，和银行建立合作能为客户提供更好的服务，而银行也能够拥抱变化，实现转型，聚焦于自己最擅长的领域。

拉普兰赫的自信，正源于他对于互联网的强烈信念。

首先，Lending Club通过互联网提供了更大的透明度及更低的成本。在拉普兰赫看来，金融危机爆发的原因就在于银行体系缺乏透明度，而Lending Club可能是全美透明度最高的借贷者了——**如果需要的话，人们可以从Lending Club的网站上找到每笔贷款的每一个细节。他们把透明做到了极致。**

此外，利用互联网可以降低借贷成本，这不仅体现在Lending Club的运营当中，包括对冲基金、保险在内的整个金融业都能从中受益。拉普兰赫特别提到互联网使支付发生的改变，移动技术尤其让支付极大受益，因而使用户的支付更加便利，成本也更低。

拉普兰赫同时认为，**互联网带来的革命之处还在于，它把主动权交还给了用户。除了提高透明度和降低成本，用户还能控制自己对费率、服务机构、支付机**

制的选择，可用的服务范围一下子被大大拓宽了，用户因而从中受益。这正如谷歌让中小企业绕开广告中介，掌握广告的主动权，让广告的价格更加透明一样。

因此，拉普兰赫认为，依靠互联网，P2P借贷平台和互联网金融会拥有更加远大的未来，会成为主流，甚至替代原有的银行体系，而且这将是一个全球的趋势。

拉普兰赫的愿景，是Lending Club能成为美国和其他更多地区那些寻找信贷和其他金融服务用户的首选。随着规模的扩大以及不断的创新，Lending Club会越来越有吸引力。

互联网金融在中国的崛起

Lending Club在美国很成功，可有意思的是，即使在美国市场上存在诸如PayPal、Kickstarter、Lending Club、Prosper等明星企业，互联网金融这个概念在美国也远不如在中国那样火热。事实上，美国不谈互联网金融，只讲Fin-Tech（Financial Tech，即金融技术）。

这是因为美国的金融体系相对发达。20世纪70年代末，美国开始进行宽松管制，这使美国的金融系统相对较好地完成了去中心化过程，使金融能够服务更多的中小企业。尽管近几年美国的银行数量呈现下降趋势，但美国联邦存款保险公司（FDIC）的资料显示，美国商业银行的数量在2013年年底仍然达到约7000家。金融已经深深渗透进美国人生活的方方面面，只要观测Lending Club的数据就不难看出，大多数的借款者将借来的钱用于偿还信用卡或者其他债务。

中国情况有所不同，在中国，互联网金融更大的服务对象是庞大的中小微企业。

国家工商行政管理总局的统计数据显示，截至2014年2月，中国实有企业数量达到了1546.16万家，个体工商户达到了4480.18万户，农民专业合作社则为103.88万户，总计6000万户左右，而这些市场主体中的95%以上是中小微企业。

《全国小型微型企业发展情况报告》披露的数据显示，我国中小企业创造的最终产品和服务价值相当于国内生产总值的60%，纳税金额占国家税收总额的50%，完成了65%的发明专利和80%以上的新产品开发。

中小微企业在中国虽有如此举足轻重的意义，但众所周知，中小微企业在中国普遍有融资难的问题。因此，互联网金融对于中国崛起、服务好中国的中小微企业，具有更加深远的意义。

尽管面对的市场有所不同，但Lending Club依旧有很多值得借鉴的地方。它真正在用互联网精神去解决问题，包括由互联网本身所带来的问题。Lending Club还创造性地将传统的个人征信数据和网络数据结合起来，利用互联网生成和处理数据的便捷性，更全面地对借贷者的信用做出尽可能客观的评价。**利用互联网完善信用和风险体系，这是Lending Club能在诸多同类平台中胜出，而最终成为全球典范的重要核心原因之一。**

就互联网金融而言，中国与美国相比拥有更为广阔的市场，但尽管如此，中国实际上也面临着更大的挑战。例如，我们的个人征信体系还有待完善，这样的挑战甚至要远远大于Lending Club当时所面临的。在中国，我们确实需要更加创造性地用互联网解决问题。目前，易宝支付就在积极利用我们长年积累的交易数据，采用大数据技术来完善风险控制体系。这是因为，交易是商业的核心行为，而交易最终通过支付实现，充分利用支付数据，可以为互联网金融的风险控制和长足发展打下坚实基础。

5 互联网反思录

　　截至2013年年底，全球已经有约27亿人从原子世界迁入比特世界。这是继农业革命、工业革命之后人类文明的又一次跨越，我们不能用几个简单的词句概括如此广泛而深远的影响，而需要持续深入地反思。

保罗·莱文森：
数字时代的马歇尔·麦克卢汉

保罗·莱文森（Paul Levinson）被公认为是数字时代的马歇尔·麦克卢汉（Marshall Mcluhan），他重新诠释了麦克卢汉的名言——"媒介即讯息"。在历史上，媒介反映了社会变革，媒介的演进也推动了社会变革，媒介进化史是与社会进步紧密联系在一起的。

毫无疑问，在媒介理论研究中，马歇尔·麦克卢汉是当之无愧的泰山北斗，他所提出的"媒介即讯息"、"媒介是人的延伸"等观点，直到今天都是传媒理论研究热议的焦点。

麦克卢汉所处的时代是传媒巨变的时代，在他1964年出版《理解媒介》时，广播、报纸、杂志等媒体已经深入人们的生活，而电视，尤其彩色电视也开始普及，媒体成为人们生活中密不可分的一部分。但很遗憾，麦克卢汉在1980年就与世长辞，未能在有生之年看到互联网崛起及互联网所带来的传媒变革，否则大师定能抛出更加精彩的观点。

变革常常更能推动人们抛弃成见，激发全新的思考，催生有洞见的观点。互联网的崛起，再次把媒体推入激荡的变革中，自然，我们这个时代不会缺少对媒体的新思考。纽约福特海姆大学传媒学教授保罗·莱文森是当代一位杰出的媒介理论家，我在他的办公室里与他讨论了媒体的变革。很有意思，保罗·莱文森的很多著作都被翻译为中文，他蛮关心自己在中国的影响力，而且很想把自己的科幻小说也推到中国来。

"媒介即讯息" 在当代的演绎

保罗·莱文森在20世纪六七十年代就读过麦克卢汉的作品，那时他觉得麦克卢汉的观点难以理解，甚至是错误的。麦克卢汉陈述道，人们在电视里看到的内容并不重要，重要的是人们是通过电视看到这些内容的。"媒介即讯息"，麦克卢汉这个颠覆性的看法让保罗·莱文森颇感费解。

不过后来，越审视麦克卢汉的说法，保罗·莱文森就越感到后面蕴含深意。比如同是一部电影，可以在电影院里放，也可以在电视里播，但同样的内容却带给我们不同的体验。在电影院里，我们通常是和别人约会，需要穿着讲究，注意妆容和举止，以防在大众之前失礼。但看电视就大不一样，我们多是在家里，甚至可能穿着睡衣。

这还是20世纪六七十年代的事情，而进入21世纪，媒体进化突飞猛进，我们就更能意识到麦克卢汉观点的深意所在。比如今天，你需要坐在客厅或者其他有电视的地方，才能看到电视。但如果你想要在YouTube上观看同样的内容，则根本不必拘泥于自己是否正坐在客厅，只要拿着手机、平板电脑，就能在世界上所有有网络信号的地方观看，想看多少次就看多少次，想什么时候看就什么时候看。非但如此，你甚至可以拿着麦克风和摄像头创造YouTube上的内容，而在过去，只有专业人士才能借助专业设备做到这一点。**"媒介即讯息"，这一理念在数字时代得到了淋漓尽致的演绎。**

媒体进化论

对于媒体的演进，保罗·莱文森进行了非常多的思考。他所坚持的方向是，媒体会越来越人性化，保罗·莱文森早年的博士论文《人类重演》所持的就是这样的观点，这倒跟未来学家史蒂夫·布朗（见本书史蒂夫·布朗篇）英雄所见略同。在那篇论文中，保罗·莱文森提出了"anthropotropic（人性化趋势）"这个词——"anthropo"指人类，比如人类学；"tropic"是朝向和趋势的意思。**保罗·莱文森认为，媒体发展就是朝着人性化方向进行的。**

在保罗·莱文森看来，媒体只有人性化、满足人们的需求，才可能生存下来，否则就会被淘汰。他举了一个历史上非常有名的例子：在媒体的发展中，广播遭到了电视的冲击，而无声电影遭到了有声电影的冲击，但广播到现在仍然存在，而无声电影却退出了历史的舞台，这是为什么呢？

保罗·莱文森对此反复思索，终于领悟：人的听觉系统即便在完全黑暗的情况下也可以正常发挥作用，即使你是在东张西望甚至是闭上双眼，你仍然可以听到声音，因为我们无法闭上耳朵，我们有眼皮却没有"耳朵盖"。所以，只听不看早已经是人们所习惯的一种交流方式，这才是广播继续存在的原因。而相反，只看不听的交流方式对于人类来说并不自然，所以无声电影才退出了历史的舞台。

我们现实生活中的场景也很容易印证保罗·莱文森的看法。比如说，随着汽车的普及，交通广播台日渐流行；又比如说，人们在跑步、行走时随身听音乐等。人虽是视觉的动物，但听觉其实在很多场景里仍然发挥着重要的作用。

所以，新媒体不是意外出现的，它们被发现或者发明出来，核心还是在于满足人的需求。例如，倘若你用过老式的打字机，并且曾被因打错一个字母就必须重新放入纸张而折磨，你就会知道计算机的发明是何等正确。如果输入错误，完全可以删除重来，这显然更人性化。

新媒体能够改善传统媒体的问题，却也常常被人诟病。**在保罗·莱文森看来，每次技术进步虽然改善了其他技术，同时也创造了新的问题。每种技术都是有缺陷的，根本没有完美的技术，因此，不应该为此去批评技术。**正如窗户曾经是一个伟大的发明，让我们看到屋外的景象，但窗户也同时暴露了我们的隐私。在这个时候，我们就可以采用"补救媒介"，比如窗帘、百叶窗等，它们能让我们享受窗户的优势，但又避免它的缺点。

媒介也有同样的遭遇，在电视诞生初期，有人批评电视，认为电视的内容瞬间即逝，不如书籍或者报纸那样可以保存下来。这也许是电视的一个缺点，但不意味着电视作为一种新媒体就应该被淘汰，人类发明了作为"补救媒介"的录像设备，这种设备可以让电视内容被重新获取。事实上，电视作为一种更符合人们需求的新媒体在书籍报纸之后发展起来了。

当代新媒体超越信息传递

今天的新媒体更进一步，让人们不是只在被动接受信息，还可以创造内容，可以彼此交流。而且这种交流超越了人原初面对面谈话交流的范围，将交流扩大到了全球。

在古希腊时，苏格拉底不喜欢著录，在某种程度上是因为苏格拉底认为读者可能对文字有疑问却无法直接得到反馈。但今天的新媒体，比如博客，完全可能让读者和作者互动起来。这就是媒体更切合人们需求的明例。

当然，互联网又无可避免地制造了一些新问题，比如暴露我们的隐私，比如产生错误，但也是历史第一次，因为互联网的发展，媒体给公众提供了足够的信息，更贴近人们的需求。

况且互联网自身就可以充当"补救媒介"的角色，比如说，互联网虽然给人们提供了创造内容、传播内容的便利，但也因此让错误更加容易产生，幸好互联网可以从多个渠道获取信息，从而形成纠错的机制。

保罗·莱文森曾比较过维基百科和《大英百科全书》的错误比例，结果发现，这两者的错误率不相伯仲。这出乎很多人的意料，因为维基百科是开放的，任何人都可以编辑，而《大英百科全书》则有一个强大的专家团队提供智力支持。不过，也正因为维基百科是开放的，所以有大量的读者和编辑，因此可以很快发现错误，也可以很快消除错误，最后反而使错误没有那么多，这就是群体智慧。

所以保罗·莱文森认为，数字革命使"把关人"减少。你不再需要一个披着长发的制片人或者导演来指手画脚，自己就能把自制的视频放到YouTube上。也不再需要戴着厚厚眼镜的老编辑把关，通过互联网就能直接出版书籍，并把它放在Kindle上，使它直接面对读者。

非但如此，新媒体还缩短了言语和行动的距离，比如现代的行为艺术"快闪"。组织一大群人，不再需要成立一个委员会，然后提前好几个星期到处贴海报告知大家聚会的时间、地点，而是走到一个地方，用手机把信息发送给自己的朋友或者粉丝。如果这件事情足够有趣或者有号召力的话，很快就会有成百上千的人在那里集合。这种快闪行动在新媒体出现之前是难以想象的。

这还会带来更加深刻的变化。在保罗·莱文森看来，传统的企业基于19世纪的信息模式，工业革命基本基于纸质媒体，而20世纪，新媒体开始出现，但企业经济模式并没有发生本质的改变，只是对旧有模式做了一些修正。

但今天的情况是怎么样呢？**在新媒体的冲击下，旧的模式开始衰退，人们被迫从旧的经济系统中脱离出来，依靠自己去经营**。比如说，著名的电影制片人斯派克·李（Spike Lee）不想再依循传统思路，到处求人赞助电影，而是转向了著名的众筹网站Kickstarter，希望公众能赞助他拍电影，最后他成功了。这样的模式与传统工业时代的经济模式完全不同，给人们提供了另外一种选择。只是，旧的模式虽然会衰落，但是不会完全消失，还会存在相当长的一段时间。

我们在朝着一个新的世界前进，但我们并不知道最后的目的地是哪里，保罗·莱文森评述道。

互联网只是一种形式吗？

互联网与传统行业之间有什么关系？一种观点认为，互联网只是一种形式、一种工具，或者说，互联网只是手段，而不是目的。

但如果我们置身于麦克卢汉和保罗·莱文森的视野里，以及"媒介即讯息"

的语境里，就很容易发现互联网作为一种媒介，不仅仅是简单地反映传统行业的内容，也不仅仅是简单的媒介通道，互联网会反过来改变传统行业产品、服务的实质，对传统产业产生结构性的冲击，带来新的业态和组织方式。

综观媒介发展的历史，媒介从来都不是一个只简单被动反映社会变革的通道，事实上，媒介在主动推动社会变革上始终发挥着积极的作用。

例如，在15世纪发生的古登堡活字印刷革命，使得《圣经》很容易被翻译成各种语言，并实现大量发行。信仰从此不再被罗马教廷垄断，而这无疑直接促成了后来的新教改革以及欧洲的现代性转型，并为后来民族国家的建立奠定了基础。

今天，互联网新媒体的出现势必将产生同样深远的社会影响。恰如本书所描述和探讨的，这样的影响已经不简单是在信息和知识的传播层面发生，而是在各行各业，在社会的各个层面发生。从万维网出现到2013年年底，不到30年的时间里就有约27亿人成为网民，从原子世界迁徙进入网络世界。这样的影响范围和速度史无前例，并正更有力地推动社会和时代的改变。

伊桑·祖克曼：
世界不是平的

我们都认为数字时代比特的传播速度远快于原子，互联网把人类连接在一起，让世界变成了平的。而伊桑·祖克曼（Ethan Zuckerman）却警示我们：世界不是平的，相对于比特，其实原子更容易传播。你可以相对容易地买到来自世界各地的物品，看到来自各个国家的旅游者，却比较难以接受来自世界各地的思想和文化（在美国可以买到斐济出产的矿泉水，但有谁听到过斐济民歌？）。因为我们只愿意看到自己愿意看到的东西，加上基于大数据的各类推荐引擎，还有物以类聚、人以群分的社交媒体的影响，互联网变成了投人类所好的回音壁，使人类困于自己小圈子的数字陷阱中。

麻省理工学院公民媒介中心下属于麻省理工学院媒体实验室。走进这里，满是琳琅满目的创新项目，有如走进了科幻小说中的世界。这里不仅是实验品的孵化器，更是思想的聚集地。这个实验室由著名的电脑专家、搜狐最早的投资人之一尼古拉斯·尼葛洛庞帝创建，致力于跨越学科的边界，一反传统地推动不同研究领域的融合，因而创造了很多处于前沿的突破性技术，比如可穿戴计算技术、情感计算技术等。

如此开放而多元化的环境，难怪会产生伊桑·祖克曼这样时不时就朝互联网过热的头脑叮上一下的互联网"牛虻"。

互联网真的把我们连接在一起了吗？互联网真的让世界更加全球化了吗？

这似乎本应该是一个不言而喻的道理。互联网推动全球化，让世界每一个角落的人都能通过网络而相互连接，这还用质疑吗？但麻省理工学院公民媒介中心主任伊桑·祖克曼却对此深表怀疑。

在伊桑·祖克曼的眼里，不能简单地给互联网贴上开放的标签，也不能想当然就认为互联网会让世界成为一体，互联网并没有我们想象的那么简单，它可能让我们越来越分裂，越来越孤立。我们不能因为看到互联网的力量，就一厢情愿地对它抱以美好的幻想。

可以印证伊桑·祖克曼观点的是，我到麻省理工学院媒体实验室拜访伊桑·祖克曼的那天，正好是美国政府关门的第二天。美国的互联网高度发达，这本可以增强共和党和民主党之间的沟通和理解，但现在看来，共和党和民主党的分歧非但没有减弱，反而是加深了。

跨文化的人生经历

伊桑·祖克曼拥有跨文化的生活和工作背景。

在20岁时，伊桑·祖克曼拿到了政府的全额奖学金，去西非的加纳生活了一年，这一年的经历彻底改变了他。在这个极端贫困，却变化迅速、文化深厚、家庭关系牢固的国家生活，让伊桑·祖克曼意识到美国的方式不是这个世界唯一的，也不是最好的方式。加纳虽然落后，但也有不少地方值得美国借鉴。

20世纪90年代中期，伊桑·祖克曼突发奇想，他希望把美国的创业方式复制到加纳去。于是他重返加纳，和当地的创业技术公司合作，引进技术志愿者，从此开始帮助来自美国和欧洲年轻的技术人员们在蒙古、加纳、乌干达等发展中国家工作。这让伊桑·祖克曼获益匪浅，他明白了不同的文化有不同的社会结构，不同文化中的人有不同解决问题的方式。

互联网：本土化还是世界化？

互联网的出现似乎让我们不用飞往国外就能实现跨文化的交流，但互联网究竟是否让我们得到了一个全球化视野？

这就是伊桑·祖克曼研究的主题。

但伊桑·祖克曼研究发现，实际情况要复杂得多。我们大多数人，其实都在用互联网获取本地区或者本国的信息，真正用互联网进行国际联系的人少之又少，这真让人吃惊。

伊桑·祖克曼以人、物品和信息为维度来观察这个世界。

从我们的直觉上来看，信息的传播应该比实体物品的传播更容易，或者说，比特比原子更容易传播。因为通过互联网，信息的传输速度快，传播成本趋近于零，而且传播没有损耗，这都是实际的物品传播不能比的。

但伊桑·祖克曼的看法与此迥异，他认为，和比特相比，其实原子更容易传播。祖克曼举了一个例子，在美国，他经常会买到斐济来的矿泉水，但却很少关注斐济的民歌或者土著舞蹈，尽管这些内容很容易就能通过互联网找到。确实，实现思想的连接远比获取实体物品难。

尽管思想的沟通如此艰难，但伊桑·祖克曼认为，人们往往在跨越国界之后，会找到新的想法、新的灵感和新的做事方式。因此，我们希望互联网能跨越国界，能通过国际合作去解决今天世界面临的大问题。不过现实却是，互联网只加强了本国内的联系，加强了同一种语言、同一种文化中的联系，类似《江南Style》这样能在欧美流行的韩国音乐真是凤毛麟角。

所以伊桑·祖克曼的任务就在于，研究出如何利用数字工具，推动想法和观念跨国流通，他将此称为"数字时代的世界主义理念"。

伊桑·祖克曼的观点背后潜藏了全球化的趋势。无论身处何处，生活在这个星球上的绝大多数人都渴望过上好的生活，都渴望更富有，这在全世界都是相同的。因此，经济全球化一定会发生，随之而来的将会是思想、价值观念的全球化。

为什么我们对世界的了解如此之少？

我们对世界的了解如此之少，除去语言的障碍外，还会因为什么呢？

伊桑·祖克曼认为，首先是媒体工具有倾向性。比如说，美国的媒体都严重地倾向于报道国内的新闻，即使再关注其他国家，也常常只关注富有的国家，而对贫穷的国家和地区缺乏关注。又比如说，英国媒体在关注世界时，会更加关注前殖民地国家。

搜索引擎的出现似乎把主动权交回了我们，好像我们能随意搜索到自己感兴趣的信息，但问题所在恰恰就是这里。搜索信息者太过于追随自己的个人兴趣，而个人兴趣是由搜索者自己本人、生活的地方和关注的事所决定的，那些在我们看来无足轻重的事情，搜索引擎也不会主动向我们呈现。

社交媒体的出现似乎又解决了搜索引擎的不足，在社交媒体上，我们的朋友可以分享给我们很多信息。可要命的问题又再次出现，人总是喜欢和自己类似的人做朋友，也就是所谓的物以类聚，人以群分。社交媒体往往有"过滤器泡沫"（Filter Bubble）的功能，这无疑会让我们的视野变窄，比如Facebook一旦认为我是民主党人，就不会再向我推荐为共和党人提供的信息。

互联网还会造成"回声屋（Echo Chamber）"现象，这是指，当我们听到自己认可的观点时，会感到很舒服，这种舒服的感觉使人们更愿意待在回声屋里。例如，社交媒体向我们推荐了更多的朋友，我们以为自己的视野拓宽了，其实这些人总跟我们相似，因此他们其实加强了我们在这些背景中所形成的成见和狭隘。当我们表述自己的观点时，这些背景相似的人会给我们认可的回应，好比回声一样，我们难以听到其他声音，所以更加自以为是。

难题就出现了——我们到底该如何拓展我们的视野？

破局：翻译、搭桥和奇缘

如何让互联网帮助我们冲破限制，而不是限制我们？伊桑·祖克曼总结了三

点：翻译、搭桥和奇缘。

第一要破除的肯定是语言障碍，所以翻译非常重要，可以建设翻译的队伍，同时也可以通过机器翻译来提高和改善翻译状况。伊桑·祖克曼盛赞了中国的译言网，这里翻译了大量的英文内容给中国人，帮助中国民众了解了英语世界。不过，目前把中文内容翻译为英文的项目依旧很少。

第二点是搭桥，或者说是文化翻译。比如说，中国的诗歌或者京剧即使被翻译为标准的英文，也往往很难被英文读者看懂，这个时候，就需要有懂得两国文化的人来提供背景知识，并对作品做出正确的诠释。这种人往往是对两种文化都涉猎较深的人，在伊桑·祖克曼看来，搭桥角色是让互联网真正连接世界的关键。

为了实践自己的理论，伊桑·祖克曼参与组建了"全球之声（Global Voices Online）"。"全球之声"通过建立一个集合全球各地博主、公民记者、翻译者的网络，来汇总全球各个角落正在发生的事情。现在"全球之声"已经在全球120多个国家拥有1400多名志愿者，并用30多种不同语言来播报全球事务。

第三点是奇缘，或者说幸运的意外，就如哥伦布本打算往东方进发最后却意外发现新大陆一样。互联网表面看起来提供给了我们更多的选择，但如前所述，有选择或者选择过多未必是件好事。比如说，"回声屋"现象让我们错误地认为自己在自由选择，其实这不过是再次强化了我们的小世界而已。

而传统媒体的最大优点是，我们观看的内容常常不是我们自己能选择的，比如电视节目播放什么内容不是由我们来决定的，报纸也会在我们喜欢看的新闻之外塞给我们其他的信息，这样我们才能接触到不同的观点和看法，拓宽自己的视野，发现一些让我们惊喜的"新大陆"。

互联网会让世界更加开放吗？

互联网会让世界更加开放吗？

对此，很多人会给出肯定的回答，但伊桑·祖克曼仍然觉得未必。**他甚至认**

为，互联网不能帮助我们更加了解世界、关注世界，反而有可能让我们变得比印刷媒体时代更加孤立。

人们会在网络上"修建围墙"，这会打击到一些国家、群体或个人，让他们不愿意接入互联网，使得这个本已经因为语言和文化而被分割的网络变得更加支离破碎。

许多人对新媒体的崛起寄予厚望，但伊桑·祖克曼同样认为，不能高估了新媒体，他提醒大家，斯诺登是通过传统媒体而不是新媒体来爆料，否则他早就把行踪暴露给了美国政府。

伊桑·祖克曼不仅善于发现问题，而且更愿意行动起来解决问题。他推动建立"全球之声"，推动发现和培养更多的翻译者和搭桥者。因此，尽管伊桑·祖克曼也认为中国那些字幕小组的作为确实违法，但也不能抹杀这些字幕组制作了双语文档，为推动沟通做出了贡献。伊桑·祖克曼还开发了一个引擎，该引擎通过从包括报纸、电视、新媒体等海量媒体中获得信息，来展现人们注意力变化的情况，以求以类似的工具解决分歧，并且他们很有兴趣针对其他国家，尤其是中国开展业务。

避免"坐井观天"的数字陷阱

伊桑·祖克曼的观点很有警醒意义。我们想当然地认为互联网带来了开放，带来了和更广阔世界的连接，但这种感觉恰如电影《黑客帝国》所描述的场景一样，我们身在一个数字陷阱里，但自身浑然不觉，还自我感觉良好。

互联网连接世界——这点我们已经明显感受到了，却也带来了人的分化，而我们却很少注意这些问题。在比特空间，我们陷入了自己的小世界，陷入了自己的"回声屋"里，成为数据的奴隶，坐井观天，我们自身却难以察觉。

如果借用马克·格兰诺维特的"弱关系"理论来分析，伊桑·祖克曼所描述的困境正在于，互联网为我们营造了一个"强相关"的圈子。这里的强相关不仅是指人际关系的远近亲疏，还包括与物、兴趣、信息、知识、思想等的强相关关系。这为我们打造了一个舒适的空间，以致我们惰于突破。表面看来，我们通过互联网接收到更多信息，认识更多人，但实际上，我们却有可能变得越来越封闭。

美国一直在讲公民生活，其实公民生活就是要包容不同的意见，跳出自己的舒适空间，跨界到"弱相关"的圈子里去，跨界才有新想法、新灵感出来。只有跳出这种坐井观天的数字化部落，以真正全球化的视角，听到来自不同角落的声音（global voices），才能让我们有一个相互理解的美好未来。

埃里克·布莱恩约弗森：
和机器赛跑

技术变革，也许会意味着社会总财富的增加，却不表示我们每个人都能同等受益。因为技术变革往往意味着机器能代替人做更多的事情，有部分人不可避免地会被机器抢去饭碗，最终造成更大的不平等。这一幕在工业革命时代上演过，在互联网时代将同样上演。埃里克·布莱恩约弗森（Erik Brynjolfsson）劝诫我们，核心问题并不在于机器（正如在工业时代工人泄愤砸机器并不解决问题一样），而在于我们是否能去发展创造力、想象力、社交力等高阶能力，这才是机器无法替代的人性中的闪光处。

埃里克·布莱恩约弗森的办公室在美丽的波士顿查尔斯河畔，他现在是麻省理工学院斯隆管理学院一位非常有影响力的教授，在我的朋友中，至少就有两人做过他的学生。他现在也是一位多产的作家，作品多围绕IT生产力研究和信息经济展开，比如《与机器赛跑》、《连线创新》、《理解数字经济》等。2014年，他最新出版的《第二次机器革命》就一度高踞美国亚马逊"计算技术未来"类图书畅销榜首。

我们有幸听了埃里克·布莱恩约弗森的一堂课。他事先征得了学生的同意，才让我们架起了摄像机。上课的形式也非常别致，埃里克·布莱恩约弗森通过网络连线亚马逊管理北美业务的杰夫·威尔克（Jeff Wilke），让学生们共同参与讨论。这种形式通过网络实现了学术观点和业界实践、趋势前瞻和商业一线动向的同时在场，从而帮助学生们深刻理解了什么是真正的战略。

埃里克·布莱恩约弗森当然观察到了技术领域的变革和由此带来的巨大冲击，但作为一位思想深邃、洞察深刻的资深行业守望者，埃里克·布莱恩约弗森和伊桑·祖克曼（见本书伊桑·祖克曼篇）一样，没有一味为互联网拍手叫好，而是对互联网做出了冷峻的反思，只是伊桑·祖克曼更关注互联网开放连接的不足之处，而埃里克·布莱恩约弗森更关心互联网的普惠性。

下个10年会令人不安

技术变革意味着什么？**技术变革当然意味着效率的提高、生产力的提高、财富的急剧增长，但这并不是技术变革的全部影响。在埃里克·布莱恩约弗森看来，技术变革还会造成失业，会造成财富的分配不均。**

200年前蒸汽机的发明，100年前电力与内燃机的问世都造成了这样的后果。今天，技术变革更加迅猛，前所未有，所造成的影响就更胜于从前。只是在工业时代，机器砸掉的是体力劳动者的饭碗，而今天，机器砸掉的是脑力劳动者的饭碗，ATM机、检票机、财会软件甚至是智能营销系统，都在抢脑力劳动者的工作。

确实，今天技术领域许多前所未有的变革都将对人类形成深远的影响。历史上第一次，人类能和机器进行对话，能让机器理解我们所说的内容，并回应我们有用的行动和有用的信息。也是历史上第一次，汽车能自我驾驶，机器人能以前所未有的方式应对所处的环境。IBM的Watson（IBM最新的电脑系统）机器甚至能回答开放式的问题。

这些技术变革将对经济生活形成巨大的冲击，改变人们的工作方式与就业的形势，还将显著影响人类的创造力及财富创造。但埃里克·布莱恩约弗森认为，的确有一些人将从中获益，拥有更多的财富，不过这也意味着，许多人会被机器代替。机器在不断渗入那些曾经只有人类才能胜任的领域，比如语言处理，更何况机器在某些领域本就具有优势，如在会计和金融领域具有超强的运算能力。因此，具有逻辑分析与解决问题能力的机器在夺走人们的饭碗，丢掉饭碗的人不得不去另寻工作，这就意味着收入的差距将进一步扩大。

哪些行业会首当其冲呢？埃里克·布莱恩约弗森做了剖析。第一波涉及的会是常规体力劳动，许多工人正在被机器人取代。例如，谷歌的自动汽车一旦实现普及，那么仅仅美国就有350万以卡车司机为职业的人会丢掉饭碗。第二波涉及的是重复性的信息处理工作，比如今天我们多数人不是去柜台，而是用ATM机取款。第三波涉及了更具创造性的知识性工作，这里大多使用了大数据挖掘技术，比如通过计算机来代替律师阅读文件，通过计算机来决策市场营销推广活动。埃里克·布莱恩约弗森曾经做过一项研究，发现以大数据为导向的公司，其生产力要比一般的竞争对手高5个百分点。未来10年，决策将越来越多地基于数据与分析，这将是革命性的变革。

互联网连接了全球，似乎为我们赢得了更大的市场，但糟糕的是，你也要面对你在传统世界里从来没有面对过的竞争对手。比如说，过去街边的小摊可以把调味品卖给老街坊邻居，客源稳定、忠诚度高，但今天，"老干妈"居然被卖到了美国。

互联网打破了传统渠道中的种种障碍，却也让企业不得不面对竞争对手赤裸裸的竞争，最终的情况可能是赢者通吃。在这样的世界里，不平等显然会加剧，聪明或者幸运的赢家们，将会获得数十亿计的客户，从而迅速积累财富。顺带可以提及的是，欧洲的数学家们通过研究数学模型发现，一旦不平等加剧，社会形成哑铃型结构，就可能把人类推上灭亡之路。

互联网让anyone（任何人）都有成功的机会，却不是everyone（每个人）都能成功。未来的10年，将会更加令人不安！

这次的变革大不同

初看起来，埃里克·布莱恩约弗森的这些担忧显得有些杞人忧天。

他曾举例说：1800年前后，有近90%的美国人从事农业工作；而到了1900年，这一数字下降到40%~42%；可到了今天，却只有2%的美国人从事农业（但这2%的美国人所生产出来的粮食，竟足够喂饱所有美国人，还能支持出口，可见产量之大）。

确实，有很多人因为技术变革，而不得不从农业里转移了出来，但这不意味着他们因此而受冻挨饿，今天美国人不都是好好的吗？那些本应该做农业的人，现在可以投身艺术、进入工业部门，甚至做起计算机来。因此，问题真的像埃里克·布莱恩约弗森描述的那么严峻吗？

埃里克·布莱恩约弗森认为，今天技术变革的速度远非过去能比。这种转变遵从的是摩尔定律，只需要10年或者20年就可以完成，而不像过去动辄就需要数百年。在这样的背景下，许多人和社会组织往往很难及时调整适应，更多人将深受其苦。

这次技术变革影响如此之深远，仅在美国，就有2/3的人从事信息处理的工作，这些工作都势必受到影响，即便那些只是从事体力劳动的人也难免受冲击。几乎每个行业、每个工种都难以置身事外。

确实，这个时代大不同于从前。2014年，埃里克·布莱恩约弗森和安德鲁·麦卡菲（Andrew McAfee）合著了《第二次机器革命》，在这本书中，他们总结了当前技术的三大特征：数字性、指数性和可组合性。

数字性。与涉及原子的技术不同，新技术是基于比特的。首先，复制数字化商品的成本会非常低，几乎接近于零。其次，数字拷贝能做到精确地原样复制，也就是说，拷贝出的复本与原本一模一样，没有损耗。最后，数字化商品还能通过互联网在全球任何地方瞬间传递，一首曲子可以毫不费力地就从巴黎传到北京，这必然会给全球经济带来深远的影响。

指数性，是指技术的发展速度呈指数级，就如摩尔定律所表述的那样。而比较麻烦的是，人的大脑似乎只习惯于处理线性增长——如果一天能砌一堵墙，那么五天就能砌五堵墙——我们大多数人都是按照这样的方式来思考的。

指数增长的表现形式则不同，刚开始看起来会比较平缓，但随着时间的增长，增长速度也日益加快。因此，我们容易形成的误判是，对于指数性发展，我们常常高估短期影响，低估长期影响。

在一个古老的传说里，一位国王想给予象棋的发明者奖励。象棋的发明人索要了米粒，不过他索要的方式非常特别。在棋盘上的64个格子里，从第1个格子放1粒米开始，每个格子逐次翻倍，即第2个格子放2粒，第3个格子放4粒，第4个格子放8粒……听起来，象棋发明者要求的并不多，国王因此爽快地答应了，可直到最后，国王才懊恼地发现，就算全世界的米都加上也放不满这64个格子。

指数性的发展总是超乎我们的想象，就如当初摩尔定律标示技术的发展速度一样，当晶体管数量从百万级、10亿级进入万亿级、千万亿级，直至我们还未命名的更大量级时，计算机将具有令人震惊的威力。我们必须开始适应，并努力理解当前技术与以前时代的技术有着怎样的显著区别。

可组合性。在传统工业时代，基于原子的产品——无论面包还是石油——一旦用完，总量就会消耗掉。但数字产品则不同，非但不会轻易消耗，还会实现不断组合。如此一来，在数字时代更为盛行的便是"双赢"甚至"多赢"的非零和游戏。

比如说，互联网的发明并没有堵死所有的发明之路，正相反，更多的应用可以在此基础上被发明出来，这才有了Facebook、谷歌等，然后聪明的人们又在Facebook上开发了更多的应用。在这个可组合的世界里，值得关注的不再是稀缺性，因为不断的组合可以催生永远不被耗尽的新事物。

新技术带来的冲击是如此不同，因此，埃里克·布莱恩约弗森认为，我们必须重新设计经济统计学，因为我们没有能很好地衡量新经济的一个重大来源的价值。

在新技术的冲击下，免费商品也越来越多，Facebook、谷歌等都提供免费服务，这都为消费者创造了巨大的价值。但是零价格也就意味着，它们对国内生产总值数字没有任何贡献。创造了价值却没有在国内生产总值里反映出来，这显然意味着经济统计学需要改进。按照埃里克·布莱恩约弗森的估计，美国互联网每年创造的免费商品价值高达3000亿美元，如果加上移动互联网服务，这个数字恐怕还要大。

但互联网的变革意义是多样性的，并不见得全是积极的一面。和伊桑·祖克曼一样，埃里克·布莱恩约弗森认为，当人们对于互联网上海量的信息无所适从时，就会通过过滤器来进行信息筛选，于是我们就只能去关注那些我们愿意看到的信息，视野可能会因此日渐狭窄。这就会造成所谓的"网络巴尔干"问题，也就是我们所说的"过滤器泡沫"。其实听到多样化的声音很重要，例如民主的核心要义之一就在于，人们要接触和包容多样化的观点与意见。因此，要确保有多样化的声音。

当然，不是说互联网就一定会让我们走向分化，其实在工业革命时期我们也遇到过类似的挑战，但人们不仅成功应对了这些挑战，而且过得比原来更好。

一切取决于我们

对于未来，埃里克·布莱恩约弗森持乐观主义态度。他认为有两种乐观主义者，一种乐观主义者会认为，没有什么好担心的，一切都会顺利。另一种乐观主义者则认为，采取适当的行动，才会获得好的成果。埃里克·布莱恩约弗森自觉属于后者。

那决定未来的是技术，还是我们？埃里克·布莱恩约弗森认为，答案很明确，一切最终都将取决于我们。我们手握主动权，能控制社会演进的方式。不平等绝非宿命，无论是个人、企业还是社会，都可以采取相应的合理行动。埃里克·布莱恩约弗森提出了"行动计划"的倡议，列出了如加快教育发展、培养企业家精神等19项具体行动步骤。

随着计算机及机器人取代人类进行一些工作，人类需要不断学习新的技能，才能适应这种变化。唯有如此，才能保证人类领先于机器。中国、美国以及西欧国家收入不断增加的原因之一，就在于这些国家的教育程度不断提高。但教育的重点不应在于简单的重复，而在于培养学生的创造力，培养能发明新事物的人才，这才是教育真正的价值所在。

随着人类不断被机器取代，就需要由企业家承担创造新的工作岗位的重责。无论Facebook、苹果还是谷歌，都创造了大量的工作岗位。传统行业逐渐实现自动化而减少工作岗位，必须由加速新行业的发展以创造更多新兴就业岗位的方式来弥补。

技术带来的自动化仍将继续引起社会的深刻变革，但如果能做出正确的选择，我们完全有可能创造一个共享繁荣的世界。埃里克·布莱恩约弗森如是总结。

直面创新发展高阶能力

埃里克·布莱恩约弗森还有本著作，叫作《与机器赛跑》。这本书不是在讲人被机器奴役的问题，而是说，在技术发展中，一部分人跟不上节奏而被落下，从而造成被另一部分人奴役的局面。

要想跑赢机器，最重要的就是，人一定要面向高阶能力进化，低阶能力能完成的任务尽可以交给机器去做。

人和其他动物不一样，我们没有老虎的力量，没有猴子的灵活，没有上天入地的本领，从一开始人类能在诸多生物中胜出，就是因为人善用工具，发展了技术和机器。人类文明的发展史，某种意义上就是人不停地将自己的能力外化为工具的历史，我们本来就是和技术共生发展的。所以今天，我们也不必去过于责怪那些成天手持手机，或者久坐电脑前的网络控。

在这个进程中，不仅体力技能完成的任务可以让工具或者机器去完成，许多低阶的脑力技能一样可以让机械做，比如数学运算、文档管理等。而我们可以更集中在培养和应用人之为人的想象力、创造力、社交能力等高阶能力上，这样才不会输掉和机器的赛跑。单纯去责怪机器是没有用的，因为技术从来就是人性的一部分。

霍米·巴巴：
第三空间的兴起

> 霍米·巴巴（Homi Bhabha）是生于印度的波斯人，身上承载着东西方古往今来的各种文化气质。互联网带来了新的"杂化（Hybridity）"，个人身份、民族文化认同都会面临新的挑战，互联网也是新的公共空间和"第三空间"。

看到霍米·巴巴的第一眼，我立刻感觉他就像一个智者圣贤，穿着精神的尼赫鲁装，花白头发，大背头，脸上的皱纹写满了岁月的沧桑，双目炯炯有神，仿佛就是昔日乔布斯专门跑到印度想要朝拜的那类圣人。

霍米·巴巴很有艺术气质，事实上他也是一位杰出的艺术批评家，在多家著名的艺术机构担任顾问。当然，霍米·巴巴首先还是作为杰出的后殖民主义理论家而著称于世，在全球都颇有影响力。他的办公室里就摆放着北京大学、清华大学颁发的客座教授聘用证书，以及他那些晦涩难懂专著的中文译本。

这位哈佛大学英美文学和语言教授1949年出生在印度孟买的一个波斯家庭（印度雅利安人历史上是从波斯，即伊朗迁徙过去的），他在后殖民主义理论研究者中具有举足轻重的位置。初看起来，这似乎与互联网关系不大，但是今天，当我们用互联网把全世界不同的民族、操着不同语言、有不同宗教信仰的人连接起来，而想看到会发生什么奇妙改变时，也许拥有古老历史的印度早已经为我们提供了一个样本。

印度的种族、语言、宗教等如此繁多，简直让人眼花缭乱。如种族有尼格利陀人、原始澳大利亚人、达罗毗荼人、印度雅利安人、亚美人种等。语系包括印欧语系、汉藏语系、南亚语系、德拉维达语系等。关于这一点，我们中国人早在唐朝玄奘大师所著的《大唐西域记》中有所领教，所以我也曾一度纳闷，《西游记》里唐僧师徒四人一路西去居然没用过翻译。

在唐代之后，印度发生了更多巨变，印度就好像一个大熔炉，具有多元文化冲突的张力。在历史上，印度是分多合少，在漫长的数千年中，只有孔雀王朝等屈指可数的几个王朝实现过短暂的统一。从思想层面看，印度教笃信轮回，时间观也是多元的，而之后英国对印度数百年的殖民统治，给这个国度打上了深深的殖民主义的印记，因此印度有着强烈的身份认同的焦虑。

但无论历经多少岁月的洗礼，今天的印度仍然保持了这种多样化的色彩。毫无疑问，在此土壤上成长起来的霍米·巴巴在看今天的世界时肯定会有相当不同的眼光，在不少人满怀激动地憧憬着互联网让世界实现大同时，霍米·巴巴保持了一种多元化的思路。因此，从霍米·巴巴的视角来看互联网，会有另一番风情。虽然他的论述常常不免带上这样的色彩，即让人感到有些眼花缭乱，但真知灼见就蕴藏其中。

网络就是一种语言

霍米·巴巴认为，互联网确实是了不起的发明，但不要动辄就谈新时代、新技术或者新发现，对此我们需要持有怀疑态度。新事物的出现，并不意味着我们要把过去一笔勾销。互联网虽然发展迅猛，但其他的通信方式，比如电话、信件等仍然存在，互联网没有成为唯一的联络方式。

况且，**互联网还没有解决许多由来已久的问题，那些贫困的人、那些不识字的人甚至都还不能上网呢**。所以我们在谈论新科技时，也要考虑到其他生活的形态，它们将影响到我们使用新技术的体验。

此外，信息与知识之间还有相当的距离，原始信息并不是知识。互联网让我们可以即时获取大量的信息，但我们仍然需要一些机制，去核实信息，辨识信息的价值，提出价值，改变价值，塑造价值，最终我们才能获得知识。网络传播是构建价值的条件，但价值是否能通过互联网传播是一个没有定论的问题。

非洲的手机普及率非常高，但同样的技术既可以传播积极的信息，也可以用来制造倒退，甚至传递仇恨的声音，如侵犯妇女、种族大屠杀的信息同样可以通过互联网传播。**科技传播的价值不一定是人道的或者普世的，所以在将科技和价值联系起来时要非常小心。**霍米·巴巴并不认为互联网技术是价值中立的，互联网技术自身蕴含的一些要素使得它不可能完全价值中立。互联网技术改变现实中我们的行为方式，它为价值的实现创造了条件。互联网技术自身的规模和加速也是价值，技术自身就成为价值提供者。

通过互联网，很多昔日没有发言权的人都可以出声，但你无法知道哪些是仇恨或者敌对的声音，哪些是和谐团结或者进步的声音。科技为创造价值提供了条件，例如我们可以即时采用互联网传递信息，从而有效避开灾难，但科技和价值之间没有因果关系，我们不能在两者之间形成简单的联想。

因此，互联网可以把人们聚集起来，也可以在人们之间造成恐惧和仇恨，让人与人之间的隔阂更深，就如同操同一种语言的人可以交流聚集，但操不同语言的人之间却有隔阂。从某种程度上讲，网络就是一种语言。

互联网并不会造成同质化

对互联网和语言二者进行类比，我不禁产生了一个疑问。近代许多小语种逐渐消失，一些语种，如汉语、英语等被越来越多的人应用，如果把互联网比作语言，会不会产生同样的同质化效果呢？

霍米·巴巴不认为互联网让我们同质化了，我们必须注意到文化的象征意义，形象和意义之间是有差别的。例如在德国，我们看到有人开奔驰，那他很可能属于富有的中产阶层，在这种背景下，奔驰是成功的象征。但如果在非洲，开奔驰的人可能就是非常有钱的贪官，人们会把这些人统称为"开奔驰的人"。同样的车，在不同的文化里象征着不同的意义。**不要把事物的形象、意义和它的社会意义混淆起来。流通到全球的商品是如此，互联网更是如此。**

对同质化或者多元化真正形成影响的是政治和社会变化等更深层次的原因，同质化或多元化并非群体与生俱来——比如印度人移民到美国以后就表现得和在印度时很不一样，也不是互联网所能创造，互联网只能被小心地理解为特殊的沟通方式，沟通的准则都是我们赋予给它的。

杂化效应与第三空间

霍米·巴巴早年提出了杂化效应的概念。

在传统的理解里，所有文化都是统一的整体，文化都是连贯的，文化的差异只有在和另一个文化互动、融合的时候才会发生。文化差异仿佛只是两个不同文化之间的问题，是两种文化碰撞产生的问题。

但霍米·巴巴提出了杂化效应的概念。他想陈述，文化自身很复杂，它从来就不是一个单一体，而是动态事物，在这其中涌动着许多能量、许多混乱、许多对话。这些文化内部的多元化的对话能够产生一定的认同、一定的历史观念、一定的传承观念，比如说，由于一些特定的政治事件的发生，文化当中的某一种力量凸显了出来，人们就会认为这个群体就是正统。

所以，正统不是文化与生俱来的禀赋，而是起因于一定的对话，一定的情景压力、力量和政治权力。文化里总有多方的力量，它们之间总是有不停的对话，总在做彼此的翻译解读，文化并非一个有机的整体。**当不同的文化开始欣赏彼此的价值时，就会有超越这两种文化的事情发生，产生其他的可能性、其他的身份、其他的潜能、其他的价值观，也即霍米·巴巴所称的"第三空间"。**

霍米·巴巴认为，不能简单地通过审视之前的文化来衡量文化的交叉、文化的融合和文化的杂化效应。第三空间是一个积极的空间，因为第三空间允许区域文化、早期文化和许多传承性质的文化与文化创新并肩依存。第三空间并非刻意求新或者追寻现代化，它是一种能力，让我们能审视在不同时间发生并树立了的截然不同的文化变迁和转型，这让我们可以看到文化并肩依存。

互联网自身就是第三空间，它更把新鲜的新生力量带入到第三空间中来。互联网是虚拟空间，互联网的基本属性就是它的虚拟性，它在人与人之间创造了即时性。这就是为什么互联网会有如此大的潜力，让我们可以看到这些新的文化、新的准则、新的审美形式。这些新兴的部分是全新的，我们不能简单地把它们还原回之前的文化中去。

一旦这样的新形式存在于杂化文化之间，第三空间就出现了，你可以通过第三空间重新思考那些创造它的其他空间，重新思考过往历史、传统和传承，并给过往带去新的能量和生命。

在霍米·巴巴看来，印度和中国都具有转型中社会所应当具有的复杂性。而社会当处在转型中时，互联网就成为一种非常重要的工具，它让处于转型社会中的人无比兴奋。但社会痼疾依旧存在，一些人依旧无法上网，或者还处于文盲、贫穷和落后状态。这些痼疾不由让人生起唯恐落后进而被抛弃的恐慌，觉得通向新事物的道路如此漫长。

因此，转型中的社会是很焦虑的，我们知道我们正处在这个过程中，却不知道何时才是个尽头，中国、印度都是如此。但转型中的社会又如此伟大，孕育了诸多的潜能和机会，去发展文学、文化、知识、金融结构和系统。它让我们重新思考历史、阐述历史，重新思考发展、价值和进步。我们需要用一种新的范式来考虑变化、平等、分配和现代化。转型社会真的让我们在后殖民时代反思，让我们思量启蒙的最根本的理念。

杂化视角中的第三空间

我们也可以这样来理解霍米·巴巴。平时我们看世界，会常常采用柏拉图式的看法，很自然地对人和事情进行分类，比如按国籍将不同的人分为美国人、印度人等，关注共相多过关注个体的实在性。但在霍米·巴巴的眼里，任何一个存在的个体，不管是个人还是文化，都是杂化的。比如在印度传统里成长起来的印度人，移民到美国也会成为另外一个人，这是因为人体本身就是杂化的，无法用"印度人"或"美国人"这样的共相特征规定某个个体。

因此，当柏拉图秉持"理念"、注重共相时，他笔下的理想国就成为一个铁铸一样浑然一体的城邦。但在霍米·巴巴的眼里，每个个体都包含诸多的潜能，呈现出"杂化"特征，以此推论，也就从来不会有一个自成一体的文化。

以此视角来审视，互联网就更不会是一个僵硬不变的整体，而是处在动态之中，在互联网中蕴含了诸多的对话、解释和演进。如果仅仅因为互联网实现了全球各个角落的即时连接就高呼世界大同，这实在为时过早。在这一点上我们还是得再次谈到，印度给我们提供了一个可参考的范本——历经数千年的历史演进，印度直到今天仍然是一个多元文化的大熔炉。

世界非但不会因为互联网的发展就实现大同，在霍米·巴巴的眼中，互联网作为"第三空间"正好会催生其他的可能性、其他的身份、其他的潜能、其他的价值观，而所有这些新涌现的特质，都无法还原到之前的文化中去。或者说，互联网让这个世界呈现了更多的动态变化，而不是让这个世界趋于静止大同。

埃德蒙·菲尔普斯：
大众创新带来的繁荣

埃德蒙·菲尔普斯（Edmund Phelps）于2006年获得诺贝尔经济学奖，他对增长理论做出了卓越的贡献。而近年来，他非常关注创新，关注中国，关注中国的创新。毫无疑问，创新之所以能获得如此之多的关注，就在于创新是实现持续增长的动力。与众不同的是，在我们赞叹类似亨利·福特、乔布斯这样耀眼的创新英雄时，菲尔普斯则认为，来自千百万普通大众的创新其实更有力地推动了近代社会的繁荣。

在当代，创新是个热门话题，因为创新是实现持续发展和增长的原动力。关于创新的探讨遍及学界和商界，著作可谓汗牛充栋，要在研究创新上做出创新不是件容易的事情。但尽管如此，当埃德蒙·菲尔普斯在2013年推出他的新著《大繁荣》时，还是颇给人耳目一新的感觉。

当我们历数人类过往的创新成就时，总是津津乐道那些科学家、发明家或企业巨子等，似乎一部人类的创新史简直就等同于一部天才英雄史。有一阵子关于创新最热门的讨论就是，制度如何设计才能保障这些天才们从芸芸众生中冒出头来。

但埃德蒙·菲尔普斯更重视芸芸众生的创新力量，他认为许多创新与其说是亨利·福特这样的巨子引领的，倒不如说是千百万普通人共同参与的结果，而这导源于现代价值观的兴起。因此，他将《大繁荣》的副标题命名为——"大众创新如何带来国家繁荣"。从更大的背景出发，菲尔普斯此说其实又在论述，随着网络社会的崛起，在创新领域出现的从"自上而下"到"自下而上"的变革（见本书罗伯特·希勒篇）。

这也许可以解释为什么埃德蒙·菲尔普斯如此关心中国，关心中国的创新。《大繁荣》英文版问世才只有一个月，中文版就接踵而至。中国兴许正是一个大众创新的范本，到今天我们也没有人斩获与科学或经济学相关的诺贝尔奖，但中国仍然在过去30多年里取得了举世瞩目的成就，这正是由千百万普通人推动的。

2014年9月，埃德蒙·菲尔普斯在纽约举办的"正青春（Being Young）"论坛中表示，中国在创新方面的潜力远超美国，而且这个差距在未来几年会越拉越大。这不是他第一次谈到中国，近年来，在各类场合，埃德蒙·菲尔普斯对中国的就业、收入、公务员热、本土创新等发表过不少热议，有肯定，有担忧，也有不客气的批评。

埃德蒙·菲尔普斯于2006年获得诺贝尔经济学奖。他是个非常有个性的人，80岁出头还在租房，因为在他看来买房是件限制创新的事。

大众创新推动英美腾飞

在《大繁荣》一书中，菲尔普斯探讨了19世纪初期英国和美国的生产力究竟是如何腾飞的，为什么当时的人如此开心、如此专注地工作，并且非常满足，这一切源于什么呢？

著名经济学家、《经济发展理论》的作者约瑟夫·熊彼特（Joseph Schumpeter）曾经探讨过创新和创造性破坏。在菲尔普斯看来，熊彼特完全接受了德国历史学家的观点，认为只有科学家和航海家才能创造新的事物，似乎商业部门唯一能做的就是把这些商业发现应用到商业发展中，熊彼特完全不相信商业领域也可以创新。

菲尔普斯本人的观点正好相反。**在菲尔普斯看来，19世纪初其实已经没有太多新的科学发现，取而代之的是商业领域的新发现。当时，一些现代价值观激发了商业领域的创新，例如参与创造、探索和迎接挑战的愿望。这些价值观是从17、18世纪逐渐发展起来的，最后这种创新的文化影响越来越大，商人代替了科学家成为创新的主体。**

这些商人散布在农场、城镇的办公室或工厂里，他们研发新的产品，并去市场检验产品是否真的有人购买。这是一种经济的发现，而非科学的发现，当时的大部分创新来自商业领域，最终是由千千万万的人共同推动的。这也就是菲尔普斯所称的大众创新或草根创新，它最终创造了就业，带来变化和挑战，也才铸就了19、20世纪英美的腾飞。

但这种创新的势头在第二次世界大战后有所消退，菲尔普斯认为，消退的根源在于，一些传统价值观卷土重来，压住了现代价值观的风头。

互联网的崛起会更好地推动大众创新吗？菲尔普斯觉得这个问题没那么简单。一方面，互联网改变了人们互动的方式，互联网也让人们更容易复制别人的创新成果。但另一方面，在现在的高科技公司里，创新主要来自受过良好教育的精英人群，资质平平的人无法参与到创新中来。这和19世纪的情况大不相同，19世纪的创新大部分来自不识字的人，因此，数字鸿沟是显而易见的。

中国缺乏创新吗？

菲尔普斯坦陈，在他最早来到中国时，没有发现中国有多少创新，他曾认为中国的技术100%都是从国外转移的。不过很快，他的这种印象就发生了改变，当他走进工厂、走进公司去和商界人士交流时，很快就意识到，中国还是有创新的。

菲尔普斯和他的同事做过一个计算，在中国过去年均7%或9%的生产力增长中，大约有7%或8%得益于国外技术的转移以及从沿海地区向内地的技术流动，但仍然有约2%来自创新。这个数字看起来有些小，不过对比美国的1%来说仍然显得可观。倘若不进行这个研究计算的话，大家会对中国的创新产生错误的印象。在菲尔普斯看来，中国的创新有可能比美国发展得还要快。

不过，菲尔普斯也警醒道，中国还要进一步发展创新，有不少人已经习惯了技术转移。

从20世纪70年代开始，美国的生产力迅速增长，后来欧洲开始转移美国的技术，并在之后几乎转移了所有欧洲需要的技术。等到20世纪90年代，欧洲的生产力就几乎停止了增长。

如果中国不足够谨慎，同样的情况也会发生在中国。**如果不发展创新，当有一天中国发现根本没有技术可以转移的时候，中国的经济就可能止步不前。所以，千万不能有这样的错觉，认为中国可以一直依赖技术转移来获得经济增长，这是不可取的。**

不是谁都能创新

菲尔普斯认为，在中国，创新尤其需要破除层层障碍，获得更多支持。

首先，教育对创新有很大的影响，菲尔普斯做过的研究显示，成功的创业家受教育程度更高。不过问题在于，即便有极高的教育背景，也并不一定有创业的火花。有时候，我们也需要反省一下，看看在我们的价值观里，有没有阻挠创新的成分存在。比如说，我们敢不敢放弃公务员的铁饭碗，去私营公司冒险，去自己创业。

但即便有创新的愿望，也不意味着我们就能实现创新。创新既需要有创造新产品的好想法，还需要洞察或预见用户的喜好，这都需要经验的积累。所以并不能期望一名刚毕业的清华大学学生可以一蹴而就，即便偶有例外。

菲尔普斯同时认为，金融业应该给创业者更多的支持。他认为，金融业在中国有非常大的可作为空间，可以向私营企业提供更多支持。当然，这不意味把钱直接送上。金融业需要贴近申请贷款的企业，研究它们的状况，选出有成功潜能的企业，金融业特别需要商业头脑和经验。

互联网时代草根的微创新

创新曾几乎为精英阶层所独揽，过往的创新史就是对精英人才的记录和书写。但在当代，互联网为草根的微创新创造了良好的条件。

首先，互联网提供了创新诞生所必需的知识和智慧。在前互联网时代，这些可贵的财富呈现出"中心化"集中特征，比如集中在大学或者大公司里，普通人即便能得到，也将付出很大的成本。今天，互联网呈现出开放状态，一个人坐在家里或者办公室，就可以访问全球的资源，这意味着，绝大多数既有的知识财富都可以从网络中获取，同时可以通过电子邮件、IM（即时通信）或者社交网站，与拥有这些知识或者智慧的人进行便利的交流和合作。**互联网降低了创新所需的信息、知识、技能和智慧门槛。**

其次，创新还需要资金的支持。所谓创新始于科技，成于金融，正是这个道理。在今天，不少创新所需的资源和资金支持往往是个人难以负担的，而现代金融体系，尤其互联网金融就为草根的微创新提供了足够的支持。比如说，当草根个人或群体有好的创新产品要推向市场时，就可以一方面通过众筹平台面向网民募集资金，另一方面为产品寻找第一批用户，测试产品是否真正有市场前景。因此，**互联网降低了创新的资金门槛和试错成本。而类似3D打印这样的新兴技术还可以降低产品原型的制作成本。**

再次，创新再好，也需要打开市场，获得相当的利润，以保证创新的可持续发展。在过往，草根的个人或团体往往难以做到这一点，因为仅仅搭建通向市场的销售渠道成本就很高，没有一定财力的公司往往做不到。何况当产品销售量还没有完全上来时，采用传统渠道往往性价比很低。但今天的网络平台，让我们即使只有一件产品，也可以寻找到遍及全国乃至全球的客户，并以更合理的成本送达目标客户手里。**互联网降低了创新从实验室到市场的成本。**

便利地获得信息、知识和智慧；便利地获得资金的支持，降低试错成本；从实验室到市场的路径更短，成本更低……这些要素连同菲尔普斯所强调的价值观，构成了互联网时代草根微创新的沃土。昨天，我们在谈到创新时，津津乐道的都是谷歌、Facebook这样的大个头，但它们的数量毕竟是有限的，我们更要关注中小微企业和个人。仅仅在中国，中小微企业的数量就近7000万，一旦它们的创新潜力被充分激发出来，即便只是实现微创新，对整个社会进步的贡献都不可估量。

6 多元化

互联网的发展从来就是呈现多元状态的，不仅仅是那些创造了高市值的公司在推动互联网发展，许多有个性的人和公司秉持多元的信念和精神，同样对互联网的前进产生了不可估量的影响。

凯文·米特尼克：
头号黑客

"世界头号黑客"凯文·米特尼克（Kevin Mitnick）是个传奇人物，他曾是被FBI（美国联邦调查局）通缉仍长期逍遥法外的江洋大盗，而如今改邪归正当起了网络安全咨询师，但尽管如此，他的名片依旧是一个金属片做的溜门撬锁的工具。

凯文认为，所有安全系统里最薄弱的环节都是人而不是技术，所以利用社会工程（Social Engineering）攻击便能屡屡得手。当年他和FBI玩起了猫鼠游戏，甚至可以监控前来缉拿他的特工的手机，把对方搞得恼羞成怒。这使得凯文成为一个神话：有人甚至认为，他只要通过打电话，对着调制解调器吹几声口哨，就可以诱使北美联合防空系统（NORAD）发射核武器。这使他跟曼德拉一样，被关了单独监禁。

凯文还喜欢变魔术，他认为黑客和魔术有异曲同工之处，都是要追求神奇和跳出框框想问题。在凯文看来，互联网的进步正是由勇于创新、蔑视权威的黑客推动的，没有黑客精神，就没有互联网。

几位神勇的FBI探员破门而入，但屋子里空无一人，电脑、软盘等一切可以给FBI留下线索的物件早就被转移了，只有冰箱门上贴了张无厘头的便条，上面写着"FBI，甜甜圈在这里"，最后，这盒甜甜圈就成了FBI这次行动唯一的收获……

这场猫鼠游戏看起来就像在好莱坞大片中才会发生，但它是实实在在发生过的故事。故事的主角叫作凯文·米特尼克，他的故事之后被写成了《线上幽灵》（*Ghost in the Wires*），此外，你也可以在电影《黑客秘史》（*The Secret History of Hacking*）里找到他的踪影。人们把凯文·米特尼克传得神乎其神，甚至有一个传说绘声绘色地描述，凯文·米特尼克只要对着调制解调器吹几声口哨，就可以诱使NORAD发射核武器。

有这样传说的"头号黑客"难免悲剧收场，凯文·米特尼克在1995年锒铛入狱。更有讽刺意味的是，联邦检察官居然相信了米特尼克吹口哨就能导致核武器发射的传说，在法庭上宣布禁止凯文·米特尼克使用电话。之后，凯文·米特尼克在监狱的第一年被单独关押。

黑客群体后来发起了一个"释放凯文"的行动，但法庭没有因此改变审判结果。不过这个行动倒把在牢里的凯文·米特尼克的声望又推向一个高峰，也带给了凯文·米特尼克莫大的精神支持。

2000年出狱之后，凯文·米特尼克先后以春秋笔法写了《欺骗的艺术》（*The Art of Deception*）以及《入侵的艺术》（*The Art of Intrusion*），即便在十余年以后的今天，凯文·米特尼克的大作仍然名列亚马逊黑客或计算机安全领域图书的畅销榜，经久不衰。

今天的凯文·米特尼克早已脱胎换骨，不再和FBI玩猫鼠游戏了。用他自己的话说，他做黑客是从搞恶作剧开始的，当时太天真，不知道这有什么不对。而现在不同了，他做起了网络安全咨询师，扮演起维护互联网世界秩序的角色来。

见面时他递给我的金属名片让我大吃一惊，这居然是一套开锁的工具。开始，我以为这张名片只不过在象征黑客，但凯文·米特尼克立刻向我保证，这可都是真家伙。而且，他很愿意教我一手，比如怎么通过做一个"伪装的Wi-Fi"把周围人的密码都骗过来。

白天，凯文·米特尼克在我住的酒店接受采访，晚上他开车带我们出去溜了溜，随后在他下榻的酒店附近给我们变魔术，接着就演示怎么用伪装的Wi-Fi来偷到别人的银行密码。这真让人倒吸一口凉气，我在网络银行上输入的密码，轻易就被凯文·米特尼克拿到手，看来切不可随便用免费Wi-Fi啊（这段短视频现在可以在不少视频网站以"世界第一黑客"为关键词查到）。

黑客的精神

凯文·米特尼克对黑客做了深入的诠释。在他看来，黑客就是要抛弃定式思维，要有创新，在安全系统中寻找路径，找到解决疑问的办法。

凯文·米特尼克把发明万维网或者TCP/IP的人定义为黑客，尽管他也认为蒂姆·伯纳斯—李或温顿·瑟夫（见本书温顿·瑟夫篇）八成不会接受这个说法。在他心目中，沃兹尼亚克是最伟大的黑客之一，因为沃兹尼亚克发明了苹果电脑，真正站在苹果后面的技术天才是沃兹尼亚克。而乔布斯不过是一个设计或商业天才，在技术上无足轻重。凯文·米特尼克如此喜欢沃兹尼亚克还有一个理由，沃兹尼亚克最早显示黑客的才能也是从电话入侵开始的，正跟凯文·米特尼克本人一样。

凯文·米特尼克把黑客比作魔术，认为黑客必须要有大胆的想象，抛开定式思维，敢于创新，所以黑客常常为互联网做出巨大贡献。尽管可能存在欺骗，但就像魔术一样，但黑客的初衷并非想要伤害任何人。在他眼里，那些盗取信用卡的人肯定不算黑客，他们只是在借黑客的名义去犯罪。

一切源于恶作剧

凯文·米特尼克认为自己的黑客生涯始于少年时期。

凯文·米特尼克在12岁时就开始了第一次黑客行动，他找到了在洛杉矶免费坐巴士的方法。

那时，凯文·米特尼克坐巴士需要付费，换乘还需要再加付10美分。凯文·米特尼克敏锐地发现，换乘证上会盖个戳，每次形状还不太一样，他就不无好奇地问司机："先生，我正在做一个学校的项目，我们需要在纸板上盖上不同形状的戳，您能告诉我在哪个区可以买到这个戳的压印器吗？"

善良的司机相信了这个"天真"的小孩，然后告诉了凯文·米特尼克确切的地址。随后，凯文·米特尼克从妈妈那里借了15美元，购买了一个压印器。接下来，他跑到巴士总站，从垃圾桶里找到了几百个没有用完的换乘证。从此开始免费乘坐巴士的生涯。

这是凯文·米特尼克人生的第一次黑客行动，他觉得自己当时太天真了，不知道这是诈骗，只是因为找到了系统的漏洞而洋洋得意，而包括他父母在内的很多人居然都因此而称赞他聪明。

到了15岁的时候，凯文·米特尼克开始在电话系统里恶作剧，搞电话入侵。他最喜欢的一个恶作剧就是，把朋友家的电话变成付费电话，这样他朋友或他朋友的父母每次打电话时，电话那头都会传来"请存入20美分"的声音。这听起来就像是另一个沃兹尼亚克恶作剧的翻版。早些时候，沃兹尼亚克和乔布斯就是利用电话系统的缺陷，做了免费拨打电话的蓝盒子去赚钱。

看起来，这些早期的恶作剧让凯文·米特尼克记忆犹新，他自己生平最喜欢的恶作剧就是16岁时控制了麦当劳外卖处的喇叭，坐在麦当劳对面的咖啡厅里把麦当劳的经理捉弄得团团转。

盗取老师的电脑密码

就在凯文·米特尼克沉迷于电话入侵时，电脑已经开始普及。有朋友劝凯文·米特尼克去上电脑课，但凯文·米特尼克因不清楚何为电脑而执意继续专攻电话网络，但在朋友劝说下，他终于跟着朋友去见了电脑老师。

显然，电脑老师对于一个不甚了解电脑的孩子并不太在意，但当凯文·米特尼克演示了他如何对电话网络为所欲为时，这个老师当即决定破格让他上电脑课。他真该为这个决定后悔！

第一堂课就是学习编写复杂的程序，凯文·米特尼克没有基础，不想编这个程序。但他突然想可以写个程序来盗取老师电脑的用户名和密码，于是就把主要精力投入到这个程序的编写上。最后凯文·米特尼克成功了，他成功地盗取了老师的密码，并把密码交给老师。而电脑老师非但没有指责，反而大加赞赏，还给了凯文·米特尼克A的成绩。

类似的事情在凯文·米特尼克成长过程中屡见不鲜，凯文·米特尼克开始形成一个印象——做黑客很酷。虽然他直到19岁时才买得起自己的电脑，但找着机会他就会联入网络去入侵其他公司。

凯文·米特尼克给我讲了一个他从来没有告诉任何人的秘密。在高中的时候，他就发现了学校的万能钥匙，然后给自己悄悄配了一副。从此，他非但可以偷偷用教师专用的洗手间，还把学校的计算机室变成了黑客基地，周末就溜进去使用计算机。有一次，他突然撞见了一个保安，保安质问他为什么在这里。凯文·米特尼克沉着冷静地回答，自己在忙学校的项目，最后他和这个保安混成了朋友，保安还给他买比萨饼吃。尽管如此，但他向我澄清，自己虽然有万能钥匙，却没有偷过任何东西，只是用用学校的电脑而已。

和FBI的猫鼠游戏

凯文·米特尼克觉得自己没有做过什么坏事。在他的记忆里，他做过的最邪恶的一件事情就是，他由于和一个体重超标的朋友起了冲突，于是就修改了这个朋友家电话的所有快捷键，使每一个快捷键都指向美国各类减肥中心。这个恶作剧在凯文·米特尼克看来，就是他做过的最出格的事情了。不过，问题的严重性并不在这里，而在于，一旦真的能控制电话公司，就会带来很大的伤害。

凯文·米特尼克成了全美每家电话公司的不速之客，他甚至在DEC的系统里潜藏了10年之久而没有被清理出去，为此，凯文·米特尼克甚是得意。在20世纪90年代的时候，凯文·米特尼克侵入过所有的手机制造商，包括日本的手机制造商、芬兰的诺基亚、美国的摩托罗拉，获取了源代码。他并非打算用这些源代码赚钱，而是很想知道，作为电脑和电话集合体的手机是什么构造，学习其中的技术精要。

当然，另外一个原因是，凯文·米特尼克当时正在和FBI玩猫鼠游戏，所以需要源代码，修改手机，让别人难以追踪。总之，凯文·米特尼克认为这么做就是证明自己，就像赢取奖杯一样。他不是想要去公开源代码或是将源代码卖给别人，而是要证明自己是一名追求激情、执迷冒险、渴求知识的黑客。

凯文·米特尼克非常推崇《孙子兵法》，对孙子崇拜得五体投地，《孙子兵法》"知己知彼，百战不殆"的精髓也被凯文·米特尼克应用得炉火纯青，这是他之所以把自己最早的两本书用"the art of"来命名的原因（《孙子兵法》的英文译名是"*The Art of War*"）。

他先是掌握了各类手机的源代码，而后入侵系统，得到了FBI探员的电话，并建立了一个界面来跟踪这些FBI探员的行踪。所以他才会在FBI拿到搜查令并闯入他家之前，留下一盒甜甜圈，溜之大吉。凯文·米特尼克认为，正因为如此，恼羞成怒的FBI才会在后来添油加醋地夸大他的能力，简直把他描述成了一个恐怖分子。他成了反面教材的典型，但实际上，他既没有安装过病毒，也没有从中获利，做黑客只是为了获得乐趣而已。

凯文·米特尼克后来的总结是，面对攻击，最薄弱的环节不是软件硬件，而是人自己。黑客将不再纯粹利用计算机，而是综合利用各种手段，比如利用抓住人性的弱点以获取信息的社会工程学方法，他最后的落网也印证了这个观点。当时他修改了自己的手机，让FBI无从跟踪，不过FBI转而去跟踪凯文·米特尼克联系人的电话，准备在北卡罗来纳州的罗利市抓捕他，但即便如此，FBI最终定位的公寓还是错的。凯文·米特尼克大摇大摆地从健身房开车回家，也没有被FBI认出来。但不幸的是，第二天他感觉自己似乎被人监视，就到阳台上四处观望、看个究竟。这次，他就没那么幸运了，他被FBI发现，随后被捕，开始了五年的牢狱生活。

新生

　　凯文·米特尼克并不寂寞，黑客们联合起来，要求释放凯文·米特尼克。但五年的牢狱生活并不好受，而且第一年还是单独囚禁。**我们见面时，凯文·米特尼克给我看了不少他在监狱时的照片，其中很多张都是他母亲来探监时拍的。我体会得到，这段牢狱生活让他的心理起了微妙的变化，2000年获释后，凯文·米特尼克感觉，是到改变的时候了。**

　　首先，这个世界已经发生了改变。在凯文·米特尼克刚进监狱时，互联网才刚刚开始腾飞，1995年雅虎才刚刚成立。可到2000年他出狱时，虽然正值互联网泡沫破灭，但网络的影响已经深入世界的各个角落，雅虎、谷歌都成了大公司。因此，凯文·米特尼克感到，自己得赶快学习，跟上时代的步伐。

　　当时，由于政府禁止，在释放后前两年，凯文·米特尼克都无法使用电脑，以致2001年迪士尼邀请他去做节目时，他不得不用一个假电脑来代替。不过，政府之后还是默许他使用电脑，但不允许他告诉别人。此外，还勒令他在七年内不得把自己的真实故事写成书，因此，他在开始写书时不得不用小说的笔法演绎。

　　富有戏剧性的是，在获释三个月后，凯文·米特尼克被一位国会议员邀请去国会参加听证会。他在会上提了很多安全方面的建议，帮助了政府。另外一个收获是，凯文·米特尼克在这里开始了他的演讲生涯，因为他觉得国会上的人喜欢他讲话的方式，而在此之前，他是很畏惧公开演讲的。后来，由于逐渐有公司请他去演讲，所以凯文·米特尼克索性雇了一个专业的教练，学习演讲，把演讲变成一个收入的来源。

　　既然能帮助政府，那就能帮助到更多的公司。凯文·米特尼克后来成立了一个咨询公司，专门提供网络安全方面的咨询服务。他仍然入侵各个系统，但现在的入侵需要得到别人的允许，并且最重要的是——对方要付费。

　　在凯文·米特尼克看来，黑客可以侵入嵌入式设备、基础设施、军队、银行、私企，因为现在世界就是建立在电脑上的。很多公司认为软件是软肋，但是实际上，硬件也是大问题。黑客可以伪装为硬件的生产商，然后骗公司安装这些硬件。除了军队之外，几乎没有机构认识到硬件的重要性。

《财富》全球500强、大金融公司纷纷邀请凯文·米特尼克去做渗透测试。每次上阵，凯文·米特尼克的公司总是能屡屡得手。在凯文·米特尼克看来，黑客只要有足够的时间、耐性和资源，总有办法入侵，如果这个黑客是内部黑客的话，入侵就更不在话下。

但凯文·米特尼克又表述，因特网就是黑客建造的。黑客的行为是积极的，他们只是在找漏洞。现在很多人都把黑客等同于犯罪，他们之所以这么想，只是因为媒体扭曲了这个概念。

不要效仿凯文·米特尼克

美国计算机犯罪专家唐·帕克奉劝大家千万不要把凯文·米特尼克当作效仿的对象。他认为，恶意黑客们有一种犯罪动机，即认为，如果自己可以参与到一种影响足够大的犯罪活动中，他们就会被贴上犯罪专家的标签，然后就会成为计算机安全问题方面的专家，来阻止其他黑客从事这样的犯罪活动。

唐·帕克认为这是在误导年轻人。确实，有几位非常著名的黑客后来停止从事黑客活动，成为网络安全咨询师，赚到了很多钱。凯文·米特尼克就是一个典型例子。但千万不要错误地认为，如果做过一些犯罪活动，最后还可以成为伟大的打击犯罪的专家，这在现实生活中是不可能的，后来的年轻人是被假象欺骗了。这就如比尔·盖茨或者乔布斯在辍学后成就了大业，但不要以为只要辍学就可以成为下一个比尔·盖茨或者乔布斯，辍学总不是件好事。

唐·帕克认为，像自己这样在安全领域工作的人是绝对不会去雇用计算机罪犯来负责安全工作的。想要成为一位网络安全问题专家就得去上大学，拿到一个计算机科学的学位，去广泛了解各种各样的技术，然后就可以好好努力，最后成为一位安全问题方面的专家。

今天，互联网已经挣脱Web的局限，手机、可穿戴设备、其他更多的智能终端都可以接入互联网。所以黑客不再仅仅只是盗取别人的银行密码、窃取机密数据、使别人的网络瘫痪，他们潜身的空间越来越大。比如说，控制你房间里的摄像头，偷录你的隐私。又比如说，入侵飞机的电脑系统以劫持飞机。在有一年的黑客大会上，有人演示如何控制智能马桶的清洗喷嘴装置，连卫生间这么私密的环境都难以再让人感到安全，这让人有些不寒而栗。

确实，没有敢于挑战、蔑视权威的黑客精神，就没有互联网。但无论什么时候，互联网都应该致力于让我们的世界更美好。既然安全是我们核心的诉求之一，黑客精神就更应该在推动互联网更加安全上不断努力！

哈特穆特·艾斯林格：
苹果背后的青蛙

> 建筑大师路易斯·沙利文（Louis Sullivan）说"形式追随功能"，而哈特穆特·艾斯林格（Hartmut Esslinger）说"形式追随情感（Form Follow Emotion）"。设计是为了让技术更具有人性，让产品具有灵魂，让技术变为艺术，让产品变为作品。20世纪80年代初，当乔布斯把艾斯林格从德国请到硅谷时，苹果还是个没有设计品味的暴发户，之后艾斯林格标志性的苹果"白雪设计规范"（Apple Ⅱc，Apple Mac等），推动了苹果的成功。乔布斯被苹果解雇之后，艾斯林格终止了和苹果的合同而继续与乔布斯合作，并设计出了远远超越其时代的NeXT。艾斯林格的手笔遍及索尼、三星、路易·威登、迪士尼……

　　20多年前，我第一次用NeXT计算机时，觉得这个产品的设计简直酷毙了，从来没有一个技术产品能设计得这么完美，简直可以让用的人为之落泪。多年以后，我才知道在NeXT的背后，除了站着乔布斯之外，还有一个传奇的英雄和公司——哈特穆特·艾斯林格和他创立的青蛙设计。我也才了解，这位大师和他的工作室不仅为苹果，也为三星、索尼、路易·威登等公司设计了许多美轮美奂的产品。

　　现在，青蛙设计在全球包括上海在内的十多个城市设有分部，已经成为一家全球化的设计咨询公司。青蛙设计的全球总部位于旧金山索马区（SoMa）中央一座大仓库里，木质结构，内部布局非常有设计感，格调有点点像北京的798艺术区。

走进青蛙设计前，我就满怀憧憬。艾斯林格一向奉行"形式追随情感"的设计哲学，这种设计哲学直接赋予技术产品以艺术的生命，让人们在指掌间和冰冷的技术有了温暖的交融，把玩留恋不已，而忘却了这其实不过是从流水线上生产出来标价售卖的商品。

设计，搭起了技术和人心的桥梁。

工业时代的工业品棱角坚硬，且多以阳刚的气质标示自己的牢固耐用，而现代设计则更融化了互联网阴柔的气质，它们模糊边界，在柔和的色调和酣畅游走的曲线中触及人心灵的柔软之处。于是，推动我们选择一个产品的理由，不再只是对使用价值的理性盘算，而更有第一眼就莫名打动我们的感性设计。

形式追随情感

和艾斯林格坐而论道真是一件很惬意的事。艾斯林格是位德国大叔，说话带有口音，但性格非常随和，他热心地带着我参观了青蛙设计，还特地送了我一本他写的书。

青蛙设计办公区的主色调是绿色，恰好易宝支付的主色调也是绿色，绿色象征了生命、自然、灵动、创造，青蛙设计因而让我感到分外亲切。"形式追随情感"这不仅是艾斯林格的哲学，也是对这个时代的精辟总结，今天的企业在命名、形象设计，甚至在色调选择上，也在浸透情感，以求搭起企业与人心交流的桥梁。

在青蛙设计里踱步，人仿佛像着魔一般走进自己的记忆。那些多年前曾经出现在你的生活里的经典设计，现在仿佛移步换景似的出现在你眼前，唤醒你对过往一个又一个故事的回想。以NeXT为例，这不仅是乔布斯离开苹果后的一件得意之作，而且，万维网最早就诞生在NeXT上，图形化的操作界面放低了上网门槛，真正推动了互联网在全球的高速普及。

艾斯林格很热情，他带我看了青蛙设计历史上许多的成功之作，也向我展示了正在进行中的设计。相比于1969年在德国成立的青蛙设计的前身，今天青蛙设计可用的工具已经丰富太多，例如时髦的3D打印。青蛙设计并不排斥这些工具，它本身就在致力于推动日新月异的科技和普通大众亲近。不过，即使到现在，青蛙设计也在用最传统的模子。

设计的产品在变，设计的工具也在变，不变的是设计的理念。而"形式追随情感"，正是艾斯林格的设计哲学。类似的表述最早可以追溯到美国现代建筑奠基人路易斯·沙利文。路易斯·沙利文提出的"形式追随功能"成为现代建筑秉持的原则，也成为现代建筑美学或工业美学的灵魂。

而艾斯林格的"形式追随情感"则更进一步，在产品推陈出新的速度让人瞠目的后工业时代大展身手，尤其在他与乔布斯相遇并着手苹果系列产品的设计后。

苹果改变了世界，可它后面有只青蛙。

青蛙名字的由来

艾斯林格来自一个有成千上万只青蛙的小镇。清晨时，青蛙会成群结队地过马路，甚至会把马路堵得严严实实。太阳下山时，青蛙们又会踏上返程。这就是青蛙一天的生活。事实上，因为青蛙阻塞了马路，经常会被汽车碾死，所以镇上特意立了注意青蛙的交通标志。这些印迹触动了艾斯林格，让他决意把青蛙做成标识。

艾斯林格认为，德国青蛙不够漂亮，他甚至因此特意买了一只巴西树蛙，给它拍照，并以此为素材设计出青蛙设计的标识。慢慢地，人们开始津津有味地提起把青蛙当作标识的公司。

其实，艾斯林格最早也想过用自己的名字命名公司，但是他又担心公司里的其他人把艾斯林格的个人身份看得太重。后来，还是乔布斯一锤定音，推动艾斯林格选择了青蛙设计这个名字。艾斯林格打趣地说，青蛙并不需要吃苹果，所以是没有问题的。

结缘乔布斯

青蛙设计早就注定了是个国际化的公司。它虽然1969年从德国起家，开始一直服务于德国电子业巨头Wega（贵翔），但没过几年Wega就被索尼收购了，青蛙设计从此开始了与索尼的跨国合作之旅。此后数十年里，青蛙设计为索尼设计了上百款经典产品。不过，真正让青蛙设计声名大噪的，还是艾斯林格与乔布斯的相遇与合作。

艾斯林格回忆，第一次看到苹果的产品是1978年，那是在芬兰赫尔辛基的一个会议上，包括索尼在内的很多高科技公司都出席了这次会议。尽管他不太喜欢当时苹果产品的设计，却很欣赏它能与人互动，觉得它真是不错的产品。

确实，在艾斯林格看来，当初乔布斯造的产品都不怎么好看。尽管那些产品被注入了新科技，但金属盒子非常丑。艾斯林格甚至不客气地评论，人们会买这样的产品也是因为他们不太有品味，或者那个时代的人们还不太在乎品味这个问题。

不过，既然人们愿意坐在漂亮的车里，用漂亮的东西，又凭什么要用这么丑的电脑呢？

艾斯林格向索尼提起了苹果的产品，说他在赫尔辛基看到美国一个新兴公司生产的产品，该产品的年销售量大概在一万套左右。接着，艾斯林格建议索尼投身电脑市场，不过当时的索尼认为，电脑是个造起来很麻烦的大机器，而且一万套对索尼来说也算不了什么。

艾斯林格后来在苹果的设计竞标中胜出，乔布斯亲自飞到德国东南部巴伐利亚的黑森林地区去拜访艾斯林格。在这次行程中，艾斯林格的激情，还有他以超过每小时100公里的飙车速度驾驶梅赛德斯—奔驰，都给乔布斯留下了深刻印象。**乔布斯最终和艾斯林格签订了合作合同，条件是他得搬到美国加州去。艾斯**

林格接受了乔布斯的条件，并毫不谦逊地宣称他和乔布斯当时的握手敲定了工业设计史上最有决定性的合作。

据艾斯林格回忆，乔布斯对索尼的产品嗤之以鼻，尽管索尼当时在美国已经相当成功。

确实，**Apple Mac**系列产品比许多专业计算机都更具创新性。于是乔布斯和艾斯林格等进行了很多探讨，在半年内对各种不同的产品、上百种模型进行了分析，做了深入的战略研究。他们甚至研究过孩子们喜欢做什么，家庭中需要些什么，以确保自己推进的项目是正确的。

乔布斯想尝试让专业的电脑也像消费品一样面向大众普及。它必须满足一系列条件：可以被卖给其他公司，但一定要在审美上颇具吸引力，与公众具有精彩的交互能力，够生态，还不能太贵等。

"白雪设计规范"的魔力

1982年，他们做了一个样机，样机很受欢迎，之后便有了笔记本电脑，以及很多其他的产品。在艾斯林格和青蛙设计的共同努力下，他们创立的"白雪设计规范"被应用于苹果20世纪80年代中后期几乎所有的产品线。

艾斯林格非常喜欢乔布斯，他认为乔布斯非常擅长接受变革。可能你前一天跟乔布斯讲某个想法时，他会说"那真是疯了"，可第二天，他就会告诉你，"我想了想，为什么不尝试一下呢，但是你必须做得更好"。在艾斯林格的眼里，乔布斯从来不会走回头路，他总是在不断向前，这是他身上非常具有启发性的一面。因此，对于许多人来说，与乔布斯合作可能会承受很大的压力；但对于艾斯林格来说，这是非常棒的，他把乔布斯视为自己的最佳合作伙伴之一。

苹果的产品在青蛙设计的推动下如虎添翼，甚至《时代》都大加惊叹，计算机突然从丑家伙变成了儿童玩具。**在"白雪设计规范"的助阵下，苹果公司的销售量节节攀升，尽管有IBM这样强劲的对手，苹果也毫不畏惧。**

苹果推出了真正意义上的设计性电脑，该类电脑的外观和产品体验都绝佳，而且采用了巧妙的设计以节约成本，还采用了高端的塑料、无油漆设计，使电脑环保可回收。也许公司采购电脑时并不在乎电脑的这些特点，但个人采购的时候，苹果电脑就更容易获得青睐。历史也证明了这种判断是正确的。

谈起成功的缘由，艾斯林格认为，人越多注意自己的局限性，只会更局限自己，人必须要激励自我，才能看清真正的机会。艾斯林格相信每个人都是聪明的，没人想和丑人结婚，没人想要糟糕的东西，所有人都想蒸蒸日上，这是人类的天性，而设计正是要迎合这种天性。

紧随乔布斯的脚步

1985年，乔布斯被苹果扫地出门，艾斯林格追随乔布斯一起告别了苹果，当时，青蛙设计已经完成了苹果生产线上的一部分项目，但大部分都还没有完成。艾斯林格表示，他不太愿意和"更低级别"的人打交道。

艾斯林格说，所谓的"更低级别"并不是瞧不起的意思，但他认为，你如果要与设计师工作，就必须能够做决定，并能够对项目负责，而不是当一件产品被生产出来，而你却发现它不是那么好时，才把它抛弃。

乔布斯之后的负责人往往在项目已经进入样机阶段的时候，才否决设计师的设计，这是十分不尊重人的行为。事实如果你已经走到一半了，就肯定有方式到达顶峰。艾斯林格比喻说，这就像在即将登顶长城的时候，你却被告知下周再爬一样。虽然乔布斯也会抛弃很多的东西，却往往是在早期，所以代价不是很大，而且他总会找到到达终点的正确途径。

于是，艾斯林格和乔布斯一起告别了苹果。在他看来，乔布斯还有非常伟大的另外一面，那就是对产品有一种非常简单的专注。深受包豪斯运动影响的乔布斯，推崇的是现代建筑大师密斯·凡·德罗（Mies van der Rohe）"少即是多"的极简主义思想，他坚持使每个产品都出色，极致地出色，然后以正确的方式生产它们，再连贯性地继续做下一个产品。其他产品也不能有丝毫的逊色，必须同样出色。

乔布斯离开后，苹果开始生产诸多子产品，这给供应链带来了极大的压力。在这期间，苹果虽然有很多的产品，但业绩已经开始下滑，人们认为，如果苹果不再具备任何精神，为何又要买它呢。

乔布斯回归苹果后，艾斯林格建议他说："我们必须简化。"包括Apple Mac、消费电子产品、音乐——也就是之后的iPod，还有和Apple Mac一样简单的MacBook，以及iPhone，就这四个产品线。另外加上子产品iPad，苹果公司只保留了五条生产线。

苹果的成功基于乔布斯简约的理念。只有如此简单，你才能更好地控制、更灵敏地优化，同时从成本上来讲，也更占据优势。

设计之道

在艾斯林格看来，设计关乎于人，关乎整个人类。我们生活在大自然里，我们就应该思考，我们能利用大自然为人类做什么，以及人类能为大自然做什么，设计很大程度上正来源于这里。如果我们想拥有一个新产品的创意，就必须了解这个产品的材质是什么、制作工艺是什么，了解与其相关的知识和与其相关的科学。

设计的另一个源泉是人类文化，文化与世界的其他组成部分有很大的不同，文化因为历史、因为感觉、因为习惯等而呈现多元化特征。比如说，中国人就不习惯用刀叉而是用筷子吃饭。

从本源说，设计天然就关乎创新。你要从现有的产品或者问题出发，把它们拆解，仔细观察，汲取其中的要素，然后重新构建，并要创新地补全其中缺失的部分。所以理想状态时，新产品总要超越老产品。

设计要使用新材料，提供新功能、新体验。其实，并不是所有技术都很人性化，设计所要做到的，就是以人为本，让技术和人性融为一体，让工业产品更加人性化。这是设计在这个时代遇到的最大的挑战之一。

但这还没完，设计并非单纯的艺术品，设计时要考虑太多的因素，比如商业因素、经济因素，既要考虑功能实现的物理界限，还要考虑人们是否买得起。

在艾斯林格看来，一些设计精美的家具却徒有其表，这就是个很大的问题。问题的本质在于，你如何让你的设计去适应人的需求，或者说如何让技术、功能去适应人的需求。设计是一个和人打交道的行当，人文是一个非常重要的维度。

艾斯林格为此举了一个为迪士尼设计邮轮的例子。

设计邮轮并不是什么新鲜事，但想想过去的情景吧，很多家庭拥到邮轮上酗酒、赌博的场景历历在目。在为迪士尼设计邮轮时，艾斯林格把孩子的安全作为最应该被考虑的因素。孩子们只要接近危险区域，安全防护措施就会起作用，如此一来，家长们就可以放心休闲、娱乐。邮轮提供酒，但量不多，而且压根就不设赌场。

这样的邮轮也许收费会高一些，但它由于创造出一个如此安全并充满乐趣的家庭氛围而显得与众不同，在这里，小孩子会开心，大人也会开心，绝对物有所值。之后，迪士尼也确实因为这艘邮轮而大获成功。

在艾斯林格看来，设计时必须要防止材质凌驾于逻辑程序或者功用之上，从根本上而言，设计是与功用相关的，我们必须确定它能够真正使人受益，使人们爱上它，并获得自豪感和富足感。

今天，可穿戴设备渐成潮流趋势，青蛙设计自然在这个领域的设计中占据优势地位。它甚至开始设计口罩，因为在艾斯林格看来，不仅仅是中国，世界各地都有雾霾。而即便是一个小小的口罩设计，青蛙设计也要充分考虑到材质、是否时尚，需要针对男性、女性和儿童分别设计。

设计，总是希望使用者能够露出微笑，感到惊奇，体会被尊重的感觉。当人们花钱购买一样产品时，人们必须付出一些成本，但是人们所获得的价值要高于人们的付出。这个价值差不会被功能抹平，这个差额是情感方面的。它跟美食类似，一切食物都是有营养的，但美食带来的口感更好，也会使人的心情变好，这跟仅仅填饱肚子的感觉是不一样的。**所以在艾斯林格看来，情感是永恒的。**

设计不仅仅关乎油画颜料等材质，它是一种文化。所以很显然，设计是创造、是文化、是革新——这一切都是非常重要的元素，也是"形式追随情感"的要义。

设计，架起技术和人心的桥梁

为什么设计美学在互联网时代如此兴盛呢？在我看来，**对于商业而言，一个世纪前，是比拼产能的福特时代；半个世纪前，是比拼营销的宝洁时代；而现在，是比拼心智占领的设计美学时代。**

在20世纪初，商品稀缺，企业造出来的产品不愁没有销路，企业面临的核心问题在于，是不是有足够的产能去供应市场。所以福特创新了流水线，从而极大地提高了产能。

20世纪中期，工业流水线盛行，产能有了极大的提高，于是如何把产品卖出去就开始成为挑战。无论是信息的传递还是销售渠道的铺设，产品在销售中要面临种种障碍。因此，在那个时代，以宝洁为代表的公司进行了营销创新，扫清了产品厂家与最终消费者之间的层层壁垒。

互联网的崛起改变了这样的局面：首先，资讯的流通将不再受到地域的限制，消费者获取信息及时而方便；其次，消费者不再仅仅是品牌传播的接受者，他们也通过网络表达自己对产品和品牌的看法和观点，自上而下完全由厂家来主导品牌建设的方式受到很大的挑战；再次，电子商务的崛起，绕开了传统复杂臃肿的渠道，让产品可以快速从仓库里流动到消费者的手中。

相较于传统的营销，互联网时代的资讯传播成本、通道成本，或者说整个营销成本都相当低。在消费者能深入体验产品的功能之前，他们最直观的第一感受是来自产品的设计。**一旦设计真正在技术和人心之间架起一座桥梁，让用户和产品之间产生共鸣，占领住用户的心智，就能迅速甚至是爆发式地占有市场。这是真正推动设计美学在互联网时代兴起的原因。**

但设计毕竟不完全等同于艺术，艺术家在艺术领域可以实现自由发挥，不需要考虑物理的界限，但设计师在设计时，就不得不首先考虑如何更好地实现功能，继而考虑物理条件的限制，因此，设计是有底线地去突破顶线。比如要设计船，首先要考虑的是如何使船不沉，如何保障船的安全，然后才能在这个基础上发挥艺术的创造，美饰船体。

设计最终的落脚点在功能性和情感性上，设计是技术性和艺术性之间架起的桥梁。

理查德·斯托曼：
自由软件之父

自由软件运动的精神领袖理查德·斯托曼（Richard Stallman）无疑是一个出色的异类。在斯托曼看来，没有什么比捍卫人类的自由更为重要，而专有商业软件大大侵害了我们的自由，威胁着我们的隐私和其他权利。我们能够用到GNU、Linux和一系列开源免费软件，都得益于斯托曼的不懈努力。斯托曼是老牌黑客，他深深影响了早期的黑客文化。这使人不免想起电影《黑客帝国》：人类被机器囚禁还全然不知，唯有救世主般的尼奥（Neo）可以把人类从幻象中解救出来。你可以不同意斯托曼的观点，但是很难不被其精神力量所折服。

我第一次见到理查德·斯托曼是在2011年的北京。他披着长发，衣着朴素，身上还冒着奇怪的气味，指着我手里拿着的iPad就开口大骂：这个叫iBad（bad，坏，糟糕的意思）。等入席就座，本着追问"源代码"的精神，无论对哪一道菜，他都要仔细问问原料和做法。

跟他交谈是件"冒险"的事情，一旦认为你有不对的地方，他便会不加掩饰地批评你，才不管你有没有觉得难堪。不过，难以否认的是，无论你是否喜欢他或者是否赞同他，都可以顷刻感受到他强大的精神影响力。

确实，理查德·斯托曼看起来很像一个精神领袖，他那些听上去不着边际的言谈，实则蕴含着非常大的精神感染力。之后，我竟也在我的iPad上贴上了iBad的小标签。

中国人很容易用"愤青"来形容理查德·斯托曼，但你可别因此小觑了他的贡献。在理查德·斯托曼看来，专有商业软件大大侵害了我们的自由，威胁着我们的隐私和其他权利，但其实，没有什么比维护人类自由更重要。

要维护人类的自由——理查德·斯托曼抱着这样的信念，并且也是这样去做了，言行高度一致，这才是理查德·斯托曼极其让人钦佩之处。理查德·斯托曼极富才华，本可以大富大贵，但他甘守一生清贫，连件像样的衣服也没有，也没有结婚，过着苦行僧式的生活，但正是通过这位老牌黑客的不懈努力，我们才有可能用到GNU、Linux和一系列开源免费软件。

理查德·斯托曼并非没有世俗的追求，他在自己年过半百时还刊载过征婚启事。在他心目中，能做伴侣的理想女人应该有广泛的兴趣，对世界充满好奇，能直率地说出自己的好恶——理查德·斯托曼表示，自己痛恨去猜（女人的心）——他希望这个女人看重快乐、真理和正义胜过成功。

他还得意地提到了自己"25岁的孩子"（以理查德·斯托曼55岁计算）——自由软件运动。这个"孩子"耗去了他的一生，所以没法再给更多"孩子"留下个人空间。以这个逻辑推论，他应该也不会有什么个人空间留给女人，所以他赶快澄清，倘若有女人不需要天天和他耗在一起的话，他仍然还是有足够的个人空间去爱一个小甜心的。

据说，这则征婚广告登了好几年，但也没听说哪位女士愿意以身相许，喜欢研究"源代码"的理查德·斯托曼似乎没能研究透女人的"源代码"。

自由软件的精神

自由这个词，在英文里同时具有"免费"的含义，但在理查德·斯托曼看来，**自由软件运动的核心理念在于，用户应该控制计算机，控制他们使用的**

程序，所以自由软件讨论的是自由问题，无关乎价格。"是'自由'不是'免费'"，为强调这个区别，他嘴里居然蹦出了两个中文单词。

理查德·斯托曼把软件划分为两种，一种是用户控制程序的软件，另一种是程序控制用户的软件，自由软件就属于第一种。技术的进步永远应该带给人更多的自由、带来更多的可能性，而不是让人类成为技术的奴隶，或者被其他人通过技术而奴役。在理查德·斯托曼看来，自由软件是公平的，也是合乎道德的。用非常强的道德视角去看问题，这是理查德·斯托曼很独特的一点。

理查德·斯托曼接着对自由软件做了进一步的剖析。

自由0：让用户可以随意运行一个程序，不管出于任何目的。

自由1：用户可以自由研究源代码，研究程序规划，让程序按照用户的意愿进行运算。

但因为大多数用户都不是程序员，不会懂得怎么改源代码，因此仅仅有个体控制是不够的，还需要有集体控制。所谓集体控制是指，任何一组用户都能通力合作，一起控制程序，让程序能按照他们想要的方式运算。而要做到这一点，又需要另外两种基本的自由。

自由2：当你有意愿时，可以重新散布精确副本。

自由3：当你有意愿时，能够散布你做的修订版的副本。

有了这四种自由，用户就能够对程序进行个体控制和集体控制。在自由软件中，每个人都可以对这个软件进行更改，并从中受益，即便他开始只是出于个人目的而做了这种更改。所以自由软件是唯一合乎道德的软件传播方式。

所有软件都应该是自由的，这样所有的用户也才是自由的，因为谁都没有凌驾于别人之上的权利。理查德·斯托曼进一步补充，商业软件如果能符合这些特质，同样也是自由软件，虽然看起来现在大多数商业程序都是非自由的。不管微软还是苹果，甚至Facebook，都在或多或少侵犯我们的自由和权利。

而与之对照，开源软件或免费软件如果违背了这个精神，也是非自由的。在理查德·斯托曼看来，开源软件关注的价值只是代码质量，而自由软件运动关注的价值是自由和社区，所以从哲学层面来讲，开源软件压根就没抓住重点。

如果用户不能完全享有如上陈述的这四种自由，就不能完全控制程序。这样一来，程序就会控制用户，或者程序所有者控制用户，软件便因而成为非自由或者专有软件。而理查德·斯托曼认为，我们的目标就是要告别专有软件，否则非自由软件或者专有软件就会把用户踩在脚下，它们会监视用户或者有意限制用户权利。

我不禁问理查德·斯托曼，自由软件究竟有什么好处。他似乎很不屑回答这个问题。他认为，我们讨论的是社会中的自由，这对拥有美好生活有着极其重要的价值，要问自由的好处是什么，这样的问题本身就贬低了自由的重要性。

理查德·斯托曼的这个回答听上去有些蛮横，但其实非常有道理。自由是人的根本，但自由到底有什么好处其实很难定义。当打开鸟笼的那一刻，笼子里的鸟儿尚且会展翅高飞、追寻自由，而不会留恋鸟笼里吃喝无忧的生活，更何况人乎！

GNU：理想的坚守

1983年，理查德·斯托曼宣布要研制一个完全自由的软件操作系统GNU。

在计算机上运行的软件都需要基于操作系统工作，就如今天我们需要用Windows为基础去运行程序一样。既然要推动自由软件运动，这些自由软件就应该在一个自由的操作系统上运行。这就是GNU研发的初衷，也标示了理查德·斯托曼开展自由软件运动的雄心壮志。

理查德·斯托曼为GNU的诞生和发展煞费苦心，甚至怎么去念这个操作系统的名称，都做了别出心裁的设计。英文当中，GNU的本义是"角马"，发音与New相近，而理查德·斯托曼宣称，GNU应当被念为Guh-NOO，其发音与Grew相近。

1985年，理查德·斯托曼成了"GNU自由软件基金"，也发布了"GNU宣言"。该宣言定义了GNU项目的目标，增加了对自由软件需求的探讨和对自由的辩护，呼吁大众参与和支持自由软件。之后的几年里，理查德·斯托曼不断完善了这个宣言。

如前所述，理查德·斯托曼最让人钦佩的地方在于，他言出必践。他推动GNU项目的时期，正是互联网兴起和泡沫膨胀的时期，许多人在互联网第一轮大潮涌起时大发横财，当然随之也有不少摔了大跟头。**但理查德·斯托曼坚守住了自己的理想，甘守清贫，维护自由软件。他的得意之作——GNU通用公共许可协议（GNUGPL）后来成为全球最广为采用的自由软件许可证，并为"反版权"观念开拓出崭新的道路。**

理查德·斯托曼回溯了"反版权"的由来。他亲眼见过有人把自由程序修改为非自由程序，因此认为必须要阻止这样的事情发生，否则人们虽然也使用了自由的代码，却根本就享受不到本可获得的自由。所以理查德·斯托曼认为，有必要着手设计一个软件许可，给予用户自由，防止有人从中作梗，把本应是自由的程序变为专有的程序。于是，针对"版权"，理查德·斯托曼提出了"反版权"的概念。

反版权主要依据GNU通用公共许可协议展开，该许可指出，程序是有版权的，但是在此赋予使用自由软件者四项自由的权利。不过还规定，不论是依据自由2重新分配该程序的原版复制品，还是根据自由3重新分配原程序的修改版，使用者都必须依据这一许可。如果使用者已经修改或者编写了整个程序，根据许可规定，他必须提供源代码并且满足其他一些要求，这一切都是为了确保每一个人都能获得相同的自由。

理查德·斯托曼并非反对专利，只是他认为要对这些专利进行区别对待——他觉得专利可以存在，而且可以覆盖硬件，但不应该涉足软件。

虽然反对在软件设计领域申请和评选专利，但不意味着理查德·斯托曼不在意名誉。20世纪90年代初期，林纳斯·托瓦兹（Linus Torvalds）宣布自由开放Linux内核，后来人们将Linux和基本成型的GNU系统结合在一起，获得了一个基本全新的，但使用Linux内核的完整系统。然而，人们过于关注Linux这个最新的部件，以致用Linux系统来指代整个系统。

GNU是一个开放的系统，在上面可以写编辑器，可以写图形处理软件，所以林纳斯·托瓦兹写出内核也是情理之中的事情，人们也因此惯称使用Linux系统，但在理查德·斯托曼看来，实际上他们使用的是有Linux内核的GNU系统。**如果有人认为自己是Linux用户，那实际上他也是GNU用户，或者说是GNU+Linux用户。**

理想背后的动力

这就是理查德·斯托曼，他用了30多年去坚守自由软件的理想，对互联网发展产生了深远的影响，却又能甘守清贫。因此，他的生命节奏也没有因互联网的潮起潮落而发生波动。是的，他从来就不是个随波逐流的人，坚守自己的理想，言行一致得甚至让人感到有几分不合时宜。

为了自由，他甚至不用信用卡、不用手机，要打电话时常常需要向街上的人借手机。在他看来，用手机或者信用卡都容易被人监视和跟踪。他反对在软件领域滥用专利法，虽然他很懊恼人们惯称GNU+Linux为Linux而忘却了GNU。

理查德·斯托曼极其痛恨别人使用不公平的权利来管理他，也不屑于随波逐流。在乔布斯去世时，业内满是赞誉之词，唯有理查德·斯托曼认为，乔布斯是一个把监狱设计得很酷的电脑先驱，让傻瓜们心甘情愿放弃自由而趋之若鹜，虽然没有任何人该死，但他的离去不见得是坏事。

理查德·斯托曼想要自由，也想要别人获得自由，除此之外，他想不到自己还能为这个世界做什么更好的事情。虽然在他的生命里，难以避免地遭遇过很多次失败，包括清贫、没有家庭，但他从来不认为自己做出过真正的牺牲。因为一直以来，他认为自己所做过的事情就是自己能做的最好的事情！

究竟是人控制技术还是技术控制人

跟理查德·斯托曼交流，你多少会感到他有些偏执，有些不合时宜，但他对自由软件理想的坚守着实让人感动。这让我不得不想起柏拉图在《理想国》里说起的一个故事。

一群人被绑在山洞里，背对洞口，每天只能看着洞口走过的万物的影子，时间长了，这些人就以为这些影子就是万物的本真。有一天，有一个人突然挣脱了绳子，跑到了洞口，他蓦然发现，原来真实的世界不是他们每天看到的那样，他发现了真理。

故事的结局却并不好。这个发现真理的人最后被洞里的人当作神经错乱打死了。

在某种意义上，理查德·斯托曼就好像柏拉图隐喻里那个发现真理的人，与其说他是一个偏执狂或者不合时宜者，倒不妨审视一下我们是否忽视了他的智慧。其实，**很少有人从哲学角度、从伦理角度去审视技术，他其实触摸到了一个很根本的问题——究竟是人控制技术，还是技术控制人。**

曾经名噪一时的好莱坞大片《黑客帝国》也反思过这个问题。《黑客帝国》可以被视作柏拉图山洞隐喻的科技翻版。在片中，人类被机器奴役，自身却浑然不知，还以为自己在这个世界里生活得很幸福，这种困境就和苹果给我们造出了很酷的监狱一样。理查德·斯托曼认同《黑客帝国》的反思，但认为影片中有些内容很愚蠢。虽然他明白，为了让电影看起来激动人心，一些内容不能不保留，但他坚持认为，对自己都不尊重的电影会让他失去敬意。

事实上，和理查德·斯托曼交流，你会发现他逻辑清晰严谨，精神感染力极强，也正是如此，他才有了包括林纳斯·托瓦兹在内的许多追随者，共同推进自由软件的发展。理查德·斯托曼把这些追随者分成了八类，其中当然不乏真正有理想、真正从自由软件获得好处，并真心拥护自由软件的人，甚至有仇视微软这样大公司的人，但在他看来，其中也不乏好名逐利者。

世人怎么看理查德·斯托曼，这其实不重要。重要的是，他在一个短视盛行，追求技术、商业带来立竿见影好处的时代，提醒我们真正关注那些泛滥利益背后的更为基础的根本追求！

7 未 来

　　互联网让未来呈现出诸多的可能性，如此一来，我们的明天才不是对自己祖辈生活的重复，我们也才对明天有了很多的憧憬和期待。在信息社会和知识经济的时代，知识的价值和重要性日益凸显，而教育是我们掌握知识和技能、把握未来的重要方式，于是，围绕互联网和教育结合的创新此起彼伏地展开。

约翰·奈斯比特：
大趋势背后的变与不变

在20世纪80年代初期，约翰·奈斯比特（John Naisbitt）凭借《大趋势》名噪于世。他早在互联网高速普及前，就对未来趋势作出了十大预测，而这些预测在互联网时代相继得到了印证。其实，趋势就是"变"与"不变"的统一。技术的进步，推动世界不停地改变，但在风云万变的大千世界背后，不变的是深层的人性，而互联网正是人性的延伸。

约翰·奈斯比特在20世纪80年代初期声名大噪。他在1982年出版了自己的第一本著作《大趋势》，该书对社会未来的十大趋势做出了预测，并很快流行起来，成为畅销书，被译为多种语言出版。

今天，即使只是单从互联网的发展的角度来审视，《大趋势》及奈斯比特后来的一系列著作也展示了他超强的洞察力和预见力。20世纪80年代初期，互联网还封闭在实验室和机房里，只有科技精英和专业人士才会接触到，真正的普及还要等差不多10年后万维网出现才能实现。

但约翰·奈斯比特早在20世纪80年代初期就预见了信息社会的崛起，他谈到了去中心化的趋势，谈到了从森严的等级制向网络化结构的转变等，这些预言后来都一一应验。之后，约翰·奈斯比特从此更加奋笔耕耘，不断推出新著。

作为一位未来学家，约翰·奈斯比特很关注高速发展的中国。2007年，奈斯比特中国研究中心在天津财经大学成立。奈斯比特把中国当作了他的第二故乡，聚焦研究中国的经济、政治、社会和文化变迁。2009年，他出版了《中国大趋势》，并坚定地相信"中国模式"将以令人难以置信的力量影响整个世界。

《中国大趋势》由约翰·奈斯比特和他的太太多丽丝·奈斯比特合著。在我去采访他时，奈斯比特特意要和太太一起来参与对话，我们尊重了他的这个要求。在很多场合，约翰·奈斯比特总是骄傲地称赞自己的妻子多丽丝·奈斯比特，说她的才华不逊于自己。确实，来自德语世界的多丽丝·奈斯比特为奈斯比特带来了更加广阔的视野。当英语、德语、汉语语境碰撞到一起时，倒让我想起那本《中国大趋势》里的一个预言：全球化的市场终会到来。

网络化就是世界的现状

之所以能在互联网高速普及前，就对信息社会做出准确的预言，约翰·奈斯比特透露，这是因为当时正在全球化，要想知道未来会发生什么，就要汇集信息，了解当下。

在约翰·奈斯比特写作《中国大趋势》时，人们越来越能感觉到，联网其实就是世界的现状，也是未来的趋势。比如飞机早在互联网普及前就出现了，人们可以乘飞机便利地拜访其他国家，交通工具的发展让人与人之间的联系更加紧密，这是一个社会现象，互联网的出现只是推动了这种联系的加强。作为未来学家和作家，约翰·奈斯比特敏锐地洞察了这一趋势，并将它著述成书。

作为出版商的多丽丝·奈斯比特见过太多的预测，她觉得一些预测者之所以语出惊人，只是为了博得眼球，这就是"中国崩溃"、"美元崩溃"的言论泛滥成灾的原因所在，其实，不少20世纪90年代对互联网时代的预测压根就没实现。

多丽丝·奈斯比特回忆道，互联网后来变得很流行，人们在讨论新技术、新经济，但很少有人关注到互联网对社会产生的影响，而约翰·奈斯比特则富有洞见地认为互联网是一种社会现象，约翰·奈斯比特的思想超越了技术本身。

在约翰·奈斯比特看来，20世纪有很多发明，其重要性不亚于互联网。比如抗生素的发明就挽救了很多人的生命，还有其他的发明，比如汽车，但都是针对某一个具体领域的垂直应用——抗生素改变的只是医疗健康，汽车改变的只是交通。

但互联网不一样，它针对每个人、每个领域，任何领域的任何人都可以使用互联网，互联网是水平的。而且在互联网中，任何用户都是中心，这也是史无前例的。今天，当不同的人一起使用互联网来拓展我们的世界时，就引发了创新的爆炸，而这还仅仅只是一个开始。

从核心探究，约翰·奈斯比特最看重的仍然是创新，他的洞察和预见都是围绕创新展开的。在他看来，企业和城市都很让人惊叹，因为这两者都是创新的有力推动者，因而也获得了迅猛的发展。以城市为例，今天，约有50%的人生活在城市，约翰·奈斯比特预言，15年之后，70%的人会生活在城市里，但200多年前，这个比例仅仅只是2%。城市能获得如此高速的发展，原因就在于，相比于乡村，城市的创新性要高得多。

教育才是重中之重

创新既如此重要，那么打造一个创新型经济的要点在哪里？

约翰·奈斯比特认为，重点在于教育。在他的眼里，一个国家有两个重中之重——经济和教育，但相比之下，教育更加重要。因为经济的重点仍然是教育，如果教育发展得不好，国家也就无法适应不断发生的改变。而互联网的出现给教育带来了全新的机遇和挑战。

从教育的现实来看，互联网对教育，尤其是对发展中国家的教育有极大的推动作用，互联网让更多的人能够接受更好的教育。

网络教育所带来的影响，并不只是学生可以通过互联网接触到更多的教师和课程，而是让学生之间建立了联系。网络教育不受时间和地域的限制，学生一旦有问题就可以在网上提问，并很快获得响应，因为只要网络覆盖面足够广，总会有人在线关注。这将从根本上改变教育，极大地提高教育的价值，而这在传统的课堂上根本无法实现。

从未来来看，互联网的影响会更加深刻。例如，在传统的社会里子承父业非常普遍，但现在这种情况越来越少。再如20多年前，完成一个小项目可能需要成千上万的人，但现在同样的工作可能只需要几个人。

人们虽然永远在追求一份自己喜欢的事业，但职业要求在发生改变，这就对教育提出了挑战，需要学生用更强大的创新能力去发现需求。

而要能做到创新，约翰·奈斯比特认为，第一要诀就是放弃过时的思维和看世界的方式，这意味着我们要改革我们的教育。因为世界在变，所以不能用过去的方式来教育孩子，接受高等教育的主要目的由此变成了学习如何学习。

在约翰·奈斯比特的眼中，学习如何学习是任何国家的头号经济任务，怎么强调都不为过。但在目前，各国都面临着教育的挑战。

在中国，死读书的情况仍然很普遍，这并不是教育的重点，教育的重点是学习如何学习，然后才能保证终身学习，如此才能改变世界。

在日本，思维完全是固定的，没有灵活性可言。20世纪90年代时，很多美国人都感到恐慌，认为日本会买空美国。但约翰·奈斯比特认为，日本处在了衰退的边缘，因为日本没有办法放弃自己的管理模式，这就意味新的商业模式也不会在日本出现，这就难以带来创新。反映到教育里，这同样会让孩子们丧失了他们本有的才华。

在美国，很多大学削减预算，这对艺术教育带来了很大影响。约翰·奈斯比特回忆，自己上学时，学校非常重视艺术教育，学生可以聆听古典音乐、唱歌、跳舞，生活非常丰富，但在如今的学校里，这些都变成了奢侈品，这与时代精神是相悖的。我们这个时代需要的是发达的大脑，而不只是发达的双手，接受了艺术教育的学生其实要比不接受艺术教育的学生更具有创新性。

互联网对教育的影响并不都是有益的，正如社交网站的交流和传统面对面的交流相比非常肤浅一样，多丽丝·奈斯比特揭示了互联网给教育带来反作用的一面。

　　例如，在过去的时代，晚上给孩子读书是父母的责任。讲故事不仅能够帮助孩子睡眠，更加重要的是，这是孩子想象力的第一次激发——父母向孩子呈现全新的世界，让孩子的脑海里产生了图像，这其实就是创新个性形成的过程。父母讲述的故事点燃了孩子的想象力，点燃了心灵之火。

　　但今天，数据技术的发展和互联网的普及打破了这一传统，怕麻烦的父母们通过DVD机或者网络视频给孩子播放影片，孩子们的想象力被扼杀了，因为他们有了现成的图像，这同时也阻碍了孩子智力的开发。而想象力、创新性的思维恰恰就是我们这个时代最需要的。一个瑞士商人曾经告诉多丽丝·奈斯比特，如果能将6岁孩子的想象力和技术结合，就能创造很多奇迹。确实，培养和维护想象力非常重要。

　　因此，奈斯比特夫妇认为，即便在网络时代，父母仍然需要担负起责任来，坐到孩子的床头，给孩子们讲故事，帮助孩子在大脑里形成自己的想象，帮助孩子培养想象力，拥有创新思维。

　　互联网本身只是一个助推器而已，互联网自己做不了什么，是我们人类首次使用了这个助推器，约翰·奈斯比特最后总结说。

培养想象力

　　互联网给这个世界带来了太大的变化。奈斯比特认为，我们必须做出改变，在某些方面，我们的思维落后于我们的发展。比如各国目前还在GDP上展开竞争，但其实从经济学上来说，这其实是在用过去的词汇来描述未来的经济，GDP这个术语已经没有任何意义了，只是我们目前没有更好的衡量标准而已。

　　确实，技术发展快不一定意味着我们就能获得更大的进步。比如说，互联网让社交网站大行其道，但在奈斯比特看来，和传统的面对面的交流方式相比，这种方式就太肤浅了。再比如说，人们旅行时随身带着相机，这样无论看什么都只能通过相机，都只是用相机记录想记录的时刻，而不是放松下来，享受旅行的过程本身。

更加值得关注的问题是在教育领域，在互联网的推波助澜下，知识的更新速度大大加快，仅仅停留在死记硬背层面的教育已经越来越跟不上时代的发展。今天，绝大多数知识已经都可以通过互联网便利地查询到，许多低阶的技能可以让计算机或者其他机器来完成，比如我们会用计算器而不是依靠纸笔来做复杂的计算。所以我们常见一些批评，比如认为现在的小孩子连基本的算术都算不出来，非要依靠计算器，其实并不牢靠。

这看起来技术确实也让我们变肤浅了，但其实不见得是坏事，技术的进步让人从耗费在低阶知识和技能上的时间里解脱出来，让人可以把有限的时间去学习高阶的知识和技能，这就赋予了教育新的使命，要更注重培养人的高阶技能，学习更高阶的知识，在这样的背景下，想象力培养的重要性前所未有地突出出来。

过去，我们的教育偏重于记忆力、逻辑力甚至是套路的培养。记忆力的特性是，面朝过去，重现过去。逻辑力的特性是，面朝既有事实，也不代表未来。套路就更不消说，题海战术最终证明只是成功地培养了会考试的人，却鲜能培养创新者。在整个教育中，最应该培养的是对创新有非常大推动作用的想象力。因为有想象力，我们能跨越现实中各种界限的限制，勾勒出在现实中尚不存在的事物，因此，想象力是面朝未来、面朝创造的。

今天，互联网的水平渗透一方面让产能极大提高，消费者可选择的商品极大丰富；另一方面，又冲垮了现实中的商品流通和资讯流通的层层障碍，消费选择权的重心被消费者牢牢握在了手里。因此，消费者的要求越来越高，他们期待的是iPhone、特斯拉一样能架起技术和心灵桥梁的作品，而不仅仅是用几个技术参数标示优势的产品。这个时候，创新更需要技术和艺术的融合，需要更多跨界想象力要素的融入（参看本书哈特穆特·艾斯林格篇）。

萨尔曼·可汗：
人人都能接受好教育

萨尔曼·可汗（Salman Khan）的父亲是孟加拉人，母亲是印度人。我们曾同一时间在甲骨文的同一部门工作。可汗开始只是在网上通过YouTube录制课程辅导自己的表亲，后来辞掉了全职的金融工作，专心在衣橱间里录制网上课程，并成为最受欢迎的网络教师。如今，可汗学院已经成为最有影响的非营利网上教育机构，得到了比尔·盖茨和谷歌各方的资金支持。可汗学院通过网络和视频颠覆了传统教育，让知识自由地传播，不论是孟加拉的孤儿，还是盖茨的子女，都可以通过网络更平等地学习。

　　萨尔曼·可汗是一个富有传奇色彩的名字，事实上，萨尔曼·可汗也确实很传奇。早在我们在甲骨文共事时，我就听过不少他在大学里的趣闻轶事。如果单从这些捕风捉影的故事来看，萨尔曼·可汗似乎很有做大事的情怀。

　　我回国创业后，很少再听到可汗的音信，只在和硅谷老友们交流时会偶尔提及他。直到他的可汗学院名震于世，我才蓦然领悟，可汗真的是要做大事了。

从小立志上麻省理工学院

　　萨尔曼·可汗在新奥尔良的印度社区长大，他的父母分别来自印度和孟加拉，萨尔曼·可汗由母亲抚养长大。他的母亲没有受过多少教育，她的工作是回收医院贩卖机里的零钱。在萨尔曼·可汗还只有四岁的时候，就已经跟母亲一起从事这项工作。

　　随着年龄的增长，**萨尔曼·可汗逐渐认识到职业的不同对于生活的影响，也意识到，如果他能够获得工程师的学位或者医生的学位，他未来的生活就会好很多**。在萨尔曼·可汗七岁的时候，他就对一位在读工程师学位的叔叔说："我也要当工程师。"尽管那时他还没完全明白自己究竟在说什么。还好他的叔叔鼓励了他："如果你想成为一位工程师，那你就去麻省理工学院上学。"萨尔曼·可汗马上回答："好的，我要去麻省理工学院。"从此，麻省理工学院就成了他的目标。

　　萨尔曼·可汗有一个大他三岁的姐姐，姐姐的成绩比较优异，这也对萨尔曼·可汗的成长带来了很大的影响。显然，当你的姐姐如此出色时，你的老师也会对你抱有同样的期望。

　　在印度—孟加拉社区里，萨尔曼·可汗意识到了教育的价值和由此带来的改变。

　　在上学时，萨尔曼·可汗成绩优异，并因此备受一些老师的喜欢。萨尔曼·可汗不是那种靠死记硬背来取得成绩的人，他总好于思考。在学数学的时候，他总在思考数学加减乘除背后更深层次的原理是什么。他和一群聪明的孩子在一起玩，这些人虽能在电子游戏上赢他，却在数学上纠结痛苦。在面对新的问题时，即便这个问题和过去解决过的问题只是稍微有些不同，对那些聪明孩子们来说，也会是个新挑战。

　　看起来这真是个问题，但问题的根源出在哪里呢？萨尔曼·可汗开始反思，并终于意识到，问题的根源出在教育上。那些所谓聪明的孩子只是在背公式，他们压根就没有真正理解数学，最后越学越肤浅。对于萨尔曼·可汗而言，学好数学首先要学会思考数学、掌握数学之道。

　　萨尔曼·可汗也意识到基础的重要性，学好算术就更容易学好代数，学好代数就更容易学好微积分。如果你基础算术没有学好，那么真要学起微积分来无异于听天书。所以基础是非常重要的，学习要跟上节奏，并掌握内在的思想。

　　这些对学习的深刻反思成为萨尔曼·可汗之后构建可汗学院的理念基础。**打好基础，真正发现数学和其他科学的有趣之处，从中找到兴奋点，这样你就更会依靠自己去完成学习。**

　　萨尔曼·可汗快要高中毕业时，就向辅导员表示自己要上麻省理工学院。但辅导员觉得这有些不现实，因为他们学校之前没有任何成功申请麻省理工学院的先例。可萨尔曼·可汗坚持了自己的选择，最后他赢了。

　　麻省理工学院人才济济，其官网公布的数据显示，截至2014年9月，麻省理工学院累计拥有80位诺贝尔奖获得者。进入麻省理工学院意味着随时都可以和出类拔萃的人交流，萨尔曼·可汗还记得，他进校第一天就遇到了一个孩子，他要和这个孩子下棋，可这个孩子竟然是来自俄罗斯的象棋大师，他于是只好说："好吧，我确实不太擅长于此道。"优秀人才营造出的氛围总是在激励萨尔曼·可汗，萨尔曼·可汗也不禁会想："也许有一天，我真的能以某种方式影响这个世界。"随后，萨尔曼·可汗一口气在麻省理工学院和哈佛大学商学院拿下了两个学士学位和两个硕士学位。

从辅导表亲开始的故事

　　2004年的时候，萨尔曼·可汗刚刚结婚，在一家投资公司做分析师的工作。

　　有一天，他一个12岁的表妹纳迪尔向他诉苦，称自己在数学上遇到了一些难题。萨尔曼·可汗鼓励小女孩，告诉她只要努力，完全可以应对数学问题。随后，萨尔曼·可汗开始尝试通过网络去辅导表妹，不久，她的功课开始赶了上来，这让萨尔曼·可汗感到很高兴。他没有停下来，又开始尝试辅导更小的表弟们。

经过了一段时间的磨炼后，萨尔曼·可汗索性写成了一些软件，让表弟表妹们可以练习数学，这样他可以更好地跟踪他们的学习进度，知道他们哪里做错了，哪里做对了。这事情很快传开了，越来越多的人找萨尔曼·可汗辅导他们孩子的功课。于是，萨尔曼·可汗每天下班后，都要通过电话和网络和来自全世界的十多个孩子一起学习。

在一个生日派对后，萨尔曼·可汗给朋友们展示了他给表弟表妹们辅导功课的软件。大家觉得这是个非常好的尝试，可是，究竟要怎样才能扩大辅导的范围呢？

萨尔曼·可汗也意识到了这个问题。同时，辅导的人数越多，同一个问题就越需要重复给不同的人听。另外，孩子们也希望能随时随地得到萨尔曼·可汗的帮助。怎么样才能做到这些呢？

有人给萨尔曼·可汗出了个主意，建议他把课程放到YouTube上去，这样就可以帮助到他更多的表亲。但萨尔曼·可汗的第一反应是，否定这个建议，因为YouTube看起来和严肃的数学问题不搭调。

但随后，萨尔曼·可汗又想了想，他突然觉得，这个主意也没有想的那么糟糕，于是他决定试试。他录制了第一段课程视频——该视频是关于基础代数的，并将它上传到YouTube上，然后告诉自己的表亲先到YouTube去看这个视频，真遇到问题的话再打电话给他。让萨尔曼·可汗意想不到的是，几个月后，表亲们纷纷告诉他，他们喜欢视频教学多过喜欢他真人的讲授。

这多少有些让人吃惊，但善于反思的萨尔曼·可汗很快想明白了其中的缘由。当你学习新知识的时候，如果有人总盯着你问你懂不懂，那真是一件有压力的事情。现在采用视频教学，主动权更在学习者手里：他们可以安排自己的时间和进度；可以暂停；如果真不懂的话，也可以反复看视频而不用有压力。

一开始，萨尔曼·可汗只是让5个表亲去看视频，结果发现其实有20个人看了，另外那15个人是哪里来的呢？后来他发现，越来越多的人在看他的视频，到2007、2008年时，已经有成千上万的人在看萨尔曼·可汗的课程了。

曲折创业路

早期的条件比较简陋，萨尔曼·可汗在自己家的大衣橱里录制视频。事实上，直到2008年时，萨尔曼·可汗还只是把可汗学院当作自己的副业，虽然他录制了越来越多的课程，且不只限于教授数学。

萨尔曼·可汗收到了来自全球的很多来信：父母们说萨尔曼·可汗的课程帮助他们的孩子取得了进步；老师们说这些视频对学生真有极大的帮助；也有人表示了感谢，他们很想念在学校的时光，现在萨尔曼·可汗的课程就搭起了他们和学校的桥梁。

总之，这些热情洋溢的来信让萨尔曼·可汗备受鼓舞。到2009年秋天时，萨尔曼·可汗坐下来跟妻子认真聊了聊，他向妻子解释，运作可汗学院是一项社会投资，他要把可汗学院当作一个非营利组织来运营，这将会帮助到全球无数的人，带来无穷的社会回报。那时，他正在从事金融工作，并且已经小有储蓄。

于是，他的妻子同意了。萨尔曼·可汗随后就辞掉了工作，全心投入了可汗学院的运作。比尔·盖茨后来如此描述这件事："萨尔曼·可汗的妻子同意他辞职的那天真是美好的一天！"不过，在此之后的9个月里，萨尔曼·可汗只零散收到一些捐赠，他主要是在依靠自己的储蓄度日。那时，萨尔曼·可汗的孩子刚出生不久，他的日子确实过得有些窘迫，以致他开始犹豫要不要回去做原来的工作。

一切就发生得这么突然，萨尔曼·可汗在网络上收到了一笔一万美元的捐赠。萨尔曼·可汗对捐赠者安·多尔（Ann Doerr）表示了万分感激，声称如果可汗学院真是一座实体学校的话，那么安·多尔的名字就应该被用来命名教学楼。随后，萨尔曼·可汗见到了安·多尔，并向她阐述了自己的理想——要把更多的课程做成网络视频，翻译好后开放给全世界所有的人，这样会有更多的人加入进来。安·多尔被打动了，她随后捐了更多的钱。

2010年的夏天，当比尔·盖茨在一次会议上被问及自己最感兴趣的是什么时，他回答说，是可汗学院。后来，得知这个回答的萨尔曼·可汗兴奋得手足无措。随后，萨尔曼·可汗被邀请到西雅图与比尔·盖茨会面。高潮发生在2011年3月，萨尔曼·可汗在TED大会上进行关于可汗学院的演讲结束时，比尔·盖茨走上去握住他的手并赞扬道："真棒，很神奇，我认为你预见了教育的未来。"可汗学院的声望一下冲到了一个顶峰，萨尔曼·可汗赢得了比尔·盖茨、谷歌和其他越来越多人和公司的捐助，这让可汗学院壮大为一个大组织。

翻转课堂，以个人节奏为中心

翻转课堂这个理念在可汗学院之前就有，但可汗学院真正赋予了这个理念生命力。

传统的教育是教师在课堂上讲解课程内容，然后学生回家后根据对课堂内容的消化来做练习。但这无疑引发了一些问题，如果学生没有真正消化课堂内容的话，那么他是难以去正确解答习题的，而且常常没有人能帮到他们。这让孩子们有非常大的挫折感，也可能因此逐渐跟不上课堂节奏，丧失对学习的兴趣。

现在，越来越多的学生和教师采用可汗学院的教程，他们在属于自己的时间、自己的空间里，按照自己的节奏去学习，他们可以反复去听那些没有听懂的问题，而不必像有个老师站在旁边一样感到压力十足，直到真正听懂、消化。这样再回到课堂上时，大家就可以集中讨论解决问题。

这是一个非常重要的转变，可汗学院把传统课堂和课下学习"翻转"过来了。**其革命性的意义在于，可汗学院的"翻转"不仅仅是流程上的"翻转"，而更在于将传统教育中强调用学生的节奏去适应课堂"翻转"为以学生自己的节奏为中心。**

围绕这一理念，可汗学院做出了很多可贵的探索。可汗学院的每一节课都控制在10分钟左右，这样更利于孩子们集中精力，真正弄明白少数几个关键问题。当然，这也利于孩子反复拖动视频，方便地找到他想听的部分。

此外，可汗学院还尝试了混龄教育的模式，组成一个多年龄段的课堂，采用可汗学院的视频课程和反馈软件来教学，这样可以让年龄大的孩子来教年龄小的孩子。或者在同一个教室里有好几位老师，由这些老师来共同管理这些学生，老师更能专注于自己所擅长的领域，这极大地提高了教学的灵活性。

在萨尔曼·可汗看来，"翻转课堂"为教育的各种可能性提供了实现的机会。在互联网诞生前，只有很小一部分人能接受教育，而现在每一个人都能接受教育。在此之前，也只有一部分人能参与和驰骋于那些不可思议的领域，而现在每个人都有可能做到。人们能普遍获得信息，也因而能普遍获得知识。

为什么教育在网络社会如此重要

在信息社会里，在知识经济的年代，知识作为一种财富，其重要性前所未有地凸显出来。在快节奏的现代社会里，身外之物变得太快，货币可能贬值，财富可能缩水，只有接受好的教育、掌握知识，我们才能在信息社会更好地寻找到适合自己的立足之地，寻求自我的实现。

因此，知识和信息对人来说，就如空气和水对生命一样重要。**教育是每一个人的基本权利，无论是比尔·盖茨的孩子，还是一个孟加拉国的孤儿，都应该能享受到教育，学习知识。**

在线教育的兴起，让人人都能够接受教育。网络让人们获取教育的机会、获取优秀教育资源的成本大幅度降低，优质的教育资源甚至可以实现全球共享，这是可汗学院在推进教育民主化过程中所做出的重要贡献。

可汗学院"翻转课堂"的理念，将传统教育以教师、课堂为中心的模式翻转为以学生为中心，从而更加尊重求知者的个性，这也体现了孔子"因材施教"的理念（参看本书吴恩达篇）。

此外，从教学方式来说，可汗学院的另一个精髓是，帮助学生建立结构化的思维模式。教师在视频中不露面，在视频中讲述的内容，只集中在少数几个关键的议题上，并以图形化、结构化的方式，将这几个议题剖析得清清楚楚，让学生清楚这些知识的来龙去脉。这也正体现了萨尔曼·可汗对教育的反思和追求——

不是简单学会几个公式，而是真正把握在知识背后的深层次结构，或者说思维之道。

　　从深层次来看，知识同样是一个网络，把某知识点在网络结构中呈现出来，展示该知识点和其他知识点的关联，而不是灌输孤立的知识，更有助于学生学习知识。

本·内尔森：
打造互联网时代最好大学

美国高等教育成功的一个要诀就在于创新，而密涅瓦学校（Minerva Schools）就是要秉持互联网精神，以全球化视野，创新高等教育本身。比如说，虽然密涅瓦学校还有校园，还有课堂，但通过互联网技术汇聚了全世界最优秀的教授授课。再比如说，密涅瓦学校的课堂也并不全固定在美国，它的学生游走全球，它的课堂也就遍及全球。和动辄就有上百年历史的常春藤名校相比，这所2012年才成立的学校还显得非常年轻，可它如今却已经吸引了全球许多优秀人才的目光。

"凯克研究院密涅瓦学校"诞生于2012年，这在高校云集的美国本算不上什么新鲜事，况且从表面看起来，密涅瓦学校和其他高校也没有什么不同——它在招生，在旧金山有固定的校区，上学也一样要交费，开设的课程同样是计算机、社会科学、人文艺术等。

但这座以古罗马智慧女神密涅瓦命名的学校所喊出的口号却如此让人震撼——我们为全世界最聪明也最有雄心壮志的学生提供非同寻常的自由艺术和科学教育，我们要把他们培养成未来的全球领袖和创新者，这将对我们共同的未来产生意义非凡的积极影响。

　　这看起来更像是哈佛大学这样拥有近400年历史的常春藤大学才有的情怀，但它确实是一个初生不久大学的雄心。

　　再仔细看，你就会发现它更多的不同。

　　它在招生，但招生的重心不在美国，全世界只要达到密涅瓦学校严格标准的学生都可入学。它确实在旧金山有校区，但学生只是在这里待上一年，然后就要在接下来的日子里游历六个国家，进行深入学习。在这里上学也确实需要交费，但它的费用还不到就读常春藤学校所需的一半，原因在于它通过互联网节省了大笔的费用。它开设的课堂看似与其他大学没有不同，但却是全世界第一流的教授通过互联网在给学生们授课。

　　密涅瓦学校的创始人本·内尔森（Ben Nelson）曾是在线照片存储和打印网站"喀嚓鱼（Snapfish）"的前任总裁，这个网站在本·内尔森任内被卖给了惠普公司。2011年，本·内尔森开始运作密涅瓦学校项目；2012年，密涅瓦学校就幸运地从基准资本公司（Benchmark Capital）拿到了2500万美元的投资。看来，密涅瓦学校用智慧女神来命名还是不无道理的。

大学教育梦

　　作为一位资深的互联网从业者，本·内尔森向我澄清，他创建这所大学并非是要超越哪所具体的学校，而是要打造一所互联网时代世界最好的大学。身处互联网时代，我们就不能不思考这样的问题——互联网和信息技术会如何影响我们创建大学的方式？这些力量又会如何改变大学的本质？

　　20多年前，本·内尔森还在宾夕法尼亚大学沃顿商学院就读时，他学的第一门课就关于大学历史。但富有批判精神的本·内尔森很快意识到了问题所在，大学不过是一个使学生们读4年书、学30多门课，然后又发给学生们学位的地方，这样的所作所为实在和大学真正应该做的相去甚远。那时还是学生的本·内尔森就试图去改变大学教育，但显然大学不会答应。2011年，互联网已经崛起，惊叹于互联网改变世界的力量，本·内尔森摩拳擦掌，准备要实现他昔日的梦想了。

在本·内尔森看来，互联网技术可以缩小现实世界和理想世界的距离。得益于互联网，密涅瓦学校可以抛开前互联网时代的种种限制，让学生获得好中之好的教育。密涅瓦学校不仅聚集了最好的学生，而且通过互联网，通过在线视频，将全世界最好的教授集中起来授课。这里每个班的学生还不到20人，上课就像是在开一个小型研讨会。通过4年的大学教育，通过互联网来开发学生的智力，使学生能更好地融入社会和观察周围的世界。

本·内尔森的理念获得了很多人的支持。斯蒂芬·考斯林（Stephen Kosslyn）曾是哈佛大学著名的社会科学家，在哈佛大学任教达30多年，后来又受聘来到斯坦福大学，担任斯坦福大学行为科学高级研究中心主任。在本·内尔森跟他聊起密涅瓦学校项目之后，斯蒂芬·考斯林惊呼道："这简直太棒了，我要加入。"他现在是密涅瓦学校艺术与科学系的创立主任。

在这之后，又有许多像斯蒂芬·考斯林这样的知名学者陆续加入进来。本·内尔森回忆说，在密涅瓦学校还没登广告招募教员的时候，就已经有数百名学者要加入这个项目。校董会正齐心协力，让密涅瓦学校项目成为现实。现在，密涅瓦学校已经和美国一些知名大学展开合作，以在这些学校建立密涅瓦学院。

大学角色势将转变

拥有雄厚的师资资源还不够，密涅瓦学校所面临的挑战还包括能不能利用技术，通过网络或者视频直播打造更好的课堂体验。密涅瓦学校就此作出了探索。

互联网给大学教育带来了挑战。本·内尔森剖析，通过互联网实现知识的公开，早不是什么新鲜事了，互联网本就是致力于让所有人都能获得各类信息。互联网的这个特点，无疑推动了大学角色的转变，如果大学的目标还是教给学生一些互联网上都能查到的知识，那么它将难以长久存在。

本·内尔森认为，美国的传统教育非常有特色，堪称全球楷模。其与众不同之处就在于，它致力于培养学生建立批判性思维，帮助学生超越某一科目本身来观察世界。但与此同时，如何将这些批判性思维技能传授给学生却是美国传统教育的难点所在。**学科的具体知识固然重要，但掌握学习方法，学会观察和分析世界也非常重要。密涅瓦学校要教给学生的重点就是在于此。**

密涅瓦学校的学生来自全球各地，这里没有所谓的"多数群体"，这里的学生构成是多元化的。只要能达到密涅瓦学校严格的入学标准，无论来自世界哪一个国家的学生都可以入学就读。

学生们会在旧金山读大一，在这一年里，他们将跨学科地浸淫在基础课程里。在接下来几年的学习中，学生会游历全球六个国家，广闻博识，拓宽自己的世界观，完成毕业论文。因为学生所有的正式课堂学习都是借助互联网来完成的，所以他们不需要非要来某一个特定的地方上课。游历不同的国家，会使学生丰富自己的经历，在那些充满活力的城市中，他们能学到更多。

传统的教育是以教授为中心的，而密涅瓦学校则以学生为中心。所以不是学生们围着教授上课，而是全世界最优秀的教授通过互联网给学生授课。这种体验其实比传统课堂能带给学生的体验更好。在密涅瓦学校最早的实验中，分别让同一名教授通过密涅瓦学校在线平台和传统课堂对同一个班级授课，结果在线平台的学生体验更好。

其原因在于，教授通过网络平台做到了很多在传统课堂里难以实现的事情，如把学生分成小组，监测各个小组的学习情况，同时又能及时掌握整个班级的学习情况。老师提问题时，学生们可以举手回答，并且在电脑中输入自己的答案，这样教授就可以真正根据学生们的思维来决定让哪位同学回答问题。而通过课堂生成的数据，无论是学生的记录、老师的评估还是其他记录，都可以让教学混成一体，并让以后的教学变得更好。这在常规的传统课堂里都难以实现，学生们在真正学会建立批判性思维，学会分析问题和处理问题的方式。

互联网教育的社会化

对互联网教育的开拓有成有败。对于教育产业来说，创新自然是越多越好，在美国，高等教育的金字塔尖上已经有数百年没有出现过新生力量了。互联网教育虽然兴盛，可不少课程只是把基础知识公开给世人。

但问题的关键就在这里，你如何汲取这些知识并从中获得成长？

实现这一目标的要点在于实时互动，学生彼此的互动以及学生和教授的互动。这种互动应该是实时的，而且应该是碎片化的，基于你在哪里、你的专业是什么、你感兴趣和正在做的是什么等特点来实现。这是密涅瓦学校教育很注重社会化的一面。

在本·内尔森看来，未来是否具备处理和理解信息的能力将会是判断一位世界公民是否成功的标准。**大家都可以通过互联网查找信息，这不是关键，关键在于，我们是否能具备一种思维框架，能否从根底去判别我们查到的信息是否合理、是否有意义，怎么在我们头脑里既有信息的基础上架构新的信息。**总之，这些高层次的思维技能会在将来决定哪些人会取得成功，而哪些人不会。

互联网将19世纪以记忆信息为主的学习模式转向更高层次的学习模式，这是互联网给传统教育带来的真正影响。网络改变了知识的本质，更为我们每个人在便利获得知识的基础上，提升自己学习、认知和实践的能力，提供了极大的机会。

教育的三层境界

在我看来，教育有三层境界。

第一层境界是教给人具体的知识。但诚如本·内尔森所言，这种模式正在互联网时代受到莫大的挑战，原因很简单，因为每个人都能便利地从互联网获得知识。以传统学校为中心传授知识的模式越来越难以凸显自己的价值。在信息爆炸的时代，具体的知识更新换代非常快，死记硬背是没有用的。

第二层境界就是教给人学习的技能和方法，或者说，教给人学习的能力，其中也包括批判力、想象力、创造力等。这就超越了具体的知识，也难以单纯从信息中获得。对此，本·内尔森开出的良药是，通过社会化的方式解决，即推动学生与学生、学生与老师的互动，此外再辅以人机互动，以数据的方式来推动教育更加完善。

第三层境界在于培养求知的情怀，培养对知识的热爱。在这个方向上，我认为传统校园和互联网教育各有千秋，需要将二者融合起来，而这也正是密涅瓦学校正在探索的。

互联网教育可以打破时空限制，正如密涅瓦学校所探索的那样，推动学生们到全世界各地游历，让他们看到不同的文化背景如何产生了相同的问题。广闻博识，推动他们有更强的求知情怀。这里可以参看本书凯文·凯利篇的内容，凯文·凯利的兴趣范围涉猎如此之广，与他早年游历亚洲和全美的经历不无关系。

但在精英云集的传统校园里，一些思想碰撞不断的现场感场景是互联网难以赋予的，而这些场景往往更能激发起人们求知的情怀。比如说，在剑桥大学、牛津大学这样的学校里有很多小咖啡馆，其实很多伟大的想法，都是那些不同学科、不同知识背景的人在一张咖啡桌上"碰撞"出来的。

吴恩达：
让电脑"学会"认猫

> 从"谷歌大脑之父"到"百度首席科学家"，从斯坦福大学计算机及电子工程系副教授到Coursera网创始人，吴恩达（Andrew Ng）始终在引领人工智能和深度学习的发展。正是在他的"驯教"下，计算机竟然"学会"了识别猫脸，虽然这是一个三岁小孩都能做到的事情，却是人工智能历史上意义非凡的进步。

　　2014年，吴恩达的名字突然在中国响亮起来，这只是因为他跳了一次槽——从谷歌跳到了百度。对个人来说，这是平常不过的职业变动而已，但放到互联网巨头们角逐人工智能的大背景下，则意义非同寻常。

　　吴恩达之前是"谷歌大脑"项目的创始人及负责人，现在是百度首席科学家，推动百度在人工智能，尤其在深度学习上长足发展。《连线》杂志报道：在吴恩达的领导下，百度的硅谷办公室规模将在2015年年底前增长到大约200人，他们中的大多数人会是深度学习研究员和计算机系统工程师。

　　人工智能，听起来让人感到非常神秘又颇具吸引力。1997年5月11日，IBM的"深蓝Ⅱ"计算机战胜了国际象棋大师加里·卡斯帕罗夫（Garry Kasparov），这件事被视为人工智能发展史上的里程碑，让全球各界对人工智能投以极大的关注。不过，推动人工智能广为人知的"干将"却是好莱坞，好莱坞的大片不知疲倦地向人们强化人工智能将为这个世界带来的巨大改变，魔幻的场面让我们对人工智能讳莫如深，甚至无所适从。

因此，在我和吴恩达坐而论道时，我不禁问了这位人工智能泰斗一些关于科幻场景的问题——在未来，人类会不会被机器取代？我们是不是也需要往自己的大脑中植入一个电子芯片？他略有些诧异，之后坦陈，这些问题他真帮不上忙，还反问我是否真的需要讨论这些问题。

是的，吴恩达是个非常务实的人，他关心的都是人工智能领域的现实问题。比如说，机器能不能识别人脸，能不能识别语音，能不能为实现某种功能找到既定的算法。他不太关心形而上的问题，他是一位极端聪明的工程师，但不是善于思辨的思想家。

大道至简

吴恩达1976年出生在英国，他在16岁时就对人工智能产生了兴趣。那一年，他申请到了新加坡国立大学的一个暑期实习项目，整个暑假都在编写一款叫作神经网络的软件，这款软件试图模拟人脑的学习能力。从此开始，吴恩达就对人工智能产生了浓厚的兴趣，他试着编写更多的计算机程序，以让计算机变得像人一样聪明。

不过，在进入大学真正学习了人工智能技术后，吴恩达却有些沮丧地发现，这项技术并不像想象的那么容易。甚至有人告诉他，人们研究了人工智能足足有半个世纪之久，但取得的进步非常小。吴恩达坚持了一段时间，也不得不放弃了人工智能的道路。

直到20世纪90年代中期，神经科学和机器学习又取得了新的进展。**当时吴恩达读到了一篇有关神经科学的论文才蓦然领悟，人的大脑的工作原理也许就是基于一套非常简单的学习算法。**

吴恩达坦陈，直到今天也没有人知道大脑是如何工作的，与计算机相比，人脑的算法要更加复杂。不过，至少有一点很让人感到兴奋，那就是，当要解释人脑如何学习时，不需要成百上千种不同的软件，一款足矣。

人的大脑有非常强大的能力去适应你塞给它的"算法"，从数据中识别出模式来。比如同样的脑组织，可以被用来辨别图片、声音等，也可以被用来辨别光感、触感等。大脑能做到这一点，计算机当然也可以依循同样的方式来识别，我们只需要编写一款软件，只是要让计算机弄明白自己该如何聪明地行动即可。

大道至简，吴恩达又燃起了对人工智能技术的希望，他觉得自己在有生之年里是可以在此领域有所作为的，于是，他义无反顾地重新投身到人工智能的征程中。

唯一让计算机变得更智能的方法

今天，人工智能确实取得了相当的进步，比如用相机拍照时，相机可以通过人工智能识别人脸。又如在使用信用卡时，也会有人工智能来帮助识别该卡是否已经被盗。现在人们甚至可以通过手机上的语音识别系统来指挥手机操作。但尽管如此，人工智能距离人脑的智能水平还有相当的差距。

从20世纪以来，人工智能就不得不面对一个窘境：如果说互联网的发展总在超出人们的预期，那么人工智能呈现的局面却有些尴尬，人们的预期常常显得过于乐观。比如按照20世纪50年代的预期，20世纪60年代就应该有自然语言翻译了，但直到今天，实现顺畅的自然语言翻译也让人感觉遥遥无期。

另一位人工智能大师丹尼尔·希利斯（见本书丹尼尔·希利斯篇）就跟我聊到，早在20世纪70年代中期，会下棋的计算机就被开发出来，当时大家非常乐观，觉得在人工智能领域即将实现突破，但事实却不像人们想象的那样。**对机器来说，如下棋这样人们看起来比较难的事情其实很简单，而如人脸识别这样看起来非常容易的事情却很费劲。实际上，人工智能比我们想象的要难很多。**

吴恩达持同样的观点，半个世纪前，人们对人工智能发展的估计还是过于乐观了。计算机不同于人脑，比如在识别图片时，人所看见的是图片，但计算机看到的只能是数字，计算机的工作就是捕捉这些数字，然后再识别图片究竟是什么。这是一个非常复杂的数学问题。正确的算法应该是怎样的？这让人工智能专家束手无策。

今天，随着计算机技术和互联网的发展，数据的存储成本已经大幅度下降，计算机运算能力在不断提升，世界数字化的趋势不断加强，这就大大提高了数据的可用性。因此，我们能够给计算机提供更多的数据。**吴恩达也认为，目前找到的唯一一个让计算机变得更加智能化的方法，就是把机器建造得足够大，开发出能够处理更多数据的计算机芯片。我们要为计算机提供更多的数据，因为能够处理越来越多的数据是使人工智能技术更加完善的最可靠的办法。**

早在20世纪90年代，就出现了一种训练神经网络的算法，来训练计算机软件模拟人脑的技能。一晃20多年过去了，吴恩达他们惊奇地发现，因为拥有更多的数据和更强的计算能力，这套软件在今天运行的效果要比在20年前好得多，做出了很多在20年前无法想象的事情。

事实上，吴恩达所取得的突破，正和互联网以及神经网络大环境取得的发展密不可分。吴恩达也认为，正是因为信息存储费用的不断下降，计算能力的不断增强，以及当今世界的数字化进程不断发展，因此才能产生更多数据。我们迈进了大数据时代，而大数据反过来又推动了更多智能设备的出现，如今的智能软件可以帮助我们处理数据，获取知识。

深度学习

理解吴恩达对人工智能发展方向的判断，也就不难理解为什么他会加入谷歌发起的"谷歌大脑"的项目了——因为谷歌拥有大量的计算机。吴恩达在谷歌建立起了有10亿个节点的神经网络，随后他们进行了一个成功而有趣的实验，让这个有10亿参数的神经网络通过"观看"大量视频，自主"学会"了识别猫脸的技能，而此前，没有任何人为此预先编写过任何程序。

尽管识别猫脸是一个三岁小孩就能做到的事情，但机器能做到这点确实是一个惊人的成果，吴恩达的实验也是该被深度学习的一个实例。顺带可以提及的是，在互联网上，猫所受到的关注远多于狗，关于猫的视频、图片往往能获得更高的点击量和评论数，形成独特的"猫文化"。

所谓深度学习，是指对人脑神经细胞的模仿。人的大脑里有大量彼此联系的神经细胞，这些神经细胞可以彼此传递神经刺激。但运算的过程并非一步到位，而是从一个层次到另一个层次，一层一层地计算复杂的事物。计算机模仿这一过程，也就形成了深度学习，深度学习算法的实质其实就是一种人工神经网络。

深度学习算法最擅长的事情就是吸收大量的数据，**如猫脸识别的实验一样，并没有人事先通过编程的方式告诉计算机什么是猫脸，但计算机却可以通过海量的视频和数据分析自己掌握猫脸的特征。**

吴恩达曾经也研究过无人驾驶的直升机、打扫房间的机器人等，但随后他发现核心问题不在于怎么建造机器人，而在于怎么来编写一套软件，来教会机器人观察周围事物，使其聪明到可以识别不同的物体。这就是他把研究的重点从机器人转到深度学习的原因。

有教无类，因材施教

2012年，吴恩达和达芙妮·科勒（Daphne Koller）联合创办了大型公开在线课程网站Coursera，即通过网络，为全球各地的学生提供高水平在线课程。这仍然沿袭了吴恩达关注的学习、大数据等主题。

Coursera网向斯坦福大学等名校提供技术和解决方案，来支持这些名校做开放课程。这些课程被上传到Coursera网上，然后通过Coursera网传播给全球各地的学生。学生们可以在Coursera网上申请一个账户，然后再注册相关课程。

课程开始后，学生需要每周听几个小时的讲座，也需要做作业，然后作业会得到评分和反馈。在课程结束后，如果学生完成了所有的作业，并且作业得分符合标准，就会得到一个合格证书。这样学生就可以把证书放进自己的简历中去，来帮助自己找到更好的职业或教育机会。证书会收取小额的费用，如果学生确实财力有限，则可以填写一份财政资助申请表，然后获得免费发放的证书。

目前，Coursera网已经发展为全球最大的大规模互联网开放式课程平台，拥有100多个合作伙伴、500多门课程、550万名学生。和很多在线教育课程（参看本书萨尔曼·可汗篇）一样，Coursera网翻转了课堂。学生们可以通过网络自主学习，而和教授及同学在一起的宝贵时间则被用以进行有针对性的讨论。

教师的资源得到最大化的利用，过去一个教授在课堂上面对的学生不过几十人，而今天则可以通达全球数以万计的学生。在Coursera网上，一名大学教授只需要三个月就可以教比从前整个执教生涯里教的还多的学生。

学生们可以自由灵活地听课，有弹性地掌握学习进度，然后可以在线答题并获得系统自动评分，也可以互相评分。而且系统评分是非常有耐心的，可以为学生进行至少10次的评分，直到学生做好为止。事实证明，这非常有效。

当然，重视大数据的吴恩达不会忽视将数据应用于在线教育。Coursera网拥有大量的课程和学生，还可以通过系统追踪学生们在网站上的所有活动，无论是鼠标的点击还是答案的选项，或者在什么时候阅读了什么样的内容，这成为丰厚的数据来源。通过大规模的数据收集分析，可以更好地了解人们学习的习惯，进一步开发出更好的课程来。

大数据甚至在群发的邮件上都发挥了很好的作用。一封内容千篇一律的邮件是难以得到学生关注的，但如果能根据数据分析的结果，给学生提供与他们学习进程相关的个性化内容，告诉他们在哪些方面已经做得很好，还有哪些任务需要赶快去完成，这样就能非常好地鼓励学生学习下去。对于一堂动辄拥有成千上万学生的课程来说，这非常重要。

因此，当我问吴恩达他最喜欢的一句名言是什么时，他用中文回答我：有教无类，因材施教。这个理念来自中国的孔子，在吴恩达看来，今天的Coursera网就是在努力实现"有教无类，因材施教"的愿景。

"有教无类，因材施教"也从某个侧面折射了互联网时代规模性和个性统一的特征。工业时代有力地推动了规模性，但却牺牲了个性化。而互联网时代，几十亿人连接到网络里来，形成一个大的社会网络，产生规模性，但与此同时，我们每个人又不会失去自己的个性，从而实现了"我为人人，人人为我"。这是互联网创造的非同寻常的价值，是工业时代做不到的。

网络化的学习

侦探推理小说里，总少不了这样的场面：一个看起来很不起眼的线索，比如脚印、烟灰、划痕；一个让人费解的难题，比如凶手有不在场的证据、密室作案……当大侦探或推理高手们收集到尽可能多的线索，而且不停地找出这些看似零散的线索彼此之间的联系，或者说，把这些看似孤立的线索点连接起来形成网络时，那些看着不起眼的线索或者费解的难题立刻就明了起来。用名侦探柯南的口头禅表示就是——"我明白了，原来如此"。在郭富城出演的电影《B+侦探》和《C+侦探》里，就有他把所有线索写到黑板上，寻找联系，进行推理的过程。

孤立的知识点价值是比较低的，只有在整个知识网络中将知识点之间的联系直观地呈现出来，才更加有助于我们深刻地理解其价值。这种思考方式不仅可以用于侦破推理，更可以用于学习。近年来在这个方向上也涌现了很多学习方法上的创新成果，比如思维导图就可以被视为一种新的学习方法。这种方法将一个学习对象的架构呈现出来，理想状态可以让学生更清楚每一个概念、每一个命题在整个知识大图景里的位置和彼此间的联系，从而帮助学生更加清晰地掌握知识和彼此的关联。

其实，人类的思维、意识和智能本身就是神经网络的涌现现象，因此，将知识网络化，将单个知识点和其他知识点联系起来，并对其进行结构化的理解，再加上大数据的助力，会对学习教育有深远的促进。

史蒂夫·布朗：
人人都是未来学家

越来越多的公司会设置未来学家这个职位，在互联网时代，未来的重要性前所未有地凸显出来。在500年前，一把斧子可以从祖爷爷、爷爷用到孙辈、重孙辈，但在今天，手机要不了几个月就会更新换代。摩尔定律描述了科技爆炸式的增长，这让未来呈现多样的可能性，但人们期待的并非技术本身，而是技术以人为本，让这个世界更美好。在世界日新月异的年代，每个人都应该是未来学家，因为每个人都生活在未来。

20世纪80年代初，中国刚刚改革开放不久，一本叫做《第三次浪潮》的书在中国翻译出版。这本书启迪了一代人建立对未来的梦想，许多人也是首次通过其作者阿尔文·托夫勒才了解了未来学家。记得在1988年时，我也参加过未来学会。

对未来的畅想并不是未来学家的专利，许多科幻类题材的文艺作品尤其善于此道。不过，在英特尔未来学家史蒂夫·布朗（Steve Brown）看来，好莱坞乃至整个电影行业对未来的描摹有很强的娱乐性，太过于耗费笔墨去描绘未来应该被我们避开的一面，这也许是种警示，但绝不是未来的全部。

在英特尔，未来学家需要对遥远未来发生的事情保持热情，要深刻理解产业的运作特点，关心计算机和科技对人类的贡献。**从根本上来说，未来学家所做一切的中心主题就是人。**要能理解人们想在未来做什么，人们会遇到什么问题，人们有什么愿望，而后才是思考技术如何才能更好地帮助人过上更好的生活、更加幸福、更高产，解决他们遇到的问题。

技术对人类的影响是显而易见的。在工业革命之前，人类的平均寿命才30岁出头，而现在，很多国家人的预期寿命都达到了70岁甚至80岁。但与之相对的是，技术的更新速度越来越快，更新周期却越来越短。我们的远祖一辈子都难以体会到技术变革带来的影响，而现在，我们却要如坐过山车一般，不停地一次又一次地体会高节奏技术变革带来的刺激和影响。

因此，未来学家确实需要对技术保持高度的敏感性。在史蒂夫·布朗大概只有10岁的时候，他第一次见到了计算机，非常简单的计算机——发光的绿色屏幕，程序设计也不复杂。年少的史蒂夫·布朗坐在暗处，对着绿色的屏幕开始编程。据他回忆，他当时的感觉就像是在创造生命。在那个时候，史蒂夫·布朗就告诉自己，这就是自己未来的职业，他爱上了计算机，并意识到计算机未来会有多重要。

史蒂夫·布朗打趣地对我说，他刚来英特尔时还是满头华发，一晃28年过去了，头发都掉了个精光。看来做一个未来学家并不容易，需要积累深厚的功力。在英特尔的28年里，史蒂夫·布朗当过工程师、做过产品规划、也待过行业市场部门，经历可谓非常丰富，这为他成为未来学家打下了扎实的基础。

为什么需要未来学家？

为什么需要未来学家？

这首先源于业务的需求。英特尔生产硅片和其他小部件，这些部件上的晶体管和零件数量要以惊人的数十亿计，所以硅片复杂得难以设计，从最初有设计的想法，到进行设计、开始生产，直到第一批硅片出厂，要花费7年的时间。所以英特尔需要未来学家去思考7年后的事情。

还有的技术则需要5年、10年甚至15年才能被开发出来，因此在英特尔，未来学家需要想象人类在5年、7年、10年甚至15年以后需要什么样的产品，这样才能规划接下来的研发和生产，以确保英特尔能在未来为人类生产出很棒的产品。

未来学家需要汲取大量的信息。他们要阅读媒体内容，看记者评论——史蒂夫·布朗认为，记者通常能够比较准确地预测未来的发展，因为记者的研究面非常广泛。未来学家还要和很多领域的专家交流，了解人类学、人口统计学、经济学、工程和科技等。未来学家还要走进大学，走进公司，了解不同的产业。这还不止，史蒂夫·布朗说他本人甚至还受到科幻小说的启发。

未来学家要进行思考、归纳和分析信息，用这些信息构筑10年或者20年后未来的样子，以试着把握世界的走向，并领会在这些潮流趋势中，英特尔如何能调动其技术和人才资源来帮助到这些行业做好业务，并让人们过上更好的生活。最终，一些对未来的认识会被以有趣的方式分享给公司内部的产品规划师、行业合作伙伴甚至普通的顾客。

值得提一句的是，英特尔也是易宝支付早期的投资人。那时，易宝支付才刚刚起步，远不如今天这样有影响力。但也正是在那时，英特尔就看到了易宝支付的未来，并义无反顾地为易宝支付注入了早期的投资。

未来围绕人类而非科技

我和史蒂夫·布朗在英特尔园区的博物馆里漫步，这里展示了英特尔的历史，其中有一块大屏幕专门讲解摩尔定律。20世纪时，英特尔的创始人之一戈登·摩尔提出了揭示信息技术进步速度的摩尔定律。在过去的近半个世纪里，这个定律准确地切中了信息技术发展的趋势。技术以指数增长的速度发展，这也意味着，面向未来，即使只是10年的时间，就会有比过去30年甚至40年还多的发展。但未来信息技术会呈现什么图景呢，会单纯以技术的发展为导向吗？

史蒂夫·布朗认为，未来10到20年，很多行业都将经历革命。他以医疗行业为例解释了变革的意义所在。

在传统的医院里，医生诊断病人和开药不能考虑到病人的基因特质，事实上，有些药对一些人来说是救命的，但对于另一些人却可能致命，医生并不能做到真正的对症下药。

未来10年，一旦信息技术取得更大进展，就会推动医学界在基因、染色体的研究上实现突破。届时，人们不需要花费很多钱就可以获得自己完整的基因顺序，医生拿到这个信息，就可以真正为病人开出适合的药。科技会开启一个个性化用药的时代。

所以史蒂夫·布朗认为，科技飞速发展，使一切都皆有可能成为现实，关键的问题在于，我们必须做出决定：想创造什么？想避免什么？我们究竟要创造怎样的未来？

英特尔曾针对世界各地的人做了调研，发现来自不同国家、不同年龄的人却有着相同的愿望。一旦获得了安全，有足够的食物，拥有所有想要的保障，人们就会开始思考要怎样生活。

人们想要做很多事：想终身学习和成长；想要娱乐；想表现与众不同的自己；想要自己和所爱的人身体健康；可能最重要的是，想要能感受到自己和周围的人，尤其和所爱的人是紧密连接的。这六件事情被人们一再提及，而科技能做的，就是帮助人们实现他们的愿望，让他们成为最好的父母、最好的员工、最好的儿女、最好的朋友。所以在思考未来时，至关重要的是，思考人类的未来。科技为人类服务，实现人类的生活愿望。

人人都可以做未来学家

成为未来学家的史蒂夫·布朗积累深厚，不过，他还是认为，每个人都可以当未来学家，因为未来与每个人都密切相关。史蒂夫·布朗鼓励大家思考未来，探讨想要的或者需要避免的未来。

此外，人还拥有强大的创造力，尤其当互联网发展、创客运动兴起时，就更可以按照自己的意愿去创造想象中的事物。史蒂夫·布朗认为，更多人需要参与创造未来。如今，涉足技术、参与设计和创造的门槛比以往要低得多了，因此，即便不是工程师也可以参与创造未来。这就掀起了创客的运动。

史蒂夫·布朗为我解释了创客运动的精义。在他看来，人类是天生就具有创造力的生物，其实背地里厌倦购买别人设计的产品，人想要创意，想要自己制造，由此推动了创客运动的兴起。

得益于3D打印技术的兴起以及制造业的数字化进程，制造的门槛大幅度降低，人们尽可以发挥自己的创意，并最终通过3D打印技术把创意制造出来。在史蒂夫·布朗的眼里，下一代企业家多会来自这些创客。

此外，在互联网时代，时间的特征远远大于地域的特征。比如说，全世界的人可以凑到一个聊天室里讨论问题，而根本不必拘于身处何地，重要的是，大家能有时间。生活在这个时代，时间感会更加明显，未来感也因此凸显。

所以说，人人都是未来学家。

第五维度

现实的物理世界呈现为三维的空间，或者用经典几何的方式表述，通过空间中的任何一点最多只可以做三条互相垂直的直线。时间是单向的，因此可以被视为第四维度。在此基础之上，史蒂夫·布朗又提出了第五维度的概念，在他看来，数据就是第五维度。

为什么要定义第五维度呢？**史蒂夫·布朗是想把所有物体都数据化，这样产品就变成了服务，可以连接，可以共享，甚至发生永远的改变，拥有此前人们无法想象的各种功能。**

例如，一辆处于三维空间和一维时间的车，一旦被"推进"了第五维度，或者说，被数据化了，那么车就可以通过互联网实现分享，人们就可以通过网络知道那辆车在什么时段是可以共享的，产品因此变成了服务。

第五维度非凡的功能还不止于此。同样以车为例，车灯看似很简单，就是射出一束光，这一点在一百多年以来从来没有改变过。但车灯会在大雨天，尤其是雨夜中"遭遇尴尬"——瓢泼大雨有如一幕水帘，把车的灯光反射回来，这样妨碍了驾驶员的视野，让他无法看到真正的障碍物。

但如果雨点能进入第五维度、被数据化了，而车灯又能成为智能的照相机、捕捉住这些数据，情况就会立刻发生改观。当雨点划过车前的时候，车灯瞬间熄灭，等到雨滴划过再瞬间照亮，这样就可以让车灯真正照射到障碍物，保障驾驶的安全。

第五维度会让这个世界变得更加智能，也有越来越多的传统公司都变成了科技公司。这是紧随计算机民主化的大流而诞生的，在20世纪60年代，主流的计算设备是大型机，70年代是小型机，80年代是个人电脑，90年代是万维网，到了21世纪初期是智能终端，现在则是可穿戴设备。技术越来越像空气或水一样随处可见，连车灯都可以智能化，就没有什么不能数据化、智能化，继而互联网化了。

在史蒂夫·布朗看来，越来越智能的产品甚至要比人靠谱得多。美国每年有数万人死于车祸，倘若不是驾驶员被短信分神、不是伸手去关收音机、不是和后座的孩子说话，车祸或许就会少很多。

因此，其实我们可以更好地相信技术。现在已经可以用电脑来安全地开飞机了，也许15年后，对于由人类驾驶的汽车，保险公司会多收保费，因为人类驾驶没有机器驾驶得安全。

技术一定会进步，但未来学家认为，未来的中心并非是技术，而是要让技术帮助我们实现自己想要的一面，避开不利的一面。最终的目的，一定是帮助我们实现更好的愿景。

平庸的企业，总是在用过去几年的经验盘算未来的几年；而伟大的企业，一定会站在未来看现在，从未来的100年来倒推我们现在应该做什么。特斯拉这样企业之所以伟大，就是因为它能站在未来看现在，站到火星看地球。

未来的中心是人，不是科技！

人人都应该成为未来学家

史蒂夫·布朗提到一个非常有意思的观点：人人都可以做未来学家。其实，在当今发展迅猛的中国，我们更可以如此来理解——人人都应该成为未来学家。

人是唯一能生活在未来的生灵，未来意味着未知，从人性而言，人类总是对未知充满恐惧，因此我们才有了宗教。而未来学家就是要把对未知的恐惧，变为对未来的把握，让人用想象中的应然世界去改变实然世界。

中国传统不太强调人类未来这个观念，中国现存的古典文学作品就可以印证这一点——超越现实的作品不少，但大多是对仙境或者世外桃源的幻想，而且更强调过去，而不是未来。比如说，在陶渊明的《桃花源记》里，走进桃花源的渔夫看到了别样的世外桃源，但这个世外桃源丝毫没有未来的痕迹，正相反，更强调要上溯到古老的秦代。

即使只是追溯到我们的父辈，我们都能感到这种缺少未来新鲜感的沉闷。我们的父辈大多一辈子都待在一两个工作单位，回到家，周围也都是共同生活了几十年的老邻居。未来对于个人来说，就是成长、结婚、生子等上一辈人生的再循环。

其实进步观是一个启蒙的概念。在人类历史早期，无论中外，人们多依循的是一种循环观而不是进步观，所以在上古时期，不少人都觉得古代人的生活状态是最理想的，觉得后来的人越活越偏离正统的理想王国。那个时候，理想的王国就如陶渊明笔下的世外桃源一样，是在过去而不是未来。甚至卢梭这样的启蒙思想家都觉得人最理想的状态是自然状态，理想的王国是在遥远过去的伊甸园。

进步观是在近代随着社会、经济、科技等的变革才开始兴起，并逐渐成为被广泛认同的观念。著名的心理学家、认知学家、语言学家斯蒂芬·平克（Steven Pinker）在他的著作《人性中的善良天使》中就言之凿凿地支持了进化的观点。例如，他有理有据地证明，即便人类在20世纪经历了两次残酷的世界大战，但从数据看，20世纪依旧是人类前所未有的太平盛世。在这个世纪里，人类死于疾病、死于非命，甚至死于互相残杀的比率都要远远低于部落社会。所以人类其实还是在进步的。

也许科技是中性的，可以造福我们，也可能造成不利，但科技无疑带来了更多的选择，带来了各种的可能性。如果没有互联网，我们连选择的余地都没有，有了互联网，我们至少可以选择控制住不利的一面，甚至把不利转化为有利。

当未来呈现更加多样的可能性，而不是重复或者循环时，我们更能找到生命的新鲜感，也更对未来充满好奇和憧憬。这才让诸如奋斗和机遇等在此背景下无比重要地凸显出来，因为它们都能勾画未来。个人不能再不关心未来，甚至是要参与制造未来，人人都应该成为未来学家！

扎克·林奇：
神经技术革命

当我们还在探讨信息技术革命时，扎克·林奇（Zack Lynch）就提出了继农业革命、工业革命和信息革命之后的第四次革命——神经技术革命。我们的神经系统本来就是网络形态，一旦神经技术取得突破，实现神经的联网，这就会意味着互联网真正延伸到人的大脑，实现人机共生，共同进化。它既可能帮助我们成就自我，做到最好的自己，也有可能侵犯我们的隐私、自由，带来伦理的挑战。采访扎克·林奇本身就会让你的神经处于"全网"兴奋中，采访结束后，扎克·林奇打趣地说，你们采访已经吸干了我的脑子。

你的枕边被人悄悄放了一个神秘的仪器，在你酣然入睡时，这个仪器侵入了你的大脑，盗走了你的隐私，而你对此竟浑然不觉。

这是科幻电影中的一幕，看起来似乎距离我们的现实生活很遥远。在现实中，我们更多地注意自己电脑的安全，总在提防别人把我们电脑里的资料窃取走，但对于大脑隐私，多数人觉得，除非自己主动说出来，否则别人不可能窃取我们大脑的隐私。

不过，如果你读过扎克·林奇的《第四次革命》，兴许会有所改变。

扎克·林奇相信，人类在继农业革命、工业革命和信息革命之后，即将经历一次翻天覆地的"神经革命"，这次革命会更加深入地渗透到金融、法律、艺术等领域，改变我们每一个人。

这是一个带有哲学意味的大胆见解。从哲学的角度来看，前三次革命都是在改变客体，改变我们面对的世界，只有扎克·林奇谈到的"神经革命"才是在改变主体，改变我们自身。而且，从严格的意义上说，只有神经革命才真正在延伸我们的大脑。

怀着好奇，我前往扎克·林奇的家中拜访了他，与他讨论神经科技究竟会怎样改变我们的世界。在这个过程中，我顺带也发现了不少有关他的有趣故事。比如扎克·林奇出生在硅谷，他从小长大的地方正是昔日苹果的总部库比蒂诺（Cupertino）。有意思的是，在母亲的影响下，扎克·林奇也和乔布斯一样曾到印度静修，那时他才刚刚14岁出头，却已经目睹了不同国度之间巨大的差别。

扎克·林奇对神经科学的好奇起源于他的一次痛苦经历。他到澳大利亚旅游时曾饶有兴趣地挑战蹦极，并疯狂地从150英尺（约45.72米）的高处跳下去。勇猛地纵身一跳后，他的背部感到剧烈的疼痛，从那以后两年间，他不时就感到这个部位很疼。最后，扎克·林奇熬不住去看了医生，医生则采用核磁共振扫描的方式给他做了检查。

感受核磁共振技术时，扎克·林奇突然意识到，人类的技术已经强大到可以弄明白人体内部的情况了，只是他所感兴趣的不是这项技术如何应用在自己的背上，而是类似这样的技术该如何应用到自己的大脑、别人的大脑，如何应用到整个社会。假若因此能弄明白人类是如何做出决策的，人类彼此之间又存在什么不同，这些差异将怎样影响到我们的日常生活，那可就真的太棒了。

毕竟，人是符号的物种，人类之所以与其他生物有不同，就在于我们的大脑。**在扎克·林奇看来，神经技术革命的重要性不可低估，因为这是人类第一次真正利用技术来对我们最根本的问题——我们是谁——产生影响。**毕竟，我们从根本上是以一种神经生物性质而存在的，且不说我们的神经系统本来就呈现的是网络状态。

第四次革命

人类历史上经历了很多次技术革命，从农业革命、工业革命到我们现在正在经历的信息技术革命。那么，下一波技术革命会是什么呢？扎克·林奇认为，第四次技术革命会是神经技术带来的革命。神经技术能够帮助我们理解人类的大脑和神经系统所产生的影响力。

神经技术可以体现为简单的设备，体现为药物，也可以体现为脑成像系统，等等。所有这些技术最终会改变我们的日常生活，改变人与人互动的方式，也会影响到包括市场营销、艺术、娱乐、金融在内的各个行业，影响到人类的战争，甚至是人之所以为人的意义。

扎克·林奇剖析说，人类历史上的四次技术革命，每一次都建立在前一次的基础之上。

因为有了农业革命，所以我们才能填饱肚子，有足够的盈余，才能获得时间的解放。这催生了劳动分工，而后人类才有效率和知识去创造诸如蒸汽机、电力、飞机和摩天大楼等，这才有了工业革命。工业革命的创造随后又为信息技术的崛起及其对社会产生的深远影响奠定了基础，这才有了信息革命。

同样，信息革命催生的微芯片、互联网和移动通信也为神经技术的崛起铺平了道路。如果没有拥有超强处理能力的微芯片，没有理解、分析大量数据的能力，就不可能会有脑成像技术。因此，神经技术革命同样建立在先前革命的基础之上。

但与前三次技术革命不同，神经技术革命对人类社会的影响力非常大，这是因为我们正在触及前面几次技术革命都没有深层次触及的课题，即人的大脑、情感和认知等。我们对此有多少了解？是什么使我们成为人类？当我们弄明白这些事，当我们开始有能力对这些事情产生影响，不管是从个人层面，或者从更广阔的组织机构层面，都将改变我们工作、生活及娱乐的方式。

扎克·林奇把神经技术革命的意义和哥白尼革命、达尔文革命相比拟。哥白尼革命让人认清了自己在宇宙中的位置，改变了人类对自己在宇宙中如何存在的认识。达尔文的进化论则改变了人类在这个世界和在更大的宇宙范围内对自己的认识。**因此，扎克·林奇认为，神经技术革命也会带来全新的观念，让我们认清自己在宇宙中的位置。这是一场真正影响到"我们是谁"的革命。**

在扎克·林奇看来，神经技术革命开始于2010年，将会持续到2060年，所以我们仍是处在真空管时代。

跨界影响

神经技术的影响深远而广阔。神经技术之所以能成就第四次革命，就是因为它的影响不是在单点发生，而是渗透进每一个方面，发生跨界的营销，从市场营销到艺术、娱乐、金融、宗教、经济、战争，以及其他关于人类精神的一切方面。人类社会的每个层面都会受到先进的脑科学的影响，这就是神经技术何以如此特别的原因。

医疗

在过去30年的发展中，神经技术被用于治疗全球20亿患有脑部疾病和神经疾病的患者。这是神经技术产业的基础，也标示了神经技术的地位。仅仅2012年，就有12亿美元投入到神经技术产业的创业、药物研发、医疗设备和针对大脑及神经系统的诊治中来。在全球，有超过600家公司正在研发针对大脑和神经系统疾病，比如酒鬼、瘾君子、拖拉病等的治疗方案。这是一个价值1600亿美元的大市场。

法律

在美国，神经生物学已经深刻地影响了法院体系以及审判体系。超过1000例法庭案例显示，神经科学是庭审过程中非常重要的一个基本面。

在某种意义上讲，我们首先要尽力回答的问题是："是我的大脑让我这么做的吗？"也就是说，那些脑部萎缩的人，不管是因为脑内有肿瘤还是有瘾症，在审判时应不应该得到宽大处理？因为实际上他们是因为大脑神经受到了生理性影响才犯下了罪行。这是短期内神经学所取得的一个进展。

同时，在此领域，神经技术另一个进展方向是真话辨别，即测谎系统。在人们做陈述时，通过大脑波纹检测技术以及核磁共振成像技术（FMRI），扫描他们的大脑。现在已经有伦理学家对这些技术的影响展开讨论，他们认为这些技术会让社会更加开放。

在扎克·林奇看来，神经技术对人类社会最重要的影响发生在认知自由领域，也就是大脑隐私领域。在21世纪，大脑隐私权会是基本的公民权利。我能不能保护自己的思想不受政府、公司机构或者其他人的入侵？我的隐私和思想又如何在其中找到一席之地？对这些问题，每个国家、每个社会都会有不同的答案。

游戏及娱乐

神经游戏是神经娱乐业的一个具体分支，即将神经科学融合进具体的电子游戏中。

神经游戏致力于实现思维和身体在游戏中的合二为一，致力于将游戏者的整个神经系统融入游戏体验之中，也就是所谓的浸入式体验。

神经技术创造了很多全新的输入方式，例如眼球追踪技术、面部识别技术、情感分析以及神经传感技术等。同样也创造了很多输出方式，未来游戏的输出不再只是一个小屏幕或是电视机，在未来我们将看到虚拟现实或者增强现实。其实，这些事情如今正在一步步实现。

但扎克·林奇认为，神经游戏技术最关键的地方还不在于实现了输入、输出方式的多样化，更重要的关键在于——汇聚。神经游戏汇聚了所有技术，不仅仅是神经传感脑电图头戴，不仅仅是虚拟现实眼镜，也不仅仅是能将游戏中的气味带进现实的气味活化剂，而是将这些全部汇聚起来，变成一个浸入式的体验，使玩家仿佛亲身沉浸在游戏之中。扎克·林奇不无激动地表示，这是一个非常有力的工具，也是一道大门，我们从中可以窥探神经技术革命的全景。

显而易见，神经游戏技术将会成为人们感兴趣的领域，人们将在此领域测试出许多新型应用。一些公司正在研发训练大脑的应用程序，帮助人们训练认知能力。还有一系列情感软件，可以帮助那些患有外伤性脑损伤，或是创伤性应激障碍的人。这些技术可以帮助训练人的大脑，影响人类健康。扎克·林奇认为，现在需要市场的推动以及产业内部的联合，这样才能研发出新游戏，吸引大众，帮助大众，并将这种技术带进我们的日常生活。

2014年，Facebook以20亿美元的价格收购了虚拟现实技术厂商Oculus VR，一时让业界倍加关注虚拟现实游戏的发展。从游戏开始，这也许是大众开始使用神经技术的好通道。

但不要以为神经技术只是停留在游戏层面。在拍摄《互联网时代》时，我就推荐摄制组拍摄了明尼苏达大学的在神经技术上取得的成果，这项成果让人们可以通过颅电刺激，学习用意念去控制飞行器。

金融

神经金融学是一个新兴的研发领域，在这个领域正在发生一些有趣的事，包括使用脑电图技术和脑成像系统了解金融家如何做出决策，以及了解这些决策与之前的行为有何相关，与决策的收益性有何相关等。

在现实中，我们经常会过高估计某件事情带给我们的好处，例如，高估一项金融交易带给我们的利润。当一个个体交易员开始做决策、做交易的时候，神经软件可以发挥作用，神经回馈设备可以帮助他们降低预估偏差所带来的风险。人是非理性的，并非如古典经济学所认为的那样理性，人的决策受到太多理性之外的因素的干扰（见本书罗伯特·希勒篇），而神经技术可以在这个方向大有作为。

因此，我们可以使用神经应用软件，来帮助这些交易商训练大脑，帮助他们变得更加实际，知道哪些交易应该参与，哪些交易不应该参与。许多神经技术正在帮助提高交易的精准度。这些技术不仅会帮助我们更好地了解我们做出决策的机制，还能够切实让大脑做出更好的决策，这将激发华尔街以及全球金融资本市场的兴趣。

营销

神经营销学已经改变我们的生活。一些公司已经开始利用神经营销技术，即用脑成像和脑电图系统来了解商业广告如何影响那些看广告人的大脑。世界上有超过70家公司专注于利用这种神经市场营销技术来做营销。但神经营销学刚刚开始，我们还需要借助这些技术去理解人们做决策的方式，以及彼此影响的方式，任重而道远。可以想象的是，一旦神经营销学真的成熟，营销就真的变成"洗脑"了！

扎克·林奇对神经技术的发展做了诸多的展望，他甚至提出了"神经竞争力"的概念，就如今天我们使用信息技术在全球范围内更有效地竞争一样，将来的商业世界也会利用神经技术在个人、公司以及国家层面展开竞争。神经技术的应用形式会很多样化，可能是利用药物提高注意力，或者帮助人们获得更高效的睡眠以保证第二天的状态，也可能是利用经颅磁刺激技术将人的大脑置于脑电波中，让人更加专注、更快速地学习。也许这些技术只能为一小部分人使用，但恰恰就是这小部分人改写了世界商业竞争的基础。

虽然扎克·林奇自己也不肯定这样的改变会从哪里开始，但是他可以肯定的是，神经技术一定会给整个世界带来改变，改变我们看待问题、处理问题的方式，也会解决诸如我们是谁、我们如何做出决策等核心问题。**神经技术能真正帮我们去成为理想中的自己，而不再是一如既往不变的自我。**

但无论在哪个领域发生影响，神经技术的应用都面临共同的伦理挑战，比如在营销领域，如果营销真的变成洗脑，是不是道德，是不是有悖伦理，都值得商榷。

人机共生，协同进化

扎克·林奇很欣赏凯文·凯利的观点，他认为凯文·凯利是用跨学科、跨历史的视角审视变革的发生。

人是符号的动物，无论是生物进化还是信息进化，在扎克·林奇眼里都可以被视为广泛意义上的信息进化。人类和机器正在开始协同进化，正逐渐融为一体，他甚至认为，未来可以将神经芯片植入我们的大脑，这会让我们直接实时获取信息。这就是为什么发展大脑隐私和自由将会成为一个非常重要的领域。

扎克·林奇放眼展望，在2030年、2040年神经技术高度发达时，神经技术会向着深刻影响人类社会的方向发展，他称之为"同理心翻译"或是"情绪翻译"。比之互联网时代，咨询和信息的自由交流将更进一步，通过情绪翻译，人们能够了解彼此的情感，能够产生共同的感受，我想这将会对我们看待彼此的方式、对我们一起工作的方式、相互合作的方式，产生深远的影响。

人类对同理心的传递需求由来已久，只是之前我们可以通过许多外化的符号，例如语言、文字、神态等来传递同理心。而一旦如扎克·林奇所描绘的，神经革命让未来的互联网不再需要人机接口，而实现人与人直接的情感甚至是思维的互联，这将会是非常了不起的成就。扎克·林奇相信，人类能够使用神经技术，使用情绪翻译机和同理心翻译系统来改善人类社会，让人们更加和睦相处，给世界带来和平。

今天，通过互联网，我们能够在全球范围内进行即时的沟通和知识交流，但是我们无法了解彼此的情绪状态，无法了解我们内心真正的感受。而神经技术终会带来这样的互联网变革，它让我们成为我们理想中的自己，而不受太多的约束；它影响我们的日常行为，影响我们相互交流的方式，让我们了解彼此的情感，产生共同的感受；它将所有技术网络连接起来，真正帮助我们理解，我们是谁，我们身在何处。

人类历史向来是开放式的。我们可以用技术带来繁荣，但技术同样也可以带来负面的问题。例如，汽车的诞生一方面使人们的出行更加便利，另一方面也造成了很多车祸，给人们带来了痛苦。神经技术能帮助我们成就自我，同样也可能侵犯我们的隐私、自由等，伦理问题对神经技术的应用而言始终是一个很核心的问题。

善恶从此有定论？

下一波革命会发生在什么领域？有意思的是，在我与如此多互联网巨擘的论道过程中，不少人都提到了生物领域，当然，扎克·林奇更加明确地提出，是神经技术领域。

从哲学的维度看，神经技术革命意义非凡：原来的技术革命多在延伸肢体，而神经技术革命却在延伸大脑；原来的技术革命只是改变客体，而神经技术革命却在改变主体。一旦我们连接的形式不再仅仅限于外在的符号，而是实现人与人神经网络的互联的话，产生的影响会非同凡响。其实从人的神经系统本身来看，它呈现的也是网络的形态。因此，神经技术革命一旦真的成熟起来，会对我们这个世界产生巨大的影响。

这种改变诚如扎克·林奇所言，神经技术革命让人们成为理想中的自己，这固然是好的影响。但我们也不容忽视，神经技术革命同样带来了很多挑战，例如侵犯隐私、侵犯自由。一旦别人能入侵我们的大脑，所造成的后果要比侵入我们的电脑要严重得多。试想，如果真有类似电脑病毒一样的"神经病毒"扩散，由此让很多大脑"瘫痪"掉的话，会造成多么恶劣的影响。

山姆·哈里斯（Sam Harris）在他的著作《道德风景》中，就大胆地想把道德和伦理学都建立在神经学的基础上。什么是善？什么是恶？我们都可以通过神经学的研究，剖析哪些行为让我们产生了快乐，哪些行为引发了我们的痛苦，由此对善恶做出判断。

善恶真的会因此有定论吗？我想这仍然会是一个仁者见仁、智者见智的话题。但是，神经技术的发展横亘了生物学、伦理学等迥然相异的领域，为许多单独局限在一个学科视野里难以解决的问题提供了一种重新思考、走出迷局的方式。这种影响因为改变了主体而在我们所面向的各个客体领域里发生，因此可以说，无论扎克·林奇的预见是否有失偏颇，但神经技术确实是一门相当基础而重要的学科。

埃隆·马斯克：
我们为什么要去火星

19世纪英国著名散文家及历史学家托马斯·卡莱尔（Thomas Carlyle）说："每一件伟大的事在开始时看上去都是不可能实现的。""钢铁侠"埃隆·马斯克（Elon Musk）是当今硅谷及科技界的神话人物，被称为"来自未来的人"。越来越多的人甚至认为，马斯克比乔布斯要更伟大：乔布斯的发明，不过是桌面电脑和掌中手机这般小打小闹的玩物；而马斯克的发明，却是新能源汽车和太空火箭，均是能够深远影响人类未来的史诗般的宏伟工程。现在，人们可以从马斯克这里买到特斯拉，希望有一天，人们还可以从他这里买到去火星移民的单程票！

来自未来的人

2008年，好莱坞超级英雄科幻巨片《钢铁侠》首映，影片讲述了一个身穿火箭驱动钢铁盔甲的工业家、科技狂人保卫地球、拯救人类的故事。《钢铁侠》源自漫威同名经典漫画，主人公取材于一个现实生活中的原型人物，这个人便是埃隆·马斯克。

在《钢铁侠》系列的第二部影片中，马斯克亲自串场，出演一个推销"电动喷气机"的发明家。在最近的科幻片《超验骇客》中，他又露面了。好莱坞似乎对马斯克情有独钟，他已经成为一个代表科幻和未来的符号。

"钢铁侠"埃隆·马斯克是当今硅谷及科技界的神话人物，被称为"来自未来的人"，他的真实经历比科幻电影还要轰轰烈烈。他先后参与创建了网上支付平台PayPal、特斯拉汽车公司、光伏发电新能源公司太阳城（SolarCity），美国太空探索科技公司SpaceX，并提出了能够替代高铁的"超级环（Hyperloop）"高速交通系统的设想，是一个连环颠覆者和并行创业家。

人们把马斯克与乔布斯相提并论，甚至有越来越多的人开始认为，马斯克比乔布斯要更伟大：乔布斯的发明，不过是桌面电脑和掌中手机这般小打小闹的玩物；而马斯克的发明，却是新能源汽车和太空火箭，均是能够深远影响人类未来的史诗般的宏伟工程。**当未来的历史学家书写21世纪人类的进步时，乔布斯可能将被淡忘，而马斯克或许是这个时代重要的转折点。**

1971年，马斯克生于南非的比勒陀利亚，但他似乎从来没有把南非当作自己的家园，还在中学时代，马斯克便向往有一天能够去美国——在他看来，美国才是冒险家和创业者的乐园，而非洲只是他路过的地方而已。中学毕业后，马斯克先是只身到加拿大闯荡，几经辗转，最终如愿以偿到达了美国，转学进入宾夕法尼亚大学攻读物理和经济双学位。

如今，马斯克在美国已经功成名就，但他似乎也没有把这里当作是自己的终极家园，对他来说，地球也只是他路过的地方而已。马斯克的终极梦想是，让人类有朝一日能够移居火星，而他自己则可以在"火星上退休"，甚至是"死在火星上"——当然，不是"着陆时坠毁撞死，而是慢慢终老"。**马斯克演绎着探险家的传奇人生：生为非洲人，成为美国人，而终将死为火星人。**

我第一次见到马斯克是五年前在加州海滨小镇半月湾（Half Moon Bay）召开的德丰杰投资基金年会上，那时的他还远远没有今天这样大的名气。作为特邀嘉宾，马斯克参加了晚宴，并进行了主题演讲。他并不是一个具有煽动力的演讲者，但是在演讲的结尾，他播放了一段SpaceX第一次成功发射运载火箭的视频。卫星进入轨道的镜头胜于任何雄辩，令众人激动不已，最终，全场为之沸腾。

德丰杰投资基金是马斯克目前参与的三家公司——特斯拉、太阳城、SpaceX背后的投资方，也是易宝支付的早期股东。于是通过德丰杰投资基金，我再次联系上了马斯克，并邀请他接受采访。

马斯克身兼数职，同时运营多家企业，是个每周工作时间超过100个小时的工作狂。在百忙之中，他只是回了一封很简短的邮件："谢谢你们的兴趣，但是我现在需要专注准备SpaceX即将进行的火箭发射！"

我们的采访被拒绝并不是第一次，但是还从来没有人用"发射火箭"这样强悍的理由拒绝我们！好在他留下了一个伏笔——"特斯拉会在不久的将来到中国做一次媒体路演"。

半年后，我们终于在特斯拉正式进入中国时，于上海举办的首次发布会上采访到了马斯克。

互联网序曲

真实的马斯克并没有"钢铁侠"电影里那种咄咄逼人的霸气，而更像个腼腆的大男孩，谦卑和礼貌之中又透出一种深深的自信。或许正是因为他保持了童真和好奇心，才敢于挑战如此众多的新兴领域。

互联网的魅力或许在于其公平的低门槛，即使一无所有的创业者也可以轻装上阵，凭借自己的智慧和努力大展身手，这也成了马斯克尝试的第一个领域。

马斯克认为，互联网的出现使人类进入了一个崭新的阶段，有如生物进化中从单细胞生物过渡到多细胞生物——多细胞连接在一起，才产生了更多的可能性和复杂性，组合出了形形色色的生命形态。

同样，互联网将人类社会连接成了一个超级有机体、一个神经系统。他认为，凯文·凯利所讲的"全球脑"，那个庞大的人与机器连接体，其实在某种意义上已经存在了，连接提供了无穷的机会和可能性。

1995年，马斯克进入斯坦福大学攻读应用物理学的博士学位，那时正值互联网浪潮澎湃兴起，雅虎和网景等早期互联网公司如同上升的新星熠熠发光。

马斯克意识到，自己"要么袖手旁观，要么投身其中"。在斯坦福大学只上了两天课后，他便辍学加入了创业的大潮，与弟弟成立了Zip2公司——一家帮助企业发布互联网黄页信息的平台。1999年，Zip2以3亿美元的价格被康柏电脑公司（Compaq）收购。

马斯克赚到人生的第一桶金之后，并没有去放松享乐，而是马不停蹄地成立了第二家公司X.com，这家公司提供网上银行和支付服务。X.com一年后与Confinity公司合并，这便是最大的网上支付平台——PayPal。如果说Zip2抓住了互联网改变媒体和内容出版的机会，那么PayPal则抓住了互联网改变交易和金融的机会。2002年，PayPal在上市之后被电子商务网站eBay以15亿美元收购。

然而，单纯的互联网创业对马斯克来讲只是"热身"的序曲而已。马斯克认为，互联网、新能源和太空探索将是三个对人类未来产生积极影响最重要的领域（在采访中，他也提到需要警惕另外两个领域——新能源和太空探索——可能带来的不确定甚至负面的影响）。在互联网这样的"轻"产业试水之后，马斯克带着更大的雄心开始涉足"重"产业了。

特斯拉——当互联网长上了轮子

20世纪上半叶，当汽车行业刚刚兴起时，美国曾出现过数百家汽车企业，今天这些企业大多已经销声匿迹。汽车市场已经非常老迈成熟，经过整合和兼并，美国本土的汽车制造商只剩下三大巨头：福特汽车、通用汽车、克莱斯勒汽车。

没有人认为新的创业公司会有机会打入这个市场。通往新能源电动汽车的路上更是布满了荆棘，一些厂商如菲斯克（Fisker）和科达（Coda）已纷纷破产倒下。而特斯拉却偏偏敢颠覆这个行业，成为美国本土半个世纪以来第一家成功上市的汽车公司。

特斯拉的Model S型电动车被权威的《消费者报告》评为有史以来最好的汽车，也获得了美国国家公路交通安全管理局（NHTSA）授予的最高的五星安全评级。令人不可思议的是，这一切都是由一个从来没从事过汽车工作且天马行空的门外汉——马斯克来推动完成的。

特斯拉Model S不是一辆普通的汽车，而是一部纯电动、零排放的新能源汽车，流畅的线条、卓越的动力性能、智能联网车载电脑，都给用户带来了前所未有的震撼体验。

人们把特斯拉比作是汽车界的苹果：iPhone重新定义了手机，而特斯拉则重新定义了汽车和驾驶体验。这是一个从零开始设计，包涵了互联网基因，将硬件、软件、服务整合为一体的划时代产品。

以往的电动汽车往往采用整块定制的大尺寸电池技术，成本过于昂贵，并严重受限于里程。而特斯拉则采用了类似于我们日常使用的电子产品，如笔记本中使用的小型锂电池。特斯拉的创新之处在于，通过强大的智能化的电池组管理系统（BMS），有效地将几千节这样的小电池连在一起，最高配置一次性充电可以行驶近500公里，从而大幅度提高了续航里程。

特斯拉还在美国全境设立了超级充电站网络，通过太阳城进行光伏发电提供快速免费充电服务。由于没有汽油发动机和变速箱，特斯拉的整体结构设计非常简洁干净，底盘上只有整齐的电池组和电动机，降低了车身整体重心，拥有更好的安全性。省掉了汽油发动机，车头变成了可以储物的"前备箱"，显著提高了载货能力。车的底部省掉了传动轴，所以车舱中央没有凸起，而是平整的地板。

电动车也带来了完全不同的驾驶体验，顶配车型完成从起步到每小时100公里仅需要3.4秒，且没有汽油发动机的轰鸣和震动，驾驶起来极为安静平稳。电动机还有很多其它的优点，比如在堵车或等红灯时，不会像汽油发动机那样空转从而造成能源浪费，在制动刹车时还可以发电回收能量。

而特斯拉更为神奇和惊艳的地方在其座舱内部，中央是一块17英寸的巨型触控屏，导航、上网、音响、空调等各种控制都可以在这块屏幕上直观地完成。与其说它是一辆汽车，不如说它更像一部长了轮子的平板电脑、一个会跑的互联网终端。

有人戏称，"特斯拉是一个加了两排沙发、四个轮子的iPad"。今后，汽车将成为移动互联网时代最重要的入口，特斯拉亦完成了功能车到智能车的飞跃。

传统汽车的功能在生产之后便封装固定了，而特斯拉则可以通过云服务和空中下载（Over-The-Air）不断地更新和升级自身的功能。通过智能手机上的应用，用户还可以远程掌控车辆的位置及其他信息，也可以通过手机远程遥控，提前打开车内空调。

此外，特斯拉同样采取了独特的O2O（Online To Offline）营销方式，绕开了传统的汽车经销商，通过互联网和线下体验店进行直销。由于其冲击了经销商的核心利益，美国汽车经销商协会甚至试图通过政治手段阻止特斯拉在多个州的直销。

特斯拉直接管理的体验店，有如苹果的零售店，与其说在售卖汽车，还不如说在售卖智能家电——客户还可以在网上下单，特斯拉体验店便直接送车上门。有趣的是，特斯拉体验店一般都开设在高端购物中心，但由于购物中心以往没有卖过汽车品类的商品，所以往往只能将其分在"玩具与爱好"类中（Toys & Hobbies）。

互联网时代的伟大产品往往注重一流的细节体验：特斯拉的车门把手可以在人靠近时自动感应弹出，便于开门；当车行驶起来后又会自动收回，降低风阻。据说特斯拉的工程师开始听到这个车门把手的想法时，他们的第一反应不是"这是个很难实现的挑战"，而是"这简直是有史以来最愚蠢的想法"。

这几乎是一个不可能解决的工程难题：车把手精密的机械装置需要有足够的强力，即使在冰冻时也能弹出；同时要足够敏感，以防夹伤手指；还需要周而复始无故障可靠地运作数万次。在马斯克固执的一再坚持下，这一想法最终得以实现，能自动感应弹出并收回的车门把手成为特斯拉一个非常酷的标志性功能。

特斯拉的战略是通过"三级跳"的方式开启普惠大众的电动车时代：第一代产品是高端跑车，产量有限且价格昂贵，这样的产品只能是少数人的玩物；如今大获成功的第二代产品Model S轿车，已经在价格上显著下降，开拓了快速成长的市场；未来的第三代产品会进一步降低门槛，使得普通消费者都买得起电动车。

为了加速电动车时代的来临，2014年6月，马斯克又做了一件疯狂的事：本着"开放源代码运动的精神"，特斯拉将公开所有的专利，允许其他公司，包括竞争对手使用其知识产权，从而推动电动汽车行业的整体发展。

马斯克表示：特斯拉的使命是促进可持续交通的未来，如果因为知识产权问题而禁止他人，那将与这一目标背道而驰。当然，特斯拉此举并非慈善，作为行业的领头羊和创新者，特斯拉本身也将得益于一个更大的电动汽车市场。这也是互联网时代的理念：竞争不是非此即彼的零和游戏，而是通过技术创新和超越，来开拓能够共赢的新市场机会。

"杞人忧天"

太空曾是马斯克儿时的梦想，他12岁那年，便卖出了一个由自己编程的太空电脑游戏。2002年，马斯克在离开PayPal之后，所做的第一件事并不是特斯拉，而是创立了SpaceX。

当时，马斯克发现，美国国家航空航天局（NASA）居然没有一个切实可行的登陆火星计划，他对政府的不作为感到震惊和不可思议，于是决定自己来做这件事。将PayPal卖给eBay之后，作为最大的个人股东，马斯克从中赚到了1.7亿美元。而这之后，他掏出1亿美元成立了SpaceX，开发低成本可重复使用的太空火箭技术，其终极目标是，在20到30年之后，能够把人类送往火星。

成立SpaceX之后，马斯克最初的计划是从俄罗斯购买用洲际导弹改装成的运载火箭，在亲自跑了几趟俄罗斯之后，马斯克发现，俄罗斯人的火箭工业是"用伏特加来当燃料"的，实在不靠谱。于是他决定放弃"外包"的捷径，开始自己研发运载火箭。马斯克最好的朋友听到这个消息，都觉得他简直是疯掉了！

而马斯克则在"内包"的路上一直走了下去，甚至也顺便革了不少美国供应商的命。当美国铝业公司（Alcoa）试图对SpaceX使用的燃料箱顶罩加价时，马斯克觉得这是"来俄罗斯人那套"，他于是决定干脆自己生产燃料箱顶罩。目前，SpaceX运载火箭有超过70%的部件是由自己的工厂直接生产制造，从而大幅度降低了发射火箭的成本。在航天飞机退役之后，美国国家航空航天局已经把一部分火箭发射的任务外包给了SpaceX。前不久，SpaceX还为中国发射了亚洲6号同步轨道通信卫星。

1969年发生了两件大事：人类登上了月球及互联网诞生。过去四十余年间，科技的发展基本都体现在互联网和通信等"内向性"领域中，而在太空探索等"外向性"领域中，却鲜有惊天动地的重大突破。

由于发展太空技术需要大量的人力物力以及集中的资源和动员能力，历史上的太空计划基本都是由国家机构直接发起和资助的，如美国国家航空航天局、俄罗斯联邦航天局、欧洲航天局等。而SpaceX则旨在利用自下而上的民间力量、私营化的商业运作来推动太空事业的发展，去政府化、去中心化已经成为太空产业的未来趋势。

正如特斯拉颠覆了几十年未有大变局的汽车行业，SpaceX同样搅动了几十年几乎停滞不前的太空产业。"不仅20世纪60年代的火箭技术还在沿用，甚至20世纪60年代的火箭引擎也还在使用！"2014年10月发射时发生的爆炸事故便是轨道科学公司（Orbital Sciences Corporation）将苏联20世纪60年代剩下来烂在仓库里的一批旧火箭引擎挖出来翻新后重新使用的结果。

而SpaceX则坚持研发核心技术，采用先进的"摩擦搅拌"焊接工艺（苹果电脑也使用了同样的焊接工艺），可以保证火箭结构需要的高应力强度，同时大幅度降低边角料的浪费。SpaceX自主研发的"隼"式（Merlin）火箭引擎，是目前世界上推重比最高的火箭引擎。

而SpaceX真正的颠覆性技术，是可回收重复使用火箭。目前的多级火箭技术，箭体在每次发射之后都会坠入大气层焚毁，而发射火箭的大部分成本，都在一次性使用的引擎和燃料箱等基础结构里。

从原则上讲，如果火箭可以回收重复使用，发射成本即可以降低两个数量级。设想如果当初航海时代的船只都只航行一次就烧掉的话，那么美洲永远不可能被殖民。人类若想征服火星，就必须掌握可回收可持续性的太空技术。SpaceX研发的"草蜢（Grasshopper）"运载火箭，已经多次成功完成垂直起落、空中悬停并精准返回基座的试验，是可回收重复使用的火箭原型。

2012年5月，通过SpaceX猎鹰9号运载火箭发射的"龙"号货运飞船，成功地完成了为国际空间站运送货物的任务，成为第一家完成此挑战的民间私营公司，这也是人类太空史上的一个新的里程碑。

然而，SpaceX的发展并非一帆风顺，公司成立后的前三次发射皆以失败告终，直到2008年9月第四次发射，才获得了首次成功。值得一提的一个小插曲是：SpaceX第三次发射的火箭搭载了《星际旅行》系列科幻电影的主演詹姆斯·杜汉（James Doohan）的一部分骨灰，而杜汉也是当年PayPal的形象代言人。他原本的遗愿是把自己的骨灰撒向太空，因为发射失败，天葬变成了海葬。2012年5月，杜汉的骨灰终于在SpaceX这次载入史册的发射中撒向了太空。

或许有人会质疑，当世界上还面临着疾病、贫困和社会不公等种种挑战时，我们为什么要浪费那么多的资源去探索太空？当我们连地球上的问题都没有解决时，为什么要去征服火星？

马斯克则坚持认为，如果我们要等到地球上的全部问题都解决了再前往火星的话，那么人类永远也到不了火星。试想如果当年哥伦布等到欧洲变成太平盛世才开始探险的话，那么他永远也发现不了新大陆。相反，开拓新边疆所带来的希望，会反过来帮助我们改变旧世界。

英国探险家乔治·马洛里（George Mallory）生前被问及为何要攀登珠穆朗玛峰时（马洛里后来在尝试攀登珠穆朗玛峰时丧生），他简练地说道："因为它就在那儿。"如此荡气回肠的回答，已经成为探险家们的标志。马斯克试图登陆火星的愿景，却并不完全来自于这种探险家的征服欲和野心，而是源自一种更深层次的"杞人忧天"式的存在危机感。太空技术关乎人类的生存命运，而马斯克则真的扮演起了"钢铁侠"，试图拯救人类的未来。

天文学家卡尔·萨根（Carl Sagan）写过一篇优美的散文《暗淡的蓝点》：人类为自身的文明成就感到骄傲，然而从宇宙的视角来看，我们存在的全部辉煌历史和人间一切的悲欢离合，都不过是在一颗微不足道的"暗淡蓝点"上演绎而已。地球如此渺小脆弱，只是在广袤宇宙中漂浮的一粒微尘。全球变暖、核战争、变异的流行病毒、小行星撞击……种种灾难性的事件，都可能把这个暗淡的蓝点从太空中抹去，让人类难逃灭亡的厄运。

反观互联网管理的思维，任何数据中心都不会只集中部署在一台服务器上，而是采用有多点灾备系统的分布式网络，这样才能避免"单点失效（Single Point of Failure）"带来的损失，从而使得整个网络服务更为可靠。而整个人类的存在却偏偏命悬一点，这完全不合理。

所以，为了确保我们的子孙后代能够延续生存，人类必须勇敢地迈出地球的摇篮，将自己的足迹踏上其他的星球，成为跨星球栖居的物种。**只有当我们在宇宙中的存在从单点变成网络时，人类才有可持续的未来**。太空探索是为人类购置的一项长期保险，是我们新的诺亚方舟，它能使人类这束微弱的"生命与智慧之光"在无尽黑暗的宇宙中能够永不熄灭。

思维框架与疯狂信念

致力于推动科技、人文、设计跨领域思想交流的TED大会主席克里斯·安德森曾写过一篇文章——《天才的共性》，他在这篇文章里，全面分析了马斯克与乔布斯之间的相似之处：他们都是影响了多个行业的连环颠覆者，都是跨界整合、多维度思考的天才，都有过退学的历史，都穿着随意（牛仔裤加T恤或高领衫），都有强势的管理风格且独断专行，甚至都有过被自己创办的公司解雇的经历。

然而，马斯克又与乔布斯不同：乔布斯张扬外露，有着具穿透性的人格魅力和令人痴狂的说服力，而马斯克则相对内向收敛，其清晰的逻辑和冷静的理性令人折服；乔布斯是个非凡的市场推手，而马斯克则是一个出色的极客工程师；乔布斯是个文科生，而马斯克是个理科生；乔布斯是个佛教徒，而马斯克是个不可知论／无神论者。

安德森认为马斯克和乔布斯最核心的共同之处在于：**系统级的设计思维加上超常的信念。**

乔布斯和马斯克都不是经典意义上的发明家，他们并不是某项单独技术或产品的原创者，而是有着"全景式宏图"、把不同技术和跨界资源系统地整合在一起的集大成者。乔布斯不是MP3播放器（便携式音乐播放器）或智能手机的发明者，但是他能够把极简的硬件设计、完美的软件体验，还有应用商店等网络服务整合在一起，构建成一个完整的生态系统。

同样，马斯克也不是第一个尝试制造电动汽车的人，但是他把电池组管理技术、车载联网电脑、直销渠道、充电站网络整合成一个生态系统。他们没有带来某一项局部的技术突破，而是靠产品、营销、组织、定位、盈利模式等多维度的创新来产生颠覆式的影响。

如果说乔布斯的灵感来自于文科生的直觉，那么马斯克的力量则来自于理科生的逻辑。当年曾主修物理学的马斯克善于遵循并运用物理学的思维框架，**他把自己的思想武器归结为"第一原理"式的推理方式，即把问题还原归约到其本质，在此基础上再向上进行推理，寻求答案。**

"第一原理"的思维框架可以追溯到古希腊哲学家亚里士多德。在更早的远古时代，人们都以神话和传说来解释世界，这本质上是一种类比和隐喻式的思维。而古希腊则开始了思维方式从"讲故事"到"讲道理"的演变，人们用逻辑、概念化的模型和理论来解释宇宙，从而种下了科学的种子。亚里士多德则系统地总结了"第一性"智慧。

物理学的思维方式，往往是反直觉的，因此更富挑战。在马斯克看来，大多数人在日常生活中都习惯依赖直觉，用类比和归纳进行思维，这样只能是在同样的范畴内积累和堆叠，不断重复和完善已有的模式，而不会产生超越性的突破。

只有基于"第一原理"的思维框架，才能抓住问题的根本和核心，设想事物应当存在的理想状态，而不是受限于现状，由此推演出产生质变的突破性答案。在马车的时代，用类比的思维只能培育更快的马匹、造出更好的马车，而用"第一原理"的思维框架才能发明出汽车。

科技创新不同于艺术创造，不能漫无边际地空谈"一切皆有可能"。比如物理学不允许有永动机和超光速火箭，因此再伟大的发明家也造不出永动机和超光速火箭。但那些自然规律不禁止的，则皆有可能发生，唯一限制我们的是我们的想象力。所以，要想自由创新，首先要了解事物的规律和本质；要想突破顶线，首先要了解底线；要想知道什么是可能的，首先要知道什么是不可能的。

正是基于"第一原理"的思维框架，马斯克清晰地意识到，普通汽油机的能量转化率只有20%，而电动机的能量转化率可以高达90%，且没有污染，所以新能源电动车终将替代汽油车。

同样，通过简单的计算便可知道，在现有的运载火箭技术中，基本材料成本只占2%左右，而火箭的一次性使用则产生了极大的浪费，所以原则上整体发射成本可以降低两个数量级，可回收重复使用的火箭一定是未来航天技术发展的方向。

遵循"第一原理"，亦可以抓住不同领域之间相通而同构的本质，运用跨界整合的系统性思维创造性地解决根本问题。例如，过去几十年，电池的基础技术几乎停滞不前，在能量密度、安全性方面没有重大的突破。特斯拉并没有把精力放在电池基础技术的深挖和攻坚上，而是使用消费电子产品（笔记本电脑、充电器等）中常用到的已成熟的18650型小尺寸锂电池，创新地开发了有效的电池组管理系统，把几千节锂电池连成一个分层网络（特斯拉85千瓦时电池组包含了16个模块、96组、共7104节18650型锂电芯），并确保每节电池的温度调节、运行状态及安全性监控。其核心设计思想是，将互联网领域中服务器集群网络分级管理的思维，跨界地整合运用到电池组的管理上。

马斯克的产业布局，也同样遵循跨界整合的战略。太阳城的光伏发电，可以为特斯拉提供充电服务，前者发电，后者用电。如果这两者还不能确保地球免于毁灭，我们还有备用的计划B——通过SpaceX移居火星，以确保文明的延续。设想未来，跨界整合的思维将产生更多的可能性：星际互联网、电离子火箭……

然而，只有思维框架和愿景是不够的，很多人都有关于未来的种种美好梦想，但只有极少数人有足够的勇气和坚持把梦想变为现实。理性的思维框架可以使我们产生对未来的愿景，但只有非理性的近乎疯狂的信念才能使未来真正到来。

乔布斯身上有所谓的"现实扭曲力场"，他可以用自己强大的意志来改变现实。马斯克身上同样有着极其罕见的强烈信念，使得他在面临绝境时可以力挽狂澜，九死一生。

2008年或许是马斯克人生最黑暗的低谷。SpaceX成立六年之中进行的三次火箭发射都接连失败，特斯拉也经历了产品的一再拖延和推迟，席卷全球的金融风暴使得投资人都不再看好马斯克这些不切实际的疯狂项目，两家公司都濒临破产。在巨大的压力下，马斯克的第一段婚姻也宣告破裂，工作和生活上的双重打击接踵而至，他似乎在一夜之间失去了曾经拥有的一切——事业、财富、婚姻。

当马斯克破釜沉舟，把自己个人最后的300万美元资金投入到公司之后，有一段时间甚至只能靠向朋友借钱度日。当我问及马斯克这一段经历时，他只是很平静地引用了丘吉尔的一句话："如果你必须穿过地狱，那就继续前进吧！"

其实，愿景和信念是相通的，当一个人清晰地看到未来时，就会产生对这一未来热切的期盼和强烈的信念。马斯克坚信，新能源可持续交通和商业化太空探索的时代终将来临，所以他敢于孤注一掷赴汤蹈火，不惜押上自己的一切。即使成功只有很小的可能性，他也要去全力争取这一点点概率，因为不去冒险才是最大的风险，而预见未来最好的方式便是亲手创造未来。

乔布斯和马斯克都激发了人性中向上的那部分：乔布斯的伟大在于，他把技术升华成了艺术，让人们在产品中发现创造性的美，而不只是廉价的功能；**而马斯克的伟大在于，他重新点燃了一代人成为探险家的梦想，敢于去"想象一个更令人激动的未来"。**

疯狂与天才只有一线之差，克里斯·安德森引用乔治·萧伯纳的一句话来总结乔布斯和马斯克这样的狂人："理智的人让自己去适应这个世界，而疯狂的人会坚持让世界去适应自己。所以历史的进步依靠疯狂的人。"或许萧伯纳的另一句话更为恰如其分："一般人看到已经存在的事物会说'为什么这样'，我却梦想从未有过的事物，并问自己，'为什么不这样'。"

彼岸

古希腊哲学始于泰勒斯，传说有一次，泰勒斯因为全神贯注地举头仰望天上的星象，而没有看到脚下的道路，结果一头栽进了水井，被邻人所耻笑。后来这个故事被收编进了《伊索寓言》，成了那篇著名的天文学家与水井的故事。

寓言的本意，是告诫人们要脚踏实地而非好高骛远。然而千百年来，浩瀚的星空和广阔的宇宙，一直是激发人们想象力和激情的源泉。人类与动物之不同，正在于我们能够超越现实和自然，为遥远的星辰所感动。探索未知，是人性中最根本而崇高的冲动。当人举目凝视宇宙并试图触摸无限时，便将自己从凡尘中升华出来，变得与神同在。

心理学家卡尔·荣格（Carl Jung）说："人一旦与神话王国疏远，随之而来的，就是人的生存状况被降到纯粹的事实层面——这就是心智疾病的主要成因。"按照常人的理解，人脱离了现实才会精神错乱，而荣格的逻辑却恰恰相反：人完全陷于现实，才会有各种心理疾病。历史学家罗伯特·贝拉（Robert Bellah）也提到：没有人能够完全地生活在日常和现实之中，人总要用各种方式，哪怕是暂时地离开现实。无论是做梦、游戏、旅行、艺术、宗教还是科学探索，都是为了能够脱离和超越现实，而到达一个彼岸的世界。人性的本质便是要超越人的自然性，勇敢地站在现实的对立面。**人类并不只是被动地接受一个临在的实然世界，更能想象一个超越的应然世界，而科技则是从实然到应然通往彼岸的桥梁，科技让我们通向一个更值得梦想的未来。**

"生活不只有眼前的苟且，还有诗与远方。"或许正因为我们仰望远方彼岸的星空，才能够反过来定义此岸这个世界的价值；正因为我们能够看见未来，现在才有了意义。人不只是"存在（being）"着，而是"成为（becoming）"着，我们在不断迈向未来的可能性中超越自己。**因此人类的精神世界中永远需要一个彼岸，而火星正是科技时代新的彼岸。**在这个一切都失去终极意义的世俗时代里，我们需要某种能把全人类集结在一起的新目标，我们渴望某种具有感召力的新信仰，太空或许正在成为人类集体意识和文化记忆中一种新的宗教。而火星不只是一个虚无缥缈的图腾符号，它是正待我们开拓的新边疆，是我们未曾去过但终将定居的新家园。

试想20年后，当SpaceX开始在火星上建立殖民地时，你是否愿意变卖地球上所有的家产，告别所有的亲友，从马斯克的手中买一张去火星的单程票，成为人类第一批移民火星、开疆拓土的定居者？太空并不是马斯克一个人的憧憬，也是众多远见之士共同拥有的梦想：亚马逊的首席执行官杰夫·贝佐斯成立了蓝色起源太空公司（Blue Origin），维珍集团的创始人理查德·布兰森（Richard Branson）创建了维珍银河公司（Virgin Galactic），而微软的联合创始人保罗·艾伦投资设计了第一艘完成亚轨道载人飞行的"太空船一号（Space Ship One）"，谷歌月球X大奖（Google Lunar X Prize）则在资助民间的登月机器人项目。

太空梦甚至不是科技大佬们的专利，备受争议的欧洲非营利组织"火星一号（Mars One）"也在世界范围内招募单程前往火星移民的志愿者，全球有超过20万人报名，大有当年"五月花号"移民美洲时那种"壮士一去兮不复还"的豪情。或许在我们每个人的心中，都有着一个等待着被唤醒的冒险家。

想象未来有一天，在这颗红色的星球上，我们能够站在水手号峡谷（Valles Marineris）的边缘观看日出。这是太阳系中最雄伟的峡谷系统之一，相当于美国亚利桑那大峡谷的10倍长、7倍宽、4倍深。在火星上看到的太阳只有在地球上看到的太阳的2/3大，其亮度也只有地球表面的一半，火星上稀薄的大气压力只有不到地球表面的1%，但漂浮的粉尘可以漫射阳光，使得火星日出的壮丽程度丝毫不逊色于地球日出，甚至更为绚烂。正如金星是地球上的启明星，此刻，地球已经变成了火星地平线上的一颗晨星。当我们在这个新的家园上回望遥远的故乡时，迎来的不只是升起的朝阳，更是人类太空时代新纪元的黎明！

丹尼尔·希利斯：
万年长程大视野

还记得千年虫问题吗？人类就是如此短视，为了推动长程思维，充满传奇色彩的斯图尔特·布兰德（Steward Brand）创立了长今基金，鼓励人们把过去一万年和未来一万年当作是现在，从更为长远的视角，来审视今天的问题和挑战。以此为精神，丹尼尔·希利斯（Daniel Hillis）设计了一座宏伟的万年钟。

长城不过屹立两千余年，埃及金字塔也不到五千年，而这座钟将以一万年为尺度，记载时间的流逝。万年钟完全基于机械结构，即便人类文明有一天在地球上毁灭，只要有外星人找到此钟，也会看明白其中的玄机。

一般的钟表只会周而复始地做重复运动，而万年钟每次报时都会奏出不重复的音乐，以昭示历史的进化和时间之矢。时尚的流行以数月计，经济周期以数年而计，人生不过数十载，朝代更迭不过数百年，文明沉浮不过数千年，冰河涨退不过数万年，物种的进化不过千万年或上亿年，日月星辰的运行不过数十亿年，而宇宙从创生至今也不过137亿年……"朝菌不知晦朔，蟪蛄不知春秋"，在一个时间如此碎片化、一切转瞬即逝只有现代时的年代，每个人似乎关注的都是此地与此刻，有谁能有万年的超越视野，在瞬间中看到永恒呢？

　　和丹尼尔·希利斯会面的场景恍若发生在100年前——高大的工厂车间里，夺人眼球的是满目大大小小的齿轮，你会以为自己走进了19世纪的工厂，丝毫想不出这些笨重的机械金属跟现今的互联网时代能扯上什么关系。可让人惊叹的是，这并不是在追溯流逝的时光，而是在瞄准长远的未来。

　　有多长远？一万年！

与时间有关的故事

　　是的，这确实是一个跟时间有关的故事，这个故事由丹尼尔·希利斯为我娓娓道来。

　　我恰好在圣诞节前夕采访丹尼尔·希利斯，和蔼可亲的丹尼尔·希利斯的相貌立刻让我想到了圣诞老人，而实际上，他倒是和凯文·凯利长得有几分相似，他们二者同样的温和，思想也颇有共鸣，而且同为长今基金董事会成员。他是一位达·芬奇似的跨界博学全能的天才。

　　长今基金成立于1996年，总裁是曾经编撰过《全球目录》的传奇人物斯图尔特·布兰德。早在互联网兴起之前风起云涌的20世纪60年代，《全球目录》就颇具互联网精神地为人们提供了一种未来的视野，启蒙了乔布斯、凯文·凯利等一批思想界、企业界的互联网巨擘。乔布斯常引用的那句"Stay hungry, stay foolish（求知若饥，虚心若愚）"便出自1974年版的《全球目录》。

　　在讲求快、讲求便宜的观念大行其道的时代，长今基金却想给人们提供一种慢下来、做更好的思维，并将人们的视野一下从现今当下推进到长远的未来一万年，创意性地培养人们的责任感。万年钟就是长今基金推动的项目之一，这个项目期待在尽可能少人工干预的情况下，制造一个能走上一万年的钟。

　　万物都存在于时间中，但时间对人类而言，更具有意味深长的意义。因为人是唯一真正拥有历史和未来的生灵，许多"实在"只通过时间对人类"显现"，例如概念、语言、科学等，而其他的生物至多只是被动地跟进自然的进化。同时，在今天，时态塌缩，人们的注意力变窄，只关注眼前和当下，140字的快餐内容和标题党盛行。因此，推动人们拥有一个长程的时间视野分外重要。

丹尼尔·希利斯正在工厂里为万年钟操劳，他向我介绍，要建造一个真正能走上一万年的大家伙并不是件容易的事情，例如你需要现在就知道造钟的材料是不是足够耐磨，是不是足以在一万年的漫长岁月里一直能发挥作用，让钟走动并保持精准。

所以他们正在进行的一项实验就是，用一万倍的磨损强度把现有的材料磨上一年，来检测这些材料是否合格。这些材料还不能太昂贵，否则在漫长的一万年里八成会被洗劫一空。此外，这个钟之所以不是电子钟，而是机械钟，是因为这样后人不需要把它停下来或者拆开，就可以看明白它的机理。夸张一点说，即使外星人来看了，也很容易依葫芦画瓢复制一个。万年钟有温度、压力变化等多种自然的能量来源，它的报时系统很特别，每次奏起的音乐是不一样的，这昭示了时间一去不返的单向维度，也具象化了人类的历史永远面朝未来演进的进程。

所有这一切，就是为了让深邃的时间具象化，推动人们拥有长程的视野，世世代代，直到万年。

互联网就像神经系统

和凯文·凯利一样，丹尼尔·希利斯拥有综合性的视野，是位跨界的大师。他出生于生物学世家，父母和兄妹都从事与生物相关的研究。尤其值得一提的是，他的母亲是位生物学统计学家，母亲的影响让丹尼尔·希利斯之后保持了对数学和生物学的浓厚兴趣，也让他对互联网的思考跨出了单纯的技术领域，从生物学、神经学、进化论等更宏大的跨学科视野来审视计算机和互联网科学的发展。他因此成绩斐然，尤其对并行计算领域的发展做出了卓越的贡献。

丹尼尔·希利斯生于1956年，他正好是随着计算机技术的发展和互联网的崛起成长起来的一代人之一，切身感受了技术的变迁。

计算机诞生初期，那时如丹尼尔·希利斯这样的技术人员显得非常"全能"。丹尼尔·希利斯回忆说，在自己第一次涉足计算机科学这个领域时，像他这样的研究员一个人就能设计出一台计算机。设计芯片、设计操作系统、设计应用程序，一个人足以应付。

但今天，计算机变得非常复杂。遍布世界各地的公司或组织各自负责计算机某一部分零件的生产制造，最后将其整合在一台计算机中，在这个过程中，没有任何一个人能完全理解整个过程。

更深刻的变化在于，早期的计算机都像是单独的一个人一样，独立完成自己的工作。而且一台计算机能完成的工作都是"设计"好的，你不能期待计算机给你什么额外的惊喜，按照你的意图顺畅运行而不给你找麻烦就已经很好了。

但今天的情况就大不一样，**互联网就像神经系统一样，把计算机连接起来，让计算机能够通过合作来执行任务。在某种意义上，计算机联合在一起就成为一台非常棒的大型全球计算机。**

于是，当我们在互联网上询问一个问题时，问题可能被发送到千万台计算机，由不同计算机解决问题的不同部分，最后给予我们一个完整的答案，而我们甚至不知道究竟是哪台计算机解决了这个问题。互联网的美妙之处在于，你会得到"涌现"出来的新属性，而这个新属性并不属于具体计算机的具体部分。

我们根本没有预料到的事情会"涌现"出来，这就是互联网的新属性，也是丹尼尔·希利斯并行计算的要义所在，即把一系列计算机整合为一个整体时，就会出现整体大于部分之和的情况，这个整体将连接涌现出的新特征。这就如石墨和金刚石一样，它们同样由碳原子组成，但却因连接方式的不同而呈现出迥然相异的特征：石墨软滑，为黑色；而金刚石则显得刚硬、透明。

和凯文·凯利的看法一样，丹尼尔·希利斯同样认为，互联网就像活的有机体一样，是进化发展而来，而不是人类设计出来的。这与之前人类发明的大多数机器大不相同，我们画好图纸，规划好细节而设计出了飞机、汽车，最后又按照自己的意图制造出了它们。但互联网跟他们都不一样，互联网就像人的大脑神经系统，没有哪个人、哪个庞大的组织能集中把互联网设计出来。

全球脑

只要审视我们的大脑，就能比较容易地理解这一点。作为人工智能的专家，丹尼尔·希利斯对人的大脑做出了深入的研究，虽然他谦虚地认为自己仍然不清楚大脑是如何工作的。

大脑的动力来自简单神经元的连接。用丹尼尔·希利斯的话说，每个神经元都非常缓慢，非常愚蠢，但当这些神经元连接在一起时，就产生了"智能"这个依靠单个神经元根本不可能出现的产物。智能是大脑作为神经元连接的系统的新属性，而不是某个组成部分的属性。

同样地，**丹尼尔·希利斯认为，每台计算机就像神经元，单独的计算机也是"愚蠢"的，不过计算机通过互联网连接起来就不同了。互联网就像大脑，这就为全球脑的形成创造了可能。全球脑会产生新的智能，产生单个计算机不可能具备的智能，处理完全不同的问题，最终会彻底改变人类。**

用丹尼尔·希利斯的话说，人曾经是独立的个体，单独思考，也可能会和身边的人交流。但现在，情况变得不同，很多决定都是由全世界的人和机器共同决定的。因此，这就涉及了新的信息处理方式。这种方式是全球性的，是由全球脑决定的。

时间的重要性

当不同的神经元连接在一起时，就形成了有智能的大脑。当不同的计算机连接在一起时，互联网就会涌现出不同于单个计算机的智能。

"联网"如此奇妙。因为曾经造出当时世界上最快的电脑，很多不同学科的人来找丹尼尔·希利斯使用他的计算机，这让丹尼尔·希利斯一下涉猎甚广。现在，丹尼尔·希利斯把一个领域的知识带到另一个领域，事实证明，跨学科和跨领域的研究非常有用。经常有一些问题是用物理知识解决不了，但用生物或艺术方面的知识就非常容易解决的。跨学科为解决问题提供了完全不同的可能性。

从更大的视野来看，正是因为有了足够多的计算机"联网"，才有可能呈现新特性和进化。生物领域是如此，互联网领域也是如此，凯文·凯利就认为，互联网让知识彼此排列组合的可能性呈几何级数爆发增长，因此才推动了新知识的诞生和繁荣。这个时候，时间就作为一个重要的因素凸显出来，因为必须有足够的时间，才可能实现各种充分的"联网"。

但现代人的时间观总是快一点、再快一点，恨不得以秒来计。丹尼尔·希利斯认为，这会使现代人错失一些看问题的角度，从而错失人类发展的大局。**我们需要更多时间，放慢脚步，看到影响更大的事情，横亘历史长河更长远的时段，正如我们今天看到金字塔或万里长城就能感到自己和古人之间存在联系一样，未来的人也会因为万年钟而感知到和我们的联系。**

在丹尼尔·希利斯看来，时钟是连续性和变革的完美连接。它总是以自己的步伐向前走，因而彰显了一种连续性，在进步的同时保持长期稳定，这样的步伐不会因为人一时的心急而发生改变。长今基金想要创造既恒定又进步的东西，时钟就是恰如其分的选择，它象征着人类的成长、进步、革命和连续性。

过去已经既成事实，只有未来喻示着无限多的可能，越漫长的时光意味着越多的可能性，我们的希望在未来！

跨越5000年的时间胶囊

长程视野，并非万年钟独有。人，作为真正拥有历史和未来的生灵，作为最在意以时间丈量自己存在的生灵，从来都不缺乏对流逝的时光，对远超过个体生命时光的好奇、思考和追问。

纽约法拉盛草地公园是科幻电影《黑衣警探》（*Men in Black*）中外星人的着陆点。在一个并不显眼的石碑下，埋藏着1938年为迎接纽约世博会准备的"时间胶囊"，胶囊将在5000年后，也就是6938年才能被打开。

几片微风扫过的秋叶依稀散落在石碑上，这使人的心顿生一抹凝重的历史感。时间胶囊内除了埋藏着当时的常见物品之外，还有一封爱因斯坦留给未来的信。当人们沉浸于科技带来的进步时，爱因斯坦却对人类的前途充满忧虑：科技不仅带来了福祉，也带来了灾难，因为我们的情商还远未赶上智商，我们的道德还遥未企及毁灭能力。历史的发展并未停止我们之间的相互仇恨和杀戮，在胶囊埋下后不到一年，空前残酷的第二次世界大战便全面爆发了。

5000年前，北美洲最长寿的狐尾松才刚刚发芽，埃及的大金字塔还未曾屹立在吉萨平原上，而中国的历史还仅存于洪荒与神话中……

5000年后，人类的文明是否还能继续存在？我们是否已毁于自以为是的环境破坏，或是无法宽容的宗教纷争？还是国家、种族、阶级间的隔阂已不复存在，地球已然四海一家，人类终能和平相处，并且已殖民火星、开拓太阳系中的新边疆？

希望人类终将能够承载自己的文明，我们的子孙能以无比优越的自豪感在5000年后打开这个时间胶囊……

E

F

G

H

I

K

L

M

X

　　《看见未来》能够成书，不是我一个人的努力，而是靠一张网络的支持。在此，我想真诚地感谢这张网络里位于各个节点的重要人物。

　　感谢我的父母，他们让我来到这个世界，并给了我一颗希望看到未知的好奇心。

　　感谢我的电脑启蒙老师沙有威，他让我接触到了一个全新的充满可能性的世界并为之着迷。

　　感谢金观涛、刘青峰老师，他们在20世纪80年代主编的《走向未来》丛书对我进行了思想启蒙。

　　感谢刘江南师兄，使我在30年后能够重新成为金、刘两位老师的学生。

　　感谢央视纪录片《互联网时代》总导演石强邀请我加入这个史诗般的项目，从而使我有幸见证了历史，也为本书提供了丰富的原始素材。

　　感谢《互联网时代》剧组的总制片张政、总导演孙曾田、执行总导演黎亚辉，以及所有战友，他们的全情投入和敬业精神，值得每一个互联网创业公司学习。

　　感谢吴晓波老师和蓝狮子为本书的出版提供的支持和帮助，也感谢吴晓波亲自为本书作序。

　　感谢互联网视频知识脱口秀《罗辑思维》的主讲人罗振宇为本书起名。

　　感谢我的合伙人易宝支付的首席执行官唐彬，我在参与《互联网时代》拍摄时投入了大量的精力和时间，而唐彬则给予了我最大的支持，并帮我承担起了易宝支付的相应管理工作。

感谢易宝支付的市场总监唐文，他协助完成了全书大部分的文字梳理工作。唐文也是《原来诗经可以这样读》、《重返古希腊》、《轻营销》等书的作者。

感谢易宝支付市场部的全体同事为本书提供的帮助和支持。

感谢陈骏协助了本书部分数据和事实的查证。

感谢腾讯的刘畅毫无保留地提供各类资源。

感谢Snowy的宽容和理解。

感谢Alpaca & Llama，为我提供永恒的灵感。

感谢在本书众筹过程中所有提供支持的朋友。

感谢这张网络里所有其他帮助过我的人，这是一群人的浪漫，让我们一起看见未来！

图书在版编目（CIP）数据

看见未来：改变互联网世界的人们 / 余晨著. —
杭州：浙江大学出版社，2015.4
　ISBN 978-7-308-14189-5

　Ⅰ. ①看… Ⅱ. ①余… Ⅲ. ①名人-访问记-世
界-现代 Ⅳ. ①K812.6

中国版本图书馆CIP数据核字（2014）第295890号

看见未来：改变互联网世界的人们

余　晨　著

策　　划	杭州蓝狮子文化创意有限公司	
责任编辑	徐　婵	
出版发行	浙江大学出版社	
	（杭州市天目山路148号　邮政编码310007）	
	（网址：http://www.zjupress.com）	
排　　版	浙江时代出版服务有限公司	
印　　刷	浙江印刷集团有限公司	
开　　本	710mm×1000mm　1/16	
印　　张	21.75	
彩　　插	8	
字　　数	344千	
版 印 次	2015年4月第1版　2015年4月第1次印刷	
书　　号	ISBN 978-7-308-14189-5	
定　　价	59.00元	